Andreas Püttmann

# Gesellschaft ohne Gott

## Risiken und Nebenwirkungen der Entchristlichung Deutschlands

Gerth Medien

FSC
Mix
Produktgruppe aus vorbildlich bewirtschafteten Wäldern und anderen kontrollierten Herkünften
Zert.-Nr. SGS-COC-001940
www.fsc.org
©1996 Forest Stewardship Council

Verlagsgruppe Random House FSC-DEU-0100
Das FSC®-zertifizierte Papier *Super Snowbright* für dieses Buch
liefert Hellefoss AS, Hokksund, Norwegen.



3. Auflage 2011
Bestell-Nr. 816 565
ISBN 978-3-86591-565-8

Umschlaggestaltung: Stoffers Graphik-Design
Umschlagfoto: dpa Picture – Alliance
Satz: Mirjam Kocherscheidt; Gerth Medien GmbH
Druck und Verarbeitung: GGP Media GmbH, Pößneck
Printed in Germany

# Inhalt

*Gewidmet dem Freund*

*Dr. Lothar Roos,*

*Professor für Christliche Gesellschaftslehre und Pastoralsoziologie,*
*zum 75. Geburtstag.*

*Durch sein gütiges Leben und unermüdliches Wirken*
*als Seelsorger, Wissenschaftler, Berater und Lehrer*
*bezeugte er stets die Menschenfreundlichkeit Gottes,*
*die Weisheit und Schönheit der christlichen Religion*
*und die rechte Zuordnung von Glaube und Vernunft.*

# Vorwort

Egal, ob Sie ein überzeugter oder zweifelnder Christ, religiöser Skeptiker oder Atheist sind – dieses Buch ist als Lektüre „für alle Fälle" gedacht. Es handelt von einer schleichenden gesellschaftlichen Veränderung, die sich noch als die folgenreichste unserer Gegenwart erweisen könnte. Ein Volk, ja ein ganzer Kontinent, den man früher das „christliche Abendland" nannte, ist dabei, sich von seinem geistlichen und damit langfristig auch von seinem geistig-moralischen Fundament zu verabschieden. Handelte es sich um eine bewusste Entscheidung, müsste man von einem verwegenen gesellschaftlichen Großversuch sprechen. Noch nie in der Menschheitsgeschichte haben ganze Gesellschaften dauerhaft – um eine aktuelle Atheisten-Parole aufzugreifen – „gottlos glücklich" gelebt; die letzten Versuche in Deutschland und Europa, mehr staatlich oktroyiert als frei gewählt, endeten katastrophal in Tyrannei, Massenmord, Krieg, Zusammenbruch, Vertreibung, Hungersnot.

Noch sind die bedrohlichen Folgen des erneuten, diesmal eher unplanmäßigen Anlaufs zu einer „Gesellschaft ohne Gott" in vielen Lebensbereichen erst in Ansätzen zu beobachten. In der Regel werden die Krisensymptome anderen, profaneren, wirtschaftlichen und sozialen Ursachen zugeschrieben. Dabei sind diese „Ursachen" meist selbst schon Teil der Wirkung. Man lügt sich in die Tasche, verweigert die Kenntnisnahme, beschwichtigt, innerhalb und außerhalb der in erster Linie „zuständigen" christlichen Kirchen. Sie erscheinen dem oberflächlichen Betrachter als die einzigen Betroffenen. Aber leiden unter den Folgen dieser Entwicklung werden alle.

Es ist daher Zeit für einen Weckruf. Man braucht nicht sonderlich, vielleicht gar nicht fromm oder theologisch gebildet zu sein, um ihn zu formulieren. Daher schreibt hier auch kein Theologe, kein Beauftragter der Kirchen, sondern ein Sozialwissenschaftler, der sich Sorgen macht um unser Gemeinwesen und ein gelingendes, glückliches Leben vieler einzelner Menschen. Um in diesem Sinne ein breiteres Publikum anzusprechen und den Umfang zu begrenzen, wurde auf Einzelnachweise in einem Fußnotenapparat verzichtet. Rechenschaft von der wissenschaftlichen Fundierung der Argumentation geben jedoch zahlreiche Quellenangaben als Kurznachweise im Text sowie im Literaturverzeichnis.

Der Autor hofft auf eine neue Nachdenklichkeit und heilsame Verunsicherung bei Atheisten, auf ein zumindest loyales, praktisches „Vernunftchristentum" bei Agnostikern und religiösen Skeptikern, auf einen Impuls zu mehr Entschiedenheit bei der Masse lauer Christen und zu mehr Selbstbewusstsein bei der schrumpfenden Minderheit der kirchlich engagierten und ihrer geistlichen Repräsentanten. Es gibt nämlich keinen Grund, sich als Glaubender zu verstecken, und noch weniger Grund, sich anzupassen. Man darf das Siegel „Christ" bei aller gebotenen Demut auch heute mit Stolz und Dankbarkeit tragen.

Bonn, im April 2010
Andreas Püttmann

# Einführung

*„Wenn man in dieser westlichen Welt fragt, was gut und was schlecht, was erstrebenswert und was zu verdammen ist, so findet man doch immer wieder den Wertmaßstab des Christentums auch dort, wo man mit den Bildern und Gleichnissen dieser Religion längst nichts mehr anfangen kann. Wenn einmal die magnetische Kraft ganz erloschen ist, die diesen Kompass gelenkt hat – und die Kraft kann doch nur von der zentralen Ordnung her kommen –, so fürchte ich, dass sehr schreckliche Dinge passieren können."*

Werner Heisenberg (1901–1976),
Nobelpreisträger, Mitbegründer der Quantenphysik, 1973

## Furcht vor einer „gottlosen Gesellschaft" – Zwischen Common Sense und Tabu

Was haben Jörg Schönbohm und Gregor Gysi gemeinsam? Auf den ersten Blick könnten die beiden kaum gegensätzlicher sein: Der eine bekennt sich als evangelischer Christ, der andere glaubt nicht an Gott; der eine diente als Bundeswehrgeneral loyal der grundgesetzlichen Demokratie und wickelte zuletzt den DDR-Militärapparat ab, der andere hatte eine privilegierte Rolle im SED-Regime und verlängerte das Leben der kommunistischen Staatspartei unter neuem Etikett in den demokratischen Rechtsstaat hinein. Der ernste, pflichtorientierte Mann der Tat steht dem fröhlich-unterhaltsamen Polit-Mundwerker gegenüber, der konservative CDU-Landesinnenminister Brandenburgs (bis 2009) dem wendigen Fraktionschef der Linkssozialisten im Bundestag. Worin sich die Antipoden aber überraschend einig sind: Beide fürchten eine gottlose Gesellschaft. Das gibt zu denken.

Bemerkenswert ist freilich, dass nur einer der beiden diese Furcht äußern durfte, der andere nicht. Jedenfalls nicht so konkret. Was bei Schönbohm zum Skandal geriet, gilt bei Gysi als sympathisch querdenkerisch und interessant. Der Konservative brachte in Interviews „Verwahrlosung und Gewaltbereitschaft" in Zusammenhang mit der „Entkirchlichung" Ostdeutschlands. Der Sozialist bekannte laut „Rheinischer Post" vom 14. März 2005 bei einer Tagung der Evangelischen Akademie Tutzing in einer Diskussion mit Heiner Geißler: „Auch als Nichtgläubiger fürchte ich eine gottlose Gesellschaft"; nach dem Scheitern der Gesellschaftsentwürfe der politischen Linken im letzten Jahrhundert könnten nur die Kirchen verbindliche Moralregeln vermitteln.

Was CDU-Politikern droht, die sich zu den Vorzügen ihres Glaubens äußern, erfuhr 2005 schon Jürgen Rüttgers bei Michel Friedman auf N24. Der penetrante Moderator hatte den CDU-Spitzenkandidaten für die nordrhein-westfälische Landtagswahl nach seinem katholischen Glauben gefragt. Nach dessen Bekenntnis zu „unserem christlichen Menschenbild" verleitete Friedman ihn durch Nachfragen zu der Bekräftigung: „Ich glaube, dass es das richtige ist, wenn Sie wollen, auch ‚überlegen'." Dadurch wäre dem sofort in die Defensive geratenen Christdemokraten fast der Wahlkampf verhagelt worden. Tagelang musste er wegen sinnentstellender Medienschlagzeilen wie „Rüttgers hält Katholizismus für überlegen" (wiwo.de) oder „‚Katholizismus überlegen'– Rüttgers' Fehltritt" (n-tv) zurückrudern und sich in Rechtfertigungsklimmzügen üben. Vergleichende Werbung mag bei Waren und Dienstleistungen zunehmend erlaubt sein; doch den eigenen (christlichen) Glauben oder sein Menschenbild öffentlich für wahr zu halten und anderen vorzuziehen, geschweige denn diese als irrig oder irgendwie nachteilig zu betrachten, damit stößt man auf rigideste Ablehnung.

Aus Gysis Mund hingegen, als Bankrotterklärung eines gemäß marxistischer Ideologie „wissenschaftlich“ fundierten atheistischen Materialismus, erregte die Abqualifizierung einer „gottlosen Gesellschaft“ und die Monopolisierung einer verbindlichen Moral bei den Kirchen niemanden und blieb weithin unbeachtet. So unbeachtet, dass ein katholischer Journalist sein zwei Jahre später vorgestelltes Papstbuch „Maximum“ damit anpreisen zu können glaubte, dass erst „nach der Lektüre meines Buches Gysi davon überzeugt ist, dass letztlich nur die Kirchen dieser Gesellschaft noch wirkliche Orientierung geben können“ („Kirche heute“ 4/2007).

Im Oktober 2007 bekräftigte der Chef der Linken-Bundestagsfraktion seine Auffassung in einem Interview der in Berlin erscheinenden Zeitschrift „Kompass“ des katholischen Militärbischofs: Ohne Religionen, Glauben und Kirchen gäbe es derzeit gesellschaftlich „keine Grundlage für allgemein verbindliche Moralnormen“. „Obwohl ich nicht religiös bin, fürchte ich also eine gottlose Gesellschaft nicht weniger als jene, die religiös gebunden sind.“ In derselben Ausgabe der Zeitschrift sekundierte ihm Schönbohm mit der Konkretisierung: Je mehr die von Religionen vermittelten verbindlichen Moralregeln und grundlegenden Werte „in den Hintergrund treten, desto eher dominieren Rücksichtslosigkeit und Unredlichkeit, desto mehr verlottert die Gesellschaft“.

Von anderen prominenten christdemokratischen Politikern hat man Furcht vor einer „gottlosen Gesellschaft“ lange nicht vernommen. Sogar FDP-Chef Guido Westerwelle wagte sich weiter als viele C-Politiker vor, als er in einem Interview der „Westdeutschen Zeitung“ vom 8. April 2005 erklärte:

*Frage: Wie würden Sie Ihr Verhältnis zur Kirche beschreiben?*
*Westerwelle: Ich bin Mitglied meiner Kirche, nicht aus Trägheit, sondern aus Überzeugung. Ich glaube, dass Werte in die Politik hineingehören.*
*Frage: Christliche Werte?*
*Westerwelle: Werte wie Nächstenliebe, Verantwortung füreinander – diese Werte nennt man zu Recht christlich. Sie prägen und führen mich in meiner politischen Arbeit.*
*Frage: Würden Sie wirklich sagen, dass die FDP eine Partei der Nächstenliebe ist?*
*Westerwelle: Selbstverständlich. (...)*

Bemerkenswert ist, wie unbefangen und rücksichtslos gegenüber laizistischen Affekten im Liberalismus hier die Kirchen zum Inbegriff der „Werte" in Politik und Gesellschaft erklärt, Nächstenliebe und Verantwortungsbereitschaft als „christlich" gedacht werden. Anstoß erregte das nicht, wohl weil es eine weitverbreitete Überzeugung oder zumindest Ahnung zum Ausdruck brachte. Und natürlich auch, weil die prinzipielle Aussage so schön unverbindlich und unkonkret blieb.

Wehe aber dem, der den Zusammenhang von Glaube und Tugend, Religion und Gemeinwohl einmal sachlich „durchbuchstabiert", auf gesellschaftliche Missstände anwendet oder auf Bevölkerungsgruppen bezieht. Den trifft die ganze Wucht der Skandalierung durch Massenmedien, von politischen Gegnern über „Parteifreunde" und Kulturprominente bis hin zu fernsehtauglichen Passanten, die das Vorurteil des Reporters zu bestätigen bereit und der Absicht seines Beitrags dienlich sind. Es bedarf schon der Tapferkeit eines von menschlicher Gunst weitgehend unabhängigen „alten Haudegens" wie Schönbohm, um die inszenierte Empörung gleich zweimal beim gleichen Thema zu riskieren. Im August 2005 brach ausgerechnet der Innenminister der roten „Volksrepublik Brandenburg“ ein Tabu, als er im Blick auf eine neunfache Babytötung bei Frankfurt/Oder die Vermutung aussprach, „dass die von der SED erzwungene Proletarisierung eine der wesentlichen Ursachen für Verwahrlosung und Gewaltbereitschaft“ sei. An anderer Stelle ergänzte der Protestant, dass es im Gebiet der früheren DDR ja auch nur noch 20 Prozent Christen gebe.

Obwohl seine Formulierung weitere Ursachen nicht ausschloss und primär das alte Regime, nicht das – im politischen Betulichkeitsjargon als „die Menschen“ (statt Bürger) bezeichnete – Volk verantwortlich machte, rasteten alle Hebel der Skandalierung ein. Die Empörung war nahezu allgemein. SPD- und Grünen-Politiker forderten den Innenminister zum Rücktritt auf. Da wollten Kirchenfunktionäre auch nicht fehlen. Der Leiter des Katholischen Büros Sachsen-Anhalt, Stephan Rether, empörte sich laut KNA-Bericht (4.8.05), die ländliche Bevölkerung in den neuen Bundesländern dürfe nicht pauschal verurteilt werden – wovon gar nicht die Rede sein konnte. Bundestagspräsident Wolfgang Thierse (SPD) verwahrte sich in der „Berliner Zeitung“: „Ich halte absolut nichts von einfachen Erklärungen und persönlichen Schuldzuweisungen nach dem Motto ‚Die DDR ist die Wurzel allen Übels‘. Leider hat es Kindsmorde schon zu früheren Zeiten und in anderen Teilen Deutschlands gegeben.“ Das stimmt zwar, trägt aber zur sachlichen Klärung von Schönbohms Punkt nichts bei. Der Hinweis des Hannoveraner Kriminologen Professor Christian Pfeiffer, dass Babymorde im Osten insgesamt mehr als dreimal so häufig seien wie im Westen, ging im Protestgeschrei unter.

Nur wenige Zeitungen wagten, den CDU-Politiker vorsichtig in Schutz zu nehmen. „Schönbohm hat recht“, lautete die Kommentarüberschrift der „Rheinischen Post“. Doch schon am nächsten Tag konnte in derselben Zeitung der mediennotorisch auf Ost-Gemütslage-Expertisen abonnierte Psychiater Hans-Joachim Maaz (Halle) dagegenhalten: „Schönbohm irrt." Begründung: Die Kriminalitätsrate in der DDR sei doch geringer gewesen als die in der Bundesrepublik, der Zusammenhalt der Menschen dagegen höher. Für einen Akademiker eine erstaunlich einfältige Argumentation, denn unter einer rigiden Diktatur gelangen kriminelle und gewalttätige Neigungen naturgemäß weniger zur Tat als unter den Bedingungen der Freiheit. Welches moralische und soziale Profil den Menschen im SED-System je nach Typus und Kinderstube mehr oder weniger erfolgreich aufgeprägt worden war, konnte sich folglich erst erweisen, nachdem sie den Fassreifen von Unterdrückung und Bespitzelung gesprengt hatten.

Anfang August 2009 marschierte der Exgeneral, unerschrocken durch die vereinte Entrüstung anlässlich seines ersten Vorstoßes, erneut stramm in den Fettnapf. In einem dpa-Interview fokussierte er seine These diesmal allerdings stärker auf den religiösen Faktor: Man müsse „intensiv besprechen, was 40 Jahre Indoktrination in der DDR bedeuten, wie wir Verwahrlosung und Entbürgerlichung verhindern können und was wir gegen die Entkirchlichung und für die Wiederbelebung des Christentums in Ostdeutschland tun können. Wir haben hier beispielsweise etwa dreimal so viel Jugendweihen wie Konfirmationen."

Wieder lief die Skandalierungsmaschine wie geschmiert. Der evangelische Theologe Friedrich Schorlemmer ließ die Öffentlichkeit via „Sächsische Zeitung" wissen, er „halte es nicht für ein Allheilmittel, den Osten jetzt wieder zu christianisieren. Vielleicht noch mit Zwangstaufen?" Dabei hatte der Christdemokrat weder von einem allein ausreichenden Patentrezept noch von einer staatlich vorgeschriebenen Rechristianisierung gesprochen. Schorlemmer manipulierte und deformierte die Aussage seines Glaubensbruders auf demagogische Weise – ein feiner Pastor und Prediger des Evangeliums! Der Bundesgeschäftsführer der Linkspartei zog kurzerhand Schönbohms Denkfähigkeit in Zweifel: Dessen Äußerungen hätten „mit beginnender Alterssenilität zu tun“, beleidigte Dietmar Bartsch den 71-Jährigen in der „Leipziger Volkszeitung“. Dann folgte dieselbe Unterstellung einer Zwangschristianisierung wie bei Schorlemmer: „Wir können ja nicht per Dekret Jugendlichen anordnen, ob sie Katholik oder Muslim werden sollen.“ Ministerpräsident Matthias Platzeck tadelte seinen Koalitionspartner laut „Morgenpost Online“ auf einer SPD-Veranstaltung: „Als evangelischer Christ finde ich es anmaßend, einer mehrheitlich nicht christlichen Gesellschaft zu unterstellen, sie habe keine Moral und keinen Anstand.“ Brandenburgs SPD-Generalsekretär Klaus Ness erklärte: „Ich kann die Aufregung der Kirche verstehen. Mit seiner durchschimmernden Kreuzzugs- und Christianisierungssehnsucht schadet Schönbohm dem Ansehen der Kirchen im Osten.“

Bischof Gerhard Ulrich, Vorsitzender der gemeinsamen Kirchenleitung von Nordelbischer Kirche, Evangelisch-Lutherischer Landeskirche Mecklenburgs und Pommerscher Evangelischer Kirche, kritisierte im „Deutschlandradio Kultur“, Schönbohm „schieße über das Ziel hinaus“. Er finde: „Wer christliche Werte zurückgewinnen will, sollte sich hüten, von Verwahrlosung zu reden.“ Warum eigentlich? Kathrin Göring-Eckhardt, Bundestagsvizepräsidentin und Präses der Synode der EKD, kritisierte im „Tagesspiegel“: „Dieses Pauschalurteil ärgert mich“, und betonte: „Moral gibt es auch im nicht christlichen Umfeld“ – was Schönbohm gar nicht in Abrede gestellt hatte. In ökumenischem Einklang stimmte Martina Richter, Sprecherin des Erzbistums Berlin, ein: „Wir können den Menschen den Glauben nicht verordnen.“ Auch Brandenburgs wahlkämpfende CDU-Vorsitzende und Wissenschaftsministerin Johanna Wanka fiel ihrem Parteifreund in den Rücken: „Ich bin anderer Meinung und habe auch eine andere Wahrnehmung." Vergeblich: Wenige Wochen später nahm sie ihr Ministeramt nicht mehr wahr, weil die Christdemokraten aus der Potsdamer Landesregierung entfernt und durch „Die Linke" ersetzt worden waren.

Als Schönbohms Fehler muss man konzedieren, dass der streitbare Protestant die sozialen Risiken der Entchristlichung nicht schichten- und gebietsneutral thematisierte, sondern in Verbindung mit der diffusen soziologischen Kategorie der „Entbürgerlichung" und Proletarisierung sowie der Ost-West-Unterscheidung brachte und so zusätzliche Empfindlichkeiten weckte. Er rührte an mehrere Tabus gleichzeitig und ermöglichte es seinen Gegnern damit, der Einzelfrage auszuweichen und einen Keil zwischen ihn und die Kirchen zu treiben. Denn diese lassen das Christentum aus gutem Grund ungern mit „Bürgerlichkeit" verschmelzen oder auf die Rolle einer „Wertelieferantin" der Gesellschaft reduzieren. Ebenso wenig wollen sie sich in erfolglose Ost-Diasporakirchen und mächtige West-Volkskirchen auseinanderdividieren lassen.

Andererseits offenbart die Reaktion vieler Schönbohm-Kritiker, die, statt mehr sachliche Präzision zu fordern, ihrerseits unsachlich aus der Sorge des Christdemokraten einen Popanz plumper Kreuzzugsmentalität konstruierten, den sie dann wütend zerreißen konnten, dass ihre Reizbarkeit nicht nur die Form, sondern wohl auch den substanziellen Kern der Aussage betraf. Der christliche Wahrheitsanspruch und der daraus folgende Missionsauftrag wird von einem säkularisierten, relativistischen Zeitgeist ebenso aggressiv abgelehnt wie der christliche Moralanspruch und der damit verbundene gesellschaftliche Gestaltungsauftrag. Manche Beobachter etwa von der Initiative „europe4christ.net" sprechen schon von „Christianophobie" im immer weniger christlichen Abendland und führen zahlreiche Beispiele dafür an. Im Blick auf den theologisch-eschatologischen Kern solcher Affekte gegen Christen, die letztlich in nichts anderem wurzeln als in der Ablehnung Christi selbst, könnte man auch gleich von „Christophobie“ sprechen (vgl. S. 67).

Aus diesem Problemaufriss ergeben sich drei Dimensionen unseres Ausblicks auf eine „Gesellschaft ohne Gott“: Zunächst gilt es in einer Art „Diagnose“, den Krankheitszeichen des Christentums in unserer säkularisierten Gesellschaft nachzuspüren. Dafür sind religionssoziologische Daten und ihre widerstreitenden Interpretationen auszuwerten. Frei nach Stalins Perspektive formuliert: „Wie viele Divisionen hat der Papst“ heute noch in dem Land, dem Bonifatius vor 1300 Jahren den Glauben brachte? Protestantisch gewendet: Was ist noch lebendig vom „Heiligen Evangelischen Reich Deutscher Nation“, das der spätere Hof- und Domprediger Adolf Stoecker im Januar 1871 nach der Proklamation Wilhelms I. zum deutschen Kaiser vollendet sah? Stimmt unsere Titel-Prämisse von einer Entchristlichung Deutschlands überhaupt? Und wie äußert sich diese in der öffentlichen Meinung, in der Politik, im Alltag?

Im zweiten Teil, der „Prognose“, wird gezeigt, worin die sozialethischen Gemeinwohldienste der Christen bestehen und – um im medizinischen Bild zu bleiben – welche „opportunistischen Erkrankungen“ einer Gesellschaft drohen, wenn ihre religiöse Grundkonstitution sich weiter abschwächt. Dabei kann es unmöglich darum gehen, eine Untersuchung aller kirchlichen Leistungen für Staat, Wirtschaft und Kultur anzustellen; diese enzyklopädische Aufgabe ist arbeitsteilig von Einzelwissenschaften wie der Rechts-, Wirtschafts- und Sozialgeschichte, der Kunst-, Musik- und Literaturwissenschaft oder auch der Kultursoziologie wahrzunehmen. Der amerikanische Soziologe Alvin Schmidt unternimmt den Versuch einer Überblicksdarstellung aus evangelischer Sicht in seinem Buch: „Wie das Christentum die Welt veränderte. Menschen. Gesellschaft. Politik. Kunst“ (2009).

Meistens übersehen wird bei der Würdigung kirchlicher Beiträge zu Erziehung und Bildung, Sozialfürsorge und Krankenpflege, europäischer Integration, Völkerverständigung oder Entwicklungshilfe – also der institutionell organisierten Weltverantwortung – die zigmillionenfache Wirkung christlicher Ethik auf individuelle Lebenssituationen, auf Herzen und Gewissen von Menschen, auf soziale Entscheidungen in Familie, Beruf und Gesellschaft, die in kein historisches Dokument, kein Gesetzesblatt, keine statistische Messung eingeht. Dabei prägt sie das Gemeinwohl, den Zustand der „res publica" wahrscheinlich mehr als die großen „Haupt- und Staatsaktionen". Material für diese Art Wirkungsforschung aus der „Graswurzelperspektive" findet sich in repräsentativen Umfragen, die Aufschluss über Denken, Fühlen und teilweise auch Handeln christlicher Staats- und Wirtschaftsbürger, Familien- und Vereinsmitglieder, Freunde und Nachbarn geben. Sie sollen deshalb hier im Vordergrund stehen.

Im dritten Teil sind abschließend einige Bestandteile einer „Therapie" zu erörtern, die eine Regeneration wesentlicher „Vitalfunktionen" der christlichen Religion fördern könnten. Welche Konsequenzen sollten die Kirchen aus dem Schwund des christlichen Glaubens in unserer Gesellschaft ziehen? Welche Hindernisse legen sie sich bei der notwendigen Mission und der Verteidigung ihres öffentlichen Wirkungsanspruchs selbst in den Weg? Wie können sie auch mit weniger „Masse" noch ein gewichtiges Wort in der Gesellschaft mitreden und ihrer Weltverantwortung auch in Zukunft gerecht werden?

# I. Diagnose: Kirchenschwindsucht, Glaubensdepression

*„Wir, die jetzt Lebenden, werden die Verantwortung dafür tragen, ob das zum Kehricht geworfen wird als nutzloser Plunder, was wir von unseren Vätern ererbt haben: Gerechtigkeit, Güte, Barmherzigkeit, Lauterkeit, Seelenfrieden, Nächstenliebe, Frömmigkeit, Freiheit und Frieden."*

Konrad Adenauer, Weihnachtsansprache 1953

## Anamnese: Siechen und Zusammenbruch christlicher Leitkultur

Der Langzeittrend christlicher Religiosität in Deutschland zeigt – allen Schönungsversuchen zum Trotz – eine so massive Erosion an, dass man im historischen Maßstab eigentlich von einer Implosion sprechen muss. Während die Zahl der Christen im Weltmaßstab, insbesondere in Asien und Afrika wächst, befinden sich die Kirchen in Deutschland und weiten Teilen des friedens- und wohlstandsverwöhnten westlichen Europas seit Jahrzehnten in einem Prozess der geistlichen Auszehrung, der Verdunstung des Glaubens, der Schrumpfung der Gemeinden, der Vertrauenskrise als gesellschaftlicher Institution. In Deutschland erklärten bei einer Allensbacher Umfrage 2005 nur 10 Prozent der Befragten: „Ich bin gläubiges Mitglied meiner Kirche, fühle mich der Kirche eng verbunden", weitere 25 Prozent: „Ich fühle mich meiner Kirche verbunden, auch wenn ich ihr in vielen Dingen kritisch gegenüberstehe" – zusammen also rund ein Drittel der Bevölkerung. Noch distanzierter fiel das Votum zu der Frage aus: „Halten Sie es für wünschenswert, wenn die Kirchen wieder mehr Einfluss in unserer Gesellschaft hätten, oder wäre das nicht wünschenswert?“ Nur jeder Sechste fand mehr Einfluss wünschenswert, eine Zweidrittelmehrheit wählte die ablehnende Antwort, jeder Fünfte war unentschieden. Etwas besser fiel das Ergebnis bei der nicht auf „Kirchen“ und „Einfluss“ abhebenden Frage aus: „Wenn es nach Ihnen ginge: Wie sollte unsere Gesellschaft in Zukunft sein?“ Aus einer Liste mit 19 möglichen Antworten machten sich 24 Prozent den Wunsch zu eigen, „dass der Glaube, die religiösen Überzeugungen für die Menschen wichtiger werden“. Dies bedeutete aber auch: Nicht einmal die Hälfte der Christen wünschen sich einen Bedeutungszuwachs des Glaubens.

Bei einer Repräsentativumfrage von „Perspektive Deutschland“ 2004 erklärten 58 Prozent, der katholischen Kirche „nicht“ oder „eher nicht“ zu vertrauen; der evangelischen drückten 39 Prozent das Misstrauen aus. Überhaupt ist das Image der evangelischen Kirche freundlicher – und ihre Bindekraft trotzdem geringer: Die Zahl der Protestanten in Deutschland sank seit 1950 von rund 43 auf unter 25 Millionen – und damit auf das Niveau, welches die katholische Kirche 1950 als Minderheitenkonfession hatte und auf dem sie heute nach einem zwischenzeitlichen Zuwachs wieder angelangt ist. Seit 1970 traten fast 3,8 Millionen katholische Christen und 6,6 Millionen evangelische aus ihrer Kirche aus, zusammen also ein Aderlass von über 10 Millionen, der nur zu etwa einem Achtel durch (Wieder-)Eintritte kompensiert werden konnte. Handelte es sich bei den Austretenden früher überdurchschnittlich häufig um Besserverdienende, höher Gebildete, Städter, Ledige und Männer (Pittkowski/Volz 1989), so wird der Austritt heute „nicht mehr vermehrt von der modernistischen Avantgarde der Gesellschaft vollzogen, sondern ist zu einem in die Breite der Bevölkerung hineinwirkenden Phänomen geworden“, stellt der Religionssoziologe Detlef Pollack (2009) fest.

Der Bevölkerungsanteil der Christen in der Bundesrepublik sank in den zwanzig Jahren vor der Wiedervereinigung von rund 93 auf 83 Prozent, rutschte durch diese dann nochmals um zehn Prozent ab und fiel in den zwanzig Jahren seitdem erneut um etwa zehn Prozent. In nur vierzig Jahren hat die Republik also ein Drittel ihres christlichen Bevölkerungsanteils verloren – von der Glaubenssubstanz der verbliebenen „eingeschriebenen Christen" ganz zu schweigen: „Selbst Kirchenmitglieder zweifeln an zentralen Glaubensinhalten ihrer Konfessionen. So glauben nur 58,7 Prozent der Katholiken und 47,7 Prozent der Protestanten, dass Gott die Erde erschaffen hat. Noch weniger glauben an die Empfängnis durch den Heiligen Geist oder die Auferstehung der Toten" (Focus 52/2005). „Nur noch ein kleiner Teil der Gläubigen kennt sich im Koordinatensystem des Christentums aus. Die Mehrheit hat einen diffusen Glauben und merkt gar nicht, wenn sie sich in Widersprüche verwickelt" („Der Spiegel" 33/2005). Infratest-Werteforscher Thomas Gensicke konstatiert: „Das Christentum ist vielen nur noch der kulturelle Hintergrund, auf dem die Menschen sich ihre Religion zurechtlegen. Sich auf das christliche Abendland zu beziehen bedeutet nur noch Abgrenzung zum Islam. Dabei berufen sich die Deutschen auf etwas, das sie nicht kennen und dessen Verbindlichkeiten sie nicht gutheißen würden." Der frühere Paderborner Erzbischof Johannes-Joachim Kardinal Degenhardt prägte 1988 vor der EKD-Synode in Bad Wildungen für solche Art Christentum das Wort von den „getauften Heiden".

Eines von vielen Indizien für dieses begriffliche Paradoxon: Laut einer Allensbach-Umfrage vom Dezember 2005 empfinden nur 38 Prozent der Bevölkerung – weit weniger als die nominellen Christen – „persönlich Weihnachten in erster Linie als ein religiöses Fest", 54 Prozent hingegen nur „als ein Brauchtum, bei dem man nicht so sehr an Religion denkt". Wenig besser fiel im April 2006 die gleiche Frage bezüglich Ostern aus (42 zu 51 %). Und selbst für jene, die dieses höchste Fest der Christenheit „persönlich in erster Linie als ein religiöses Fest“ empfinden, zählt „in die Kirche gehen“ dann auch längst nicht zu dem, „was Sie normalerweise zu Ostern machen“: Den Kirchgang ordnen nur 30 Prozent dem zu, „was in Ihrer Familie zu Ostern gehört“.

Die quantitative wie qualitative Erosion des Christentums zeigt den Zusammenbruch einer jahrhundertealten „Leitkultur“ an – unabhängig von der immer wieder im Kontext von „Überfremdung“ oder „Islamisierung“ angestoßenen Debatte über diesen Begriff. Denn eine christliche Kultur wird ohne christlichen Glauben auf Dauer nicht zu haben sein. Konkret: Mehr als neue Minarette verändern die „Umwidmung“ und der Abriss von Kirchen das Gesicht Deutschlands. Symptomatisch für die Selbstaufgabe unserer christlichen Identität ist die Aussage der Regierungschefin der größten europäischen Nation – einer erklärten Christdemokratin –, die 2007 in einer feierlichen Rede vor dem Europäischen Parlament in Straßburg als „Seele Europas“ nicht mehr das Christentum nannte, sondern nur noch „die Toleranz“. So notwendig und moralisch hochwertig diese Tugend auch sein mag – Werte generiert sie nicht. Sie setzt sie vielmehr voraus.

Allerdings befindet sich die Kanzlerin hier im Einklang mit ihrem Volk: Auf die Frage: „Was macht unsere Kultur aus?“ nannten laut „Spiegel“ (17/2008) nur 29 Prozent der Frauen und 39 Prozent der Männer eine „christliche Haltung gegenüber anderen Menschen“. Weit höher rangierten „Freiheit“, „Gleichberechtigung von Mann und Frau“ und ein „hoher Stellenwert der Familie“ – der nun wirklich nicht spezifisch für unsere Kultur ist, in anderen Kulturen sogar ausgeprägter. Das sei auch gegen die religiöse Überhöhung der Familie in konservativen Kirchenkreisen (meist katholischer Provenienz) einmal angemerkt. Die ambivalenten biblischen Perspektiven auf Familie relativieren Idealisierungstendenzen erheblich und sollten davor feien, die „Blutsbande" zu überschätzen und das Christentum ideologisch zu einer Art „Familienreligion" zu stilisieren.

## Konstitutionelle Schwäche: Geistliche Auszehrung im Stammland der Reformation

Angela Merkel entstammt nicht nur einem Pfarrhaus, in dem der Geist einer allenfalls auf „Sozialismusverbesserung" zielenden evangelischen „Kirche im Sozialismus" zu Hause war, die sich also, zum Wohlgefallen der Machthaber, in den ideologischen Rahmen eines Unrechtsregimes hineindefiniert hatte und „den Sozialismus als eine Gestalt gerechteren Zusammenlebens zu verwirklichen" (Albrecht Schönherr) gedachte. Sie kommt auch aus einer der entchristlichsten Regionen Europas. Im europäischen Vergleich ist das Gebiet der ehemaligen DDR neben Tschechien und Estland die atheistischste Zone des Kontinents. Im Vergleich der deutschen Bundesländer bezeichnen sich die Menschen durch Selbsteinstufung auf einer Zehnerskala (Focus 52/2005, Fowid) in Berlin, Brandenburg, Mecklenburg-Vorpommern und Sachsen-Anhalt am wenigsten als religiös. Der Anteil der bekennenden „überzeugten Atheisten" in den östlichen Bundesländern ist laut Allensbach seit dem Ende der SED-Atheistendiktatur 1990 nicht gesunken, sondern von 17 auf 21 Prozent (2008) gestiegen. „Kein religiöser Mensch zu sein", erklären weitere 48 Prozent (1991: 37 %). Als „religiöser Mensch" definierte sich 1990 jeder dritte, 2008 nur noch jeder fünfte Ostdeutsche.

Die deutschen Bundesländer mit der stärksten Religiosität liegen im überwiegend katholischen Süden und Westen: Bayern, Baden-Württemberg, das Saarland, Rheinland-Pfalz und Nordrhein-Westfalen. Auch hielten im internationalen Vergleich katholisch und orthodox geprägte Völker der repressiven Religionspolitik kommunistischer Regimes besser stand. Dass es Gott gebe, glaubten nach einem halben Jahrhundert sozialistisch-atheistischer Indoktrination laut „Eurobarometer" (Nr. 225) immer noch 90 Prozent der Rumänen, 80 Prozent der Polen, 67 Prozent der Kroaten und 61 Prozent der Slowaken, 49 Prozent der Litauer und 40 Prozent der Bulgaren; im protestantisch geprägten Tschechien und Ostdeutschland waren es hingegen nur 19, in Estland 16 Prozent. Nur in diesen Ländern fand die atheistische Position „Ich glaube nicht, dass es irgendeine Art Geist, Gott oder Lebenskraft gibt" mehr Zustimmung als die des Glaubens an Gott, wobei Ostdeutschland eine singuläre Stellung einnimmt mit dem europäischen Rekordwert von 57 Prozent. Nirgends war die „planmäßige Ausrottung jeder Religion, jedes religiösen Gefühls" (Walter Ulbricht) demnach so erfolgreich wie in den Stammlanden der Reformation. In Wittenberg leben nur noch 15 Prozent Christen. Feuilleton-Autor Gustav Seibt (SZ) überschrieb seinen Bericht über eine Reise durch Sachsen-Anhalt und Brandenburg im Sommer 2008 mit: „Beobachtungen nach dem Ende des Christentums".

Insgesamt erreichten die Deutschen in der Eurobarometer-Studie mit 47 Prozent Gottgläubigen nur einen unterdurchschnittlichen Wert (EU: 52 %), weit hinter Malta (95 %) und Zypern (90 %), Griechenland und Portugal (81 %), Polen (80 %), Italien (74 %) und Irland (73 %). Signifikant geringer als in Deutschland war der Anteil der Gläubigen in Großbritannien und Island (38%), Lettland und Slowenien (37 %), Frankreich und den Niederlanden (34 %), Dänemark (31 %) und Schweden (23%). Als Land mit den meisten an Gott glaubenden Menschen erwies sich bezeichnenderweise die jahrzehntelang laizistisch regierte Türkei (95 %). Auch bei der Frage nach der Wichtigkeit verschiedener Lebensbereiche (Arbeit, Familie, Freunde, Freizeit, Politik, Religion, Gesundheit, ehrenamtliche Arbeit) in einer anderen „Eurobarometer"-Studie (Nr. 273) aus dem Jahr 2007 erreichte die Religion in Deutschland mit 18 Prozent, die sie als „sehr wichtig" betrachteten, nur ein unterdurchschnittliches Ergebnis (EU: 22 %). Auch wenn man die Antwortoption „ziemlich wichtig" hinzuaddiert, bleiben die Deutschen mit 48 Prozent unter dem Durchschnitt (52 %). Die negativste Antwort: „gar nicht wichtig", für die sich 24 Prozent der Deutschen entschieden, wurde nur in Tschechien (44 %) und Estland (31 %), Schweden und den Niederlanden (29 %), Luxemburg und Spanien (28 %) häufiger gewählt. Damit rangiert Deutschland, das Land der mächtigen, finanziell potenten „Volkskirchen", in der Frage der Bedeutung von Religion im Leben seiner Bürger im unteren Drittel Europas. Bei einer „Spiegel"-Umfrage (25/2009) unter jungen Deutschen (20- bis 35-Jährige) kam bei der Frage „Was ist das Wichtigste im Leben?" unter zehn Antwortmöglichkeiten die Religion gar nicht mehr vor.

Die ausgeprägte Schwäche des europäischen und deutschen Protestantismus – im Unterschied etwa zu jenem der USA oder etlicher Länder der südlichen Hemisphäre – gibt keinerlei Anlass, die Lage der katholischen Kirche zu beschönigen. Besuchte 1950 noch etwa jeder zweite Katholik den Sonntagsgottesdienst, so ist es laut Kirchenzählungen inzwischen noch etwa jeder siebte. Im Januar 2009 gaben laut Allensbach nur 8 Prozent der westdeutschen und 17 Prozent der ostdeutschen Katholiken an, „jeden Sonntag" zur Kirche zu gehen. Der Mitgliederschwund betrug seit der Wiedervereinigung durchschnittlich 0,6 % pro Jahr und summiert sich auf über 2 Millionen – das entspricht etwa der Größe des Erzbistums Köln. Kardinal Meisner bilanzierte: „Die katholische Kirche in Deutschland hatte noch nie so viel Geld wie in den letzten 50 Jahren und nie hat sie trotzdem so viel an Glaubenssubstanz wie in den letzten Jahrzehnten verloren." Bis 2025 wird die Zahl der deutschen Katholiken nach einer Prognose von McKinsey um weitere 15 bis 20 Prozent sinken, die der Priester sogar um die Hälfte und die der Einnahmen relativ zum Ausgabevolumen um 25 bis 35 Prozent. Waren 1960 noch die Hälfte aller kirchlichen Kasualien Taufen und jeweils ein Viertel Trauungen und Bestattungen, so machen heute die Bestattungen die Hälfte aus, die Taufen knapp 40 und die Trauungen weniger als 10 Prozent.

Wie tüchtig das reduzierte „Bodenpersonal Gottes" beider Konfessionen seinen Dienst dennoch versieht, wird darin deutlich, dass laut einer Studie der Konrad-Adenauer-Stiftung im Jahr 2003 erstaunliche zwei Drittel der Deutschen den Pfarrer ihrer Gemeinde persönlich kannten und fast jeder Zweite schon einmal ein längeres Gespräch mit ihm geführt hatte. 54 Prozent wünschten sich, solche Gespräche öfter zu führen. Derartige Direkterfahrungen gehen auch mit einem positiveren Kirchenbild einher: Das konkrete „Nahbild" ist freundlicher als das medienvermittelte anonymere „Fernbild". Allerdings gibt es im fiktionalen Bereich auch ein medienvermitteltes Nahbild: In den beliebten Pfarrer- und Nonnenserien werden konkrete christliche „Menschenbilder" sympathisch vermittelt. In der Allensbacher Berufsprestige-Skala der am meisten geschätzten Berufe erreicht der „Geistliche, Pfarrer" seit Jahren den zweiten Rang hinter dem Arzt. 2008 zählten ihn 39 Prozent unter jene fünf Berufe, „die Sie am meisten schätzen, vor denen Sie am meisten Achtung haben". Auf Rang drei folgte der Hochschulprofessor (34 %) vor Grundschullehrern (33 %), Unternehmern (31 %), Rechtsanwälten und Ingenieuren (27 %). Abgeschlagen landeten Journalisten (11 %), Offiziere und Gewerkschaftsführer (8 %) sowie Politiker (6 %). In der geschichtsmächtigen Konkurrenz von weltlicher und geistlicher Gewalt stehen die Vertreter der Kirchen somit noch relativ gut da.

## Christen in der Gerontologie, Muslime auf der Geburtshilfestation

Was für ihr Image gilt, gilt aber noch lange nicht für ihren geistlichen Erfolg. Von den „Personen, die in den letzten zwölf Monaten wenigstens einen Gottesdienst besucht haben" – sich also ein „Nahbild" machen konnten –, äußerten sich laut Allensbach im September 2005 zwar 64 Prozent positiv („hat mich angesprochen") und nur 22 Prozent negativ („eher nicht angesprochen"); 41 Prozent berichten sogar von „ergreifenden Momenten". Doch scheint, entgegen landläufigen Klischees, nicht eine schlechte Qualität des „Gebotenen" maßgeblich für den mangelnden Kirchenbesuch zu sein, sonst müsste ja ein größerer Teil jener zufriedenen 64 Prozent öfter wiederkommen. Schlichte Bequemlichkeit und Prioritätensetzung für konkurrierende Freizeitbeschäftigungen – schon mangels Glaubensintensität – dürften hier eine größere Rolle spielen.

Und so gleichen viele sonntägliche Gottesdienstgemeinden, von speziellen Familien- bzw. Kindergottesdiensten abgesehen, einer Versammlung der Partei „Die Grauen". Der Direktor des Bonifatiuswerks der deutschen Katholiken, Monsignore Georg Austen, spricht von „Altersdiaspora" als einer „neuen Form der Vereinzelung im Glauben": Es bestehe die Gefahr, „dass die zunehmende Vergreisung der Gemeinden junge Menschen mit ihren Lebens- und Glaubensfragen alleine zurücklässt". Die Hälfte der demoskopisch identifizierbaren „Kirchenanhänger" sind älter als 60 Jahre. Wenn man bedenkt, dass nach dem Allensbacher „Generationen-

Barometer" 2009 nur noch 15 Prozent der unter 30-Jährigen – also der Eltern der kommenden Generation – die religiöse Erziehung als wichtig für Kinder betrachten, kann man sich vorstellen, wie viele Gläubige und geistliche Berufungen in Zukunft aus der „Hauskirche" Familie noch hervorgehen werden. Nur 8 Prozent der in Ostdeutschland religionsfern Erzogenen wurden später gläubige Menschen: „Die kirchen- und glaubensferne Erziehung bedeutet deshalb in der Regel keine Erziehung hin zu einer wirklich freien Wahl, sondern nimmt die Entscheidung gegen die Religion bereits vorweg", kommentiert Wilhelm Haumann vom Allensbacher Institut den Befund. Wenn zwei Drittel der über 60-Jährigen von einer religiösen Erziehung in ihrem Elternhaus berichten, aber nur noch ein Drittel der 16–29-Jährigen (Allensbach 2006), kann man sich ausmalen, wie eines Tages die Kinder dieser Generation auf die Umfrage antworten werden.

Schon heute ist in Berlin nicht einmal mehr jeder Dritte Christ, im Stadtbezirk Marzahn-Hellersdorf nur noch jeder Zehnte. In Leipzig leben noch 18 Prozent Christen. In Frankfurt am Main liegt der christliche Bevölkerungsanteil bei 46 Prozent, in Hamburg bei 41. Aber auch in Düsseldorf und Stuttgart fiel der Anteil der Christen in den letzten zehn Jahren um 8 auf nur noch 54 Prozent.

Deutschlandweit bilden die Konfessionslosen mit mehr als einem Drittel der Bevölkerung inzwischen die relative Mehrheit. Die Muslime stellen rund 4 Prozent, in Ballungsräumen wie dem Großraum Frankfurt aber bereits über 40 Prozent der Kinder und Jugendlichen.

Junge Muslime in Deutschland bezeichnen sich nach einem Bericht des „Rheinischen Merkur" (31/2005) übrigens zu 66 Prozent als gläubig; an ein Paradies und an die Hölle glauben sie zu 60 Prozent – unter jungen Christen sind es 13 Prozent. „Wir leben in einer ungläubigen Welt und ich leide darunter", meint jeder vierte

Moslem und nur jeder vierzehnte Christ. „Durch Gebete können wir etwas bewirken", glauben 53 Prozent der Muslime und 13 Prozent der Christen. Damit unterscheiden sich die Glaubenswerte des hiesigen Islam nicht wesentlich von denen des internationalen Vergleichs: Laut dem „Annual Dialogue Report on Religion and Values 2009" (Macdonald-Radcliff/Schatz) erklären 68 Prozent der arabischen Jugend im Mittleren Osten, sich als Person durch die Religion zu definieren, aber nur 16 Prozent der Jugendlichen aus westlichen Ländern. Nach Einflüssen auf ihre Lebenseinstellung gefragt, nennen 59 Prozent im Westen und 32 Prozent der arabischen Jugend „Musik", die „Religion" aber 38 Prozent im Westen und 62 Prozent im Mittleren Osten. Wer sich solche Zahlen kontrastierender Glaubensinbrunst vergegenwärtigt, wird nicht mehr so leicht als Spinnerei abtun können, was der Bonner Staatsrechtslehrer Josef Isensee aus der Nacht des 16. August 1998 berichtet: Auf der mitternächtlich stillen Kölner Domplatte skandierte eine Gruppe jugendlicher Türken mit gereckten Fäusten: „In 50 Jahren gehört der Dom uns!"

Auch wenn es so weit wohl nicht kommen dürfte, sollten Christen sich aufgrund der Mehrheitsverhältnisse ihrer kulturellen Dominanz nicht zu sicher sein. Der US-amerikanische Publizist und Einwanderungsexperte Christopher Caldwell meinte nach der Minarett-Volksabstimmung in der Schweiz im Dezember 2009 in einem „Spiegel online"-Interview : „Wenn eine unsichere Mehrheitskultur, die alles relativiert, auf eine Kultur trifft, die zwar in der Minderheit ist, aber ein großes Selbstvertrauen und Dynamik hat, dann ist es normalerweise die Mehrheitskultur, die sich der Minderheitskultur anpasst." Auf die Rückfrage: „Halten Sie die europäische Mehrheitskultur für so schwach, weil sie säkular ist?" antwortete er: „Der Islam ist in Europa die zweitgrößte Religion. Aber das ist nur statistisch richtig. Wenn man die Lebendigkeit seiner Ideen betrachtet, ist der Islam in Europa die viel wichtigere Religion als das

Christentum. Es gibt so viele Artikel in Zeitungen, so viele Debatten zwischen Muslimen und Nicht-Muslimen, die sich mit der Frage beschäftigen, was der Koran zu Ehrenmorden oder zum Kopftuch sagt. Was das Christentum dazu sagt, scheint für niemanden von großer Wichtigkeit zu sein." Beispiel: In Berliner Schulen wurden Werbeplakate für ein Aufklärungsstück, die einen jungen Mann und eine junge Frau nackt zeigen, auf Geheiß des Landesschulamts nur deshalb entfernt, weil durch sie „die Gefühle nicht-christlicher Schüler" verletzt werden könnten.

Nur 29 Prozent der Deutschen sind laut Allensbach der Meinung, dass „Christentum und Islam friedlich nebeneinander existieren" können; für 55 Prozent „sind diese Religionen zu verschieden, wird es deshalb immer wieder zu schweren Konflikten kommen". Der illusionäre deutsche „Multikulturalismus als Staatsdoktrin" ist durch die Zustände in den ethnischen Kolonien großer deutscher Städte längst ad absurdum geführt, wie der Bremer Politologe Stefan Luft in seiner akribisch recherchierten und differenziert argumentierenden Studie „Abschied von Multikulti" nachweist. Islamischer Fundamentalismus, Integralismus und Terrorismus bedrücken schon heute nicht nur Juden und Christen in muslimischen Ländern, wo Andersgläubige mancherorts geradezu zum „Freiwild" radikal islamischer Banden geworden sind, sondern zeigen Wirkung bis in unseren Alltag hinein. Die Meinungs- und Pressefreiheit wird durch Islamisten bedroht; Moslems, die zum Christentum konvertieren wollen oder eine Liebesheirat einer Sippenverkuppelung vorziehen, begeben sich in Lebensgefahr. Islamkritische Publizisten, so berichtete zum Beispiel Hans-Peter Raddatz 2006 beim Buß- und Bettagsgespräch des „Instituts für Gesellschaftswissenschaften Walberberg", werden mit dem Tode bedroht. Otto Schily habe ihm einmal gestanden, dass er als Bundesinnenminister wegen politischer Rücksichten „keine freie Hand hatte, im erforderlichen

Umfang gegen den Islamismus vorzugehen". Im Finanzsektor sei „das Volumen islamischer Portfolios so angewachsen, dass Banken Angst haben, die dynamisch wachsende muslimische Kundschaft zu verprellen". Faktisch sei damit ein „Erpressungspotenzial" entstanden, welches etwa zur Gründung oder Unterstützung von Stiftungen oder zu pro-islamischen Stellungnahmen bewege. Der britische Premierminister Tony Blair habe den Koran unter Bezug auf das familiäre Zusammenleben als praktisch und fortschrittlich gewürdigt („practical and way ahead of its time in attitudes to marriage, women and governance"), Prinz Charles eine Lösung der Probleme der Welt durch die Befolgung von Koran und Sunna für möglich erklärt. Sogar in Teilen der Kirchen gebe es Tendenzen zu einer „Selbstislamisierung", wo etwa die christliche Wahrheit als „unbrauchbar für den Dialog mit dem Islam" bezeichnet werde oder ein evangelischer Bischof sinngemäß erkläre, man müsse erst Muslim sein, um Christ werden zu können.

Beide christliche Konfessionen stehen auch unabhängig vom zunehmenden Einfluss des Islam vor einer radikalen Herausforderung. Sie haben offenkundig seit Jahrzehnten als missionarische Glaubensgemeinschaften und als erziehende christliche Familien versagt. Wo Schüler den gekreuzigten Jesus für Spartakus halten oder Golgatha für eine Zahncreme und eine Lehrerin in Olpe allen Ernstes meinte, der Termin des Osterfestes werde vom Kultusministerium festgelegt, ist mit dem Glauben auch kulturelles Orientierungswissen abhandengekommen. Nicht auszudenken, was heute ein „Pisa des Glaubens" ergeben würde. Schon vor elf Jahren nannte Kardinal Lehmann eine „Focus"-Umfrage (14/1999) zum Glauben der Deutschen „alarmierend" angesichts des „Tiefstandes religiöser Kenntnisse im Elementarbereich: Nicht einmal die Hälfte der Bundesbürger ist mit den Zehn Geboten vertraut. Bei der Bergpredigt sind es nur 17 Prozent." Eine Emnid-Umfrage vom Mai 2009 für die „Bild am Sonntag“ ergab, dass nur die Hälfte der Deutschen die Bedeutung des Pfingstfestes einigermaßen kennt.

## Visite: Zweifelnde Heil(ung)sverkünder, Flucht in die Alternativmedizin

Eine Befragung unter Pfarrern der Berlin-Brandenburgischen Kirche im Rahmen der Studie „Die neuen Gesichter Gottes“ von Klaus-Peter Jörns (1997) förderte auch einen nicht durchweg vorbildlichen Glauben unter den hauptamtlichen Dienern Gottes zutage: Die Frage: „Glauben Sie an einen persönlichen Gott?“ beantworteten 86 Prozent der Pfarrer im Westen und 90 Prozent derer im Osten mit „Ja“. „Eine Gottesbeziehung zu haben“ zählten nur 73 Prozent unter jene (maximal drei) Dinge, die „für Sie am wichtigsten im Leben“ sind; mehr als ein Viertel der hauptamtlichen Verkündiger des Evangeliums wählten ausschließlich menschliche Personen: Partner, Eltern, Freunde, Kinder, Familie. Unter zentralen Begriffen, die „Sie mit dem von Ihnen geglaubten Gott bzw. den Wesen und Mächten in Verbindung bringen“, erreichte die Sündenvergebung nur 66 Prozent, die „Rettung aus Gefahr und Not“ 42, das Jüngste Gericht 35 und „Gebote/Moral“ 32 Prozent. Dass sie mit Gott „im Kult einer Gemeinschaft von Gläubigen“ in Kontakt treten könnten, bejahten nur 63 Prozent der Pfarrer im Westen und 53 Prozent im Osten. Auf die Frage: „Falls Sie Kinder/Enkel haben bzw. hätten: Sollen bzw. sollten diese Kinder noch im Kindesalter einer Religionsgemeinschaft eingegliedert werden?“, antworteten nur die Hälfte der Pfarrer zustimmend.

Dass auch die „einfachen Gläubigen“ – evangelische mehr als katholische – wesentlichen Glaubenssätzen ihrer Religion nicht mehr zustimmen, wundert dann nicht. Die Notwendigkeit der Sündenvergebung etwa wurde in Jörns’ Studie nur noch von einem

Drittel der „Gottgläubigen" bejaht. Sein Kommentar: „Da scheint eine ganze Dimension der Erlösungslehre wegzubrechen." Die schon erwähnte „Focus"-Umfrage ermittelte für die Auferstehung Jesu bei 84 Prozent der Katholiken und 72 Prozent der Protestanten Zustimmung, 67 bzw. 47 Prozent glaubten an das ewige Leben und noch etwas weniger an die Auferstehung der Toten (66 %/45 %). Fast 30 Prozent der Christen lehnten die Dreifaltigkeit ab. Zur Unauflöslichkeit der Ehe standen nur 45 Prozent. Welche Auswirkungen ein derartig poröser, „löchriger" Glaube auf nicht und andersgläubige Mitmenschen haben muss, hat Otto B. Roegele in die nüchternen Worte gefasst: „Keiner glaubt uns, was wir selbst nicht glauben" (IKZ Communio 2/1988). Die Kirchen hätten „den Glauben an sich selbst verloren", konstatierte die „Weltwoche" (50/2009) unter der Überschrift: „Schleichende Entchristianisierung" und folgerte lapidar: „Wer Halt sucht, zieht weiter."

Das Terrain, welches der Glaube aufgibt, erobert der Aberglaube: Auf ein vierblättriges Kleeblatt „gebe ich immer acht", weil „es vielleicht eine Bedeutung haben könnte", bekannten bei einer Allensbacher Umfrage 1973 nur 26 Prozent, im Jahr 2000 schon 42 Prozent der (westdeutschen) Bevölkerung; einen Zuwachs solchen Aberglaubens verzeichneten die Meinungsforscher auch bei Sternschnuppen (von 22 auf 41 %), einem Schornsteinfeger (23 auf 35), einer „schwarzen Katze von links über den Weg" (16 auf 24), der Zahl 13 (17 auf 22) und bei „ein Hufeisen finden" (13 auf 21). Ihr Horoskop lasen mindestens „manchmal" 1977 erst 46, 2001 aber 77 Prozent. Fast jeder Dritte von diesen erklärte, er sei schon oft oder ab und zu „nach dem Horoskop gegangen". Auch ein erheblicher Prozentsatz der Christen – etwa jeder zehnte – glaubt an Astrologie.

Die gern als Kompensation der tradierten Hochreligion vermutete „Alternativreligiosität" von New Age, Buddhismus, Spiritismus und Esoterik stellt hingegen gesellschaftlich in Deutschland quantitativ und qualitativ – hinsichtlich der sozialen Relevanz – „keine wirkliche Alternative dar, sondern partizipiert am Schicksal der großen religiösen Traditionen", resümiert der Religionssoziologe Detlef Pollack in seiner Studie „Rückkehr des Religiösen?". Die eigentliche Alternative sei der von vielen vollzogene Abschied von der Religion überhaupt. Man könne übrigens auch für das jahrzehntelang staatsatheistisch beherrschte Osteuropa „nicht behaupten, dass sich das Schwergewicht des Religiösen von den kirchlichen und christlichen Religionsformen zu den bunten Kulten und Praktiken außerkirchlicher Religiosität hin verschoben hätte. (...) Von einer ‚spirituellen Revolution' zu sprechen, wäre jedenfalls überzogen." An Pollack anknüpfend, weist auch der Philosoph und Soziologe Hans Joas in einem Aufsatz der „Blätter für deutsche und internationale Politik" (8/2007) über „Die Zukunft des Christentums" die Vorstellung zurück, „die Zugewinne neuer religiöser Bewegungen, Esoterikgruppen und ostasiatischer Spiritualität" verhielten sich zueinander wie ein System kommunizierender Röhren, in dem also „keine Substanz verloren gehen, sondern sich allenfalls eine Umschichtung der Verteilungsverhältnisse vollziehen kann". Quantitativ, so Joas, sei „die Lage eindeutig: Die kirchlichen Verluste werden nicht durch Zugewinne andernorts ausgeglichen – so könnte man die Lage in Europa kennzeichnen."

## „Zwischenhoch" oder Klimawechsel? Trügerische Erholungs-Hoffnungen

Kommunismus und Konsumismus gaukelten den Menschen jahrzehntelang die Möglichkeit eines rein diesseitigen Glücks vor. Nach dem Untergang des „Arbeiter- und Bauernparadieses" und seines

„dialektischen Materialismus" zeichnet sich inzwischen auch die Götterdämmerung in den Konsumtempeln des praktischen Materialismus ab. Die 68er-Ideologie des schrankenlosen Libertinismus und der Verachtung traditioneller Werte, Normen, Institutionen und Tugenden steht vor dem Bankrott. Peter Hahnes Bestseller „Schluss mit lustig", Manfred Lütz' Erfolgstitel „Gott. Kleine Geschichte des Größten" und der Verkaufsboom von Joseph Ratzingers Büchern erscheinen zugleich als Ausdruck und Katalysator einer neuen Besinnung auf verlorene Werte jenseits von Reichtum, Genuss, Vergnügen und einer Verantwortungslosigkeit, deren Horizont nicht die eigene Lebensspanne und Lebensumwelt überschreitet. Kontingenz- und Transzendenzbewusstsein brechen sich wieder Bahn, nicht „flächendeckend", aber besonders in den geistig reflektierenden Teilen der Gesellschaft. Eigentlich gute Voraussetzungen dafür, dass Frömmigkeit, von vielen seit Langem nur noch als Sache einer alternden gesellschaftlichen Nachhut wahrgenommen, in die Mitte der Gesellschaft zurückkehren könnte. Indizien dafür schienen sich im letzten Jahrzehnt zu häufen.

„Gott wird wieder wichtiger", lautete der „Aufmacher" der „Frankfurter Allgemeine Sonntagszeitung" am Weihnachtstag 2005. Die Verunsicherung durch sozialen Wandel und politische Umbrüche sowie der „Schock angesichts der im Namen Gottes ausgeübten Gewalt von Fundamentalisten" habe der Selbstvergewisserung über die eigene religiös-kulturelle Identität, der Suche nach Sinn und Orientierung wieder Auftrieb gegeben. Dies werde etwa gespiegelt durch „die Renaissance religiöser Motive im Film, auf der Bühne, in der Literatur" sowie „die Rückkehr der Religion in öffentliche Debatten wie über das Kopftuch-Verbot" oder „die Aufregung, die der Bau eines Minaretts auslösen kann". Der neue Bundestagspräsident habe ein „wachsendes Werte- und Glaubensbewusstsein bei den Deutschen festgestellt" und betont, „dass eine

Gesellschaft viel aufgibt, wenn solche Bezüge verloren gehen". Dass fast alle Bundesminister der Großen Koalition – nur nicht Justizministerin Zypries – bei ihrem Amtsantritt auf Gott schworen, deutete Norbert Lammert als Ausdruck „der Reaktivierung von Orientierung": „Die Bereitschaft, zur eigenen christlich-abendländischen Kultur zu stehen, ist größer als vor fünf Jahren."

Wenig später wies „Die Welt" in einem siebenspaltigen Artikel unter dem Titel „Ihr Guru heißt Jesus. Heute kehren fast doppelt so viele Menschen zur Kirche zurück wie noch vor 15 Jahren. Die meisten sind junge, gut ausgebildete Frauen" auf einen „stetigen Zuwachs der Wiederaufnahmen in die katholische Kirche" hin; im Jahr 2004 seien es fast dreimal so viele wie 1980 gewesen. Ebenso „gingen die Austritte zurück – von 192.766 im Jahr 1992 auf 101.252 im vergangenen Jahr. (...) Auch die evangelische Kirche berichtete: Zwischen 1991 und 2003 hat sich die Zahl der Austritte fast halbiert." Schon am Vortag hatte die Zeitung getitelt: „Volle Kirchen zu Weihnachten. Deutschlands Gotteshäuser melden steigende Besucherzahlen", und aus Berlin berichtet: „Die Christen der Hauptstadt meldeten einen Anstieg der Besucherzahlen von bis zu 30 Prozent." Der Trendforscher Matthias Horx qualifizierte den Glauben in einem „Welt"-Essay als „eine menschliche Urtatsache", prognostizierte das „Comeback eines klareren, weltnäheren christlichen Glaubensmoments" und nannte – „auch wegen unserer Sehnsucht nach Ritualen" – „eine areligiöse Gesellschaft das Ende des Menschen".

„Eingeschlagen wie ein Blitz" (Hans Joachim Türk) in die etablierten Auffassungen des intellektuellen Milieus über die Säkularisierung als unaufhaltsamer und erwünschter Prozess des Relevanzverlustes von Religion hatte schon 2001 Jürgen Habermas' Rede bei der Verleihung des Friedenspreises des Deutschen Buchhandels in der Frankfurter Paulskirche. Hans Joas deutet das Echo auf die Rede so: „Die Friedenspreisrede von Jürgen Habermas im Oktober

2001 wurde von der deutschen Öffentlichkeit einhellig als Sensation wahrgenommen. Kommentatoren in den Feuilletons zögerten nicht, die Rede als ‚epochal' zu bezeichnen, und die Reaktionen vieler Zuhörer in der Paulskirche und am Fernsehschirm glichen gar einem religiösen Erweckungserlebnis"; der in Deutschland und fast allen Kultursprachen mit Abstand am häufigsten zitierte Philosoph „bot insbesondere all jenen liberal gestimmten Intellektuellen einen Ausweg an, die es sich längst mit der Vorstellung bequem gemacht hatten, Säkularisierung sei ein quasi automatischer Bestandteil von Modernisierung – und deren Überzeugung nun einen großen Schlag erhalten hatte. Für sie baute er den zündenden neuen Begriff der ‚postsäkularen Gesellschaft' in seine Ausführungen ein. Und gegenüber den Gläubigen und Kirchen stellte die Rede ein generöses Gesprächsangebot dar. Da es von dem sogenannten Erben der mythenumwobenen Frankfurter Schule kam, dem wirkungsmächtigsten Propheten des unvollendeten Projekts der Aufklärung, musste es auch auf dieser Seite freudig begrüßt werden, eröffnete es doch jedenfalls die Chance auf Geländegewinn – selbst wenn es übertrieben wäre, Habermas schon als verlorenen Sohn im Christentum wieder willkommen zu heißen."

In seinem viel beachteten Gespräch mit dem damaligen Kardinal Joseph Ratzinger 2004 in der Münchener Katholischen Akademie forderte Habermas – „das einstige Schreckgespenst konservativer und kirchlicher Kreise" (Türk) – „die Achtung vor Personen und Lebensweisen, die ihre Integrität und Authentizität ersichtlich aus religiösen Überzeugungen schöpfen. Aber Respekt ist nicht alles, die Philosophie hat Gründe, sich gegenüber religiösen Überlieferungen lernbereit zu verhalten." Im Gegensatz zur „ethischen Enthaltsamkeit eines nachmetaphysischen Denkens, dem sich jeder generell verbindliche Begriff vom guten und exemplarischen Leben entzieht", seien „in heiligen Schriften und religiösen Überlieferungen Intuitionen von Verfehlung und Erlösung, vom rettenden Ausgang aus einem als heillos erfahrenen Leben artikuliert, über Jahrtausende hinweg subtil ausbuchstabiert und hermeneutisch wachgehalten worden. Deshalb kann im Gemeindeleben der Religionsgemeinschaften, sofern sie nur Dogmatismus und Gewissenszwang vermeiden, etwas intakt bleiben, was andernorts verloren gegangen und mit dem professionellen Wissen von Experten allein auch nicht wiederhergestellt werden kann – ich meine hinreichend differenzierte Ausdrucksmöglichkeiten und Sensibilitäten für verfehltes Leben, für gesellschaftliche Pathologien, für das Misslingen individueller Lebensentwürfe und die Deformation entstellter Lebenszusammenhänge." Ratzinger, der später mehrmals in seinen Ansprachen Habermas mit Hochachtung zitierte, konstatierte nach dessen Münchener Rede: „Hinsichtlich der praktischen Konsequenzen finde ich mich in weitgehender Übereinstimmung mit dem, was Herr Habermas über eine postsäkulare Gesellschaft, über die Lernbereitschaft und die Selbstbegrenzung (von Vernunft und Religion; Verf.) nach beiden Seiten hin ausgeführt hat."

## Aufflackernde Vitalität „am Tropf" des verpönten Rom

Spätestens seit im Jahr 2005 mit Papsttod, Papstwahl und Papstbesuch ein „dreifacher katholischer Sturzbach" (Gabriele Kuby) auf unseren religiös versteppten christlichen Kulturboden niederging und evangelischerseits die überwältigende Anteilnahme am Wiedererstehen der Dresdner Frauenkirche und ein großer Kirchentag in Hannover mit zeitweise 140.000 Teilnehmern – mehr als am stärksten Tag der weltgrößten Computermesse Cebit – imponierten, kam in das öffentliche Bild von Kirche wieder Bewegung. Landesbischöfin Margot Käßmann erklärte am Ende des Kirchentags fast euphorisch: „Es gibt einen lebendigen, real existierenden Protestantismus in unserem Land. Dieser hat auf dem hannoverschen Kirchentag sein Profil geschärft. Da geht es nicht nur um ein Zwischenhoch wie das Wetter, das uns geschenkt wurde – ab Montag sollen die Temperaturen ja fallen. Kirchlich gesehen ist das ein Zeichen für ein Dauerhoch, denke ich."

Die neuen katholischen Hoffnungen entstanden nicht „in unserem Land", sondern ausgerechnet „am Tropf" einer römischen Kirchenzentrale, deren konservativer Glaubens- und Morallehre man jahrzehntelang eher nörglerisch und ungehorsam begegnet war. Nachdem schon Johannes Paul II. nach einem langen demoskopischen Tief in seinen letzten Jahren an Zustimmung und Bewunderung gewonnen und im Tode geradezu über seine Kritiker triumphiert hatte, freuten sich im Mai 2005 laut Allensbach 63 Prozent der deutschen Katholiken, 37 Prozent der Protestanten und 26 Prozent der Konfessionslosen über die Wahl „unseres Joseph Ratzinger" (BILD) zum Papst. „Ärgert mich eher", meinten erstaunlicherweise nur 7 Prozent aller Befragten, obwohl der Medientenor seit vielen Jahren bis weit in die katholische Milieupublizistik hinein ein äußerst finsteres Bild von dem bayerischen „Panzerkardinal" gezeichnet hatte. Das katholische „Publik-Forum" (3/1998) hatte ihn zum Beispiel in einem einzigen Artikel als „Hammer Gottes", „Großinquisitor", „Doktrinär", „Reaktionär" und „Glaubenspolizist" beschimpft, der mit „mephistophelischem Talent", „bornierter Engstirnigkeit" und „autoritärer Härte" die Kirche „gesundschrumpfen" wolle und dabei doch nur „seine eigenen Ängste nach außen projiziert".

Nun, nur sieben Jahre später, erwarteten 42 Prozent der Bevölkerung und 54 Prozent der Katholiken, dass die Wahl dieses Mannes „die katholische Kirche in Deutschland stärken" werde. 74 Prozent nannten den Kölner Weltjugendtag mit Benedikt XVI. in einer Allensbacher Umfrage vom September 2005 „eine eindrucksvolle Veranstaltung". 57 Prozent meinten im Juni 2006, dass „der Papst der Jugend etwas zu sagen hat"; dies fand sogar eine relative Mehrheit (34 zu 23 %) der unter 30-jährigen Ostdeutschen. Nicht einmal jeder fünfte aller Befragten vertrat die Gegenmeinung, der Papst habe „keine Antwort auf die Fragen, die die Jugend heute stellt"; nach den ersten zwei Jahren des Pontifikats Johannes Pauls II. (1980) hatten sich mit 28 Prozent deutlich mehr negativ in diesem Sinne geäußert. Hatte ein Bericht – nicht Kommentar – der ARD-Tagesthemen den hochdifferenzierten Starttheologen noch wenige Jahre zuvor als „fundamentalistischen Kardinal" (Johanna Holzhauer) stigmatisiert, so installierte die ARD nun sogar einen eigenen Vatikankorrespondenten. Eine Zweidrittelmehrheit der Deutschen fand laut einer „Stern"-Umfrage nach den ersten zwei Jahren des Pontifikats, der deutsche Papst mache seine Arbeit „sehr gut" (20 %) oder „gut" (50 %). Nach der umstrittenen Regensburger Vorlesung beim Bayern-Besuch 2006 unterstützten 74 Prozent Benedikt XVI. mit ihrer Meinung: „So etwas sollte man öffentlich äußern dürfen", und nur 22 Prozent bekundeten Verständnis dafür, „dass sich viele Moslems durch die Papst-Rede in ihren religiösen Gefühlen verletzt sehen"; 60 Prozent hatten dafür „kein Verständnis". Nach Medienberichten war Benedikt XVI. in kurzer Zeit zum gefragtesten männlichen Fotomotiv avanciert und sein erster Auftritt auf der Loggia des Petersdoms das zweitbeliebteste Bild der Deutschen gleich nach der Maueröffnung geworden.

Im April 2006 publizierte Allensbach-Chefin Renate Köcher in der FAZ einen Beitrag unter dem Titel: „Die neue Anziehungskraft der Religion. Wachsendes Interesse an Glauben und Kirche". Bemerkenswert an den Daten erschien eine Zunahme des religiösen Interesses und der Glaubensintensität insbesondere in der jungen Generation. Der Anteil der Bevölkerung mit ausgeprägtem Interesse an religiösen Fragen war seit 1995 von 24 auf 33 Prozent gestiegen, derjenige der

Desinteressierten von 32 auf 24 Prozent gesunken. „Die Mutmaßung, dass dies auf den wachsenden Anteil Älterer in der Gesellschaft zurückzuführen ist, hält der Überprüfung nicht stand. (...) Völlig unerwartet sind gerade bei den Jüngeren die Einstellungen in Bewegung geraten. Der Anteil, der aus den Glaubensüberzeugungen Kraft zieht, hat sich seit der Mitte der Neunzigerjahre in der Altersgruppe zwischen 16 und 29 Jahren von 18 auf 26 Prozent erhöht, bei jenen zwischen 30 und 44 Jahren von 27 auf 34 Prozent. Die Erwartung, dass religiöse Bindungen immer schwächer werden, hat sich zurückgebildet, zum Beispiel seit 1995 von 41 auf 28 Prozent in der Altersgruppe unter 30 Jahren. Die Bindungen an die Kirche haben zugenommen, überdurchschnittlich vor allem in der Altersgruppe zwischen 30 und 44 Jahren", betonte die Demoskopin. Insgesamt bekundeten 2006 wieder 42 Prozent (1995 noch 35 %) der Deutschen, sie zögen „persönlich aus dem Glauben Trost und Kraft". In den USA lag dieser Wert (2001) allerdings bei 77, in Großbritannien bei 51 Prozent.

„Überzeugt, dass Religion in der Gesellschaft wichtiger wird", waren laut Allensbach 1995 nur 13 Prozent der Deutschen, im Juni 2005 schon doppelt so viele; dass Religion gesellschaftlich „an Bedeutung verliert", meinten 1995 noch 36, zehn Jahre später nur noch 22 Prozent. Christen beider Konfessionen äußerten zunehmend, die Kirche passe gut in die heutige Zeit: Auf einer Skala von 0 („passt überhaupt nicht") bis 10 („passt sehr gut") stieg der Mittelwert der westdeutschen Protestanten schon seit 1992 wieder an (von 4.5 auf 5.6), jener der Katholiken erst seit 1999, dafür aber rasanter (von 4.8 auf 6.3) – und erreichte damit wieder das Niveau von vor dreißig Jahren. Allerdings blieb die Einschätzung, dass „der Glaube für die meisten Menschen in Deutschland wichtig" oder „sehr wichtig" sei, mit 24 Prozent weit hinter der tatsächlichen Überzeugung von 45 Prozent der Deutschen zurück, „dass der Glaube in unserer Zeit noch wichtig ist" („nicht zeitgemäß", „überholt", meinten 34 %).

Für 60 Prozent der deutschen Bevölkerung war das Wort „christlich" schon vor den großen Kirchenereignissen 2005 laut Allensbach „sympathisch", für 28 Prozent „unsympathisch". Auch als politisches Attribut spreche es „eher für eine Partei", meinten 2003 in einer Repräsentativumfrage der Konrad-Adenauer-Stiftung über „Religion und Politik" 48 Prozent der Westdeutschen und 40 Prozent der Ostdeutschen. Jeder dritte Bundesbürger plädierte dafür, dass „christliche Wertvorstellungen künftig in der Politik eine wichtigere Rolle als derzeit spielen" sollten; jeder fünfte wünschte ihnen „eine geringere Rolle". Jeweils klare Mehrheiten aller Deutschen befürworteten die Berufung auf Gott in der Präambel des Grundgesetzes und einen „Bezug auf christliche Werte" in einer europäischen Verfassung (42 zu 26 Prozent laut Allensbach 2004), christliche Symbole in öffentlichen Räumen und insbesondere den Religionsunterricht an staatlichen Schulen; selbst die Mehrheit der Konfessionslosen äußerte keine Einwände gegen den schulischen Religionsunterricht. 60 Prozent der Deutschen vermuteten, dass in kirchlichen Schulen „mehr Disziplin" herrsche und ein „besseres Sozialverhalten" gelernt werde als an staatlichen. Auch kirchliche Beiträge zur Sozialarbeit, Krankenfürsorge, Entwicklungshilfe und internationalen Verständigung fanden stets breite Anerkennung. Bei einer Umfrage für den „Spiegel" (2005) bekundeten 64 Prozent der Deutschen grundsätzlich, dass ihnen die Kirchen „als moralische Instanz" wichtig seien.

## Gefährliche Tranquilizer: Sozialforschung mit überblähtem Religionsbegriff

Einflussreiche sozialwissenschaftliche Unterstützung erfuhr der aufkeimende Optimismus der Kirchen durch den „Religionsmonitor 2008" der Bertelsmann-Stiftung, der mit großem Mediengetöse am Jahresende 2007 angekündigt wurde. So titelte die „Welt am Sonntag“ am 16. Dezember zur Einstimmung auf Weihnachten: „Das Comeback des Jahres: Gott“. Eine „umfassende internationale Studie zur Religiosität“, welche die Bertelsmann-Stiftung vorgelegt habe, belege: „Glauben hat in Deutschland eine große Bedeutung.“ Für 70 Prozent aller Menschen spiele Religion „eine Rolle“; fast jeder Fünfte sei sogar „tiefreligiös“, besuche regelmäßig Gottesdienste, bete häufig und beschäftige „sich intensiv mit religiösen Fragen, die auch sein praktisches Leben beeinflussen“. Die Studie entlarve „zudem populäre Irrtümer über eine angeblich gottlose Jugend oder eine verkümmerte Religiosität im Osten“.

Man musste nicht Brigitte Zypries heißen, um diese reißerische Aufmachung des Themas „Renaissance der Religion“ in die Kategorie „Feuilleton-Phänomen“ einzuordnen. Die Bundesjustizministerin hatte in der fünften „Rede zur Religionspolitik“ in der Berliner Humboldt-Universität am 12. Dezember 2006 erklärt: „In dieser Situation erleben wir nun in Deutschland das, was einige die ‚Renaissance der Religion‘ nennen. Sie scheint allerdings eher ein Feuilleton-Phänomen zu sein; denn eine Welle von Kircheneintritten ist wohl nicht zu verzeichnen.“ Tatsächlich differieren ja die zitierten publizistischen Fanfarenstöße schrill von der grauen Realität schütter besetzter Kirchenbänke, der wachsenden Zahl von Kirchenumwidmungen, der Mitgliederstatistik und der wachsenden Entfernung gesellschaftlicher Leitbilder und politischer Entscheidungen von Positionen christlicher Sozialethik.

Wie erklärt sich die Kluft zwischen dieser Realität und den „Renaissance“-Folgerungen aus dem „Religionsmonitor“? Zieht man Übertreibungen in der Medienberichterstattung einmal ab, so könnte die Ursache im Aufbau und in den strukturierenden Prinzipien der Studie liegen. Der verwendete Religionsbegriff soll ein

„substanzieller“ sein, welcher „sowohl in allen Religionen anwendbar ist als auch einer größtmöglichen individuellen Religiosität entspricht. Es war uns ein Anliegen, sowohl traditionelle als auch neue Formen von Religiosität zu erheben“, inklusive „pantheistischer Konstruktionsweisen von Transzendenz“. Damit solle der gewachsenen Zahl von „Religionskomponisten“ (Paul Zulehner) und der Privatisierung einer zunehmend „antiinstitutionell“ eingestellten, „unsichtbaren Religion“ (Thomas Luckmann) entsprochen und zugleich ein interkultureller Vergleich ermöglicht werden.

Die repräsentative Erhebung unter rund 21 000 Menschen in 21 Ländern aus allen Kontinenten und großen Weltreligionen kombinierte, je nach den kommunikationstechnischen Voraussetzungen, Telefon-, persönliche „Face-to-face“- und längere Tiefeninterviews. In Indien konnten zum Beispiel „nur bestimmte Ballungsräume erhoben werden“. Eine weitere Einschränkung: Aufgrund der Anzahl von 1000 Befragten lassen sich „keine wissenschaftlich vertretbaren Aussagen über nicht christliche Religionen“ in den drei deutschsprachigen Ländern treffen; in der Bundesrepublik wurden entsprechend der Bevölkerungsverteilung nur 21 Muslime (von TNS Emnid) befragt. Und wer unter nur 171 befragten 18- bis 29-jährigen Deutschen weiter differenzieren will, stößt „an statistische Grenzen, weil die jeweiligen Zellen sehr klein werden. Bei der Interpretation von Ergebnissen ist in solchen Fällen Vorsicht geboten“ (Hans-Georg Ziebertz).

Weitere Einschränkungen der Aussagekraft ergeben sich aus der Semantik einer in zwanzig Sprachen übersetzten Umfrage. Bischof Wolfgang Huber weist in einem kritischen „Kommentar aus evangelischer Perspektive“ auf das Problem hin, „das durch die Anwendung einer vermeintlich allgemeinen religionssoziologischen Begrifflichkeit auf eine (...) durch das Christentum geprägte Gesellschaft entsteht“: So sei die Frage nach Häufigkeit und Wichtigkeit des Gottesdienstbesuches für Konfessionslose folgendermaßen umformuliert worden: „Wie häufig nehmen Sie an spirituellen Ritualen oder religiösen Handlungen teil?" – oder: „Wie wichtig ist Ihnen die Teilnahme an spirituellen Ritualen oder religiösen Handlungen?" Dazu Huber: „Dass 96 Prozent der Konfessionslosen diese Fragen niedrig bewerten, ist nicht sehr verwunderlich. Wahrscheinlich werden sogar diejenigen unter ihnen, die am Heiligen Abend eine Christvesper besuchen, diese Frage verneinen. Denn für sie wird ein gelegentlicher Gottesdienstbesuch wohl nicht mit der Vorstellung von ‚spirituellen Ritualen' oder ‚religiösen Handlungen' verbunden sein."

## Verlangsamter Puls: Kirchgang einmal im Monat als „hohe Intensität"?

Wenn bereits eine Kirchgangsfrequenz von „einmal im Monat" von den „Bertelsmännern" als „hohe Intensität" öffentlicher religiöser Praxis gewertet wird, beginnt sich die Kluft zwischen Schlagzeilen und der Realität zugunsten der kirchenstatistischen Faktizität zu schließen. Angesichts der überraschenden Großzügigkeit, mit der eher randständige Christen der „tiefreligiösen" Kerngemeinde zugerechnet werden, wundert es, dass nach so populären Formen öffentlicher religiöser Praxis wie der Teilnahme an Wallfahrten gar nicht gefragt wurde – eigenartig, wenn man bedenkt, dass sich Hape Kerkelings Wallfahrtsbuch „Ich bin dann mal weg. Meine Reise auf dem Jakobsweg" mit mehr als drei Millionen verkauften Exemplaren sensationelle 100 Wochen an der Spitze der Bestsellerlisten halten konnte.

So tragfähig scheint das konzeptionelle Rückgrat des Religionsmonitors, das sechs „Kerndimensionen der Religiosität: Intellekt, Ideologie (Glaube), öffentliche religiöse Praxis, private religiöse

Praxis, Erfahrung, Konsequenzen im Alltag“ umfasst, also nicht zu sein. Zwar lassen sich dennoch einige interessante Befunde in ihm finden, zum Beispiel die relativ hohe Zustimmung jüngerer Befragter ausgerechnet zur „ideologischen“ Glaubensdimension und die hohen Toleranz-Werte gerade derer, die den exklusiven Wahrheitsanspruch ihres eigenen Glaubens betonen. Dennoch kommt die Kritik an anderen Religionsstudien, weil diese sich „meist nur auf die Dimensionen der religiösen Ideologie und der öffentlichen religiösen Praxis beschränken“, aus dem Glashaus, angesichts der analytischen Schwächen des Religionsmonitors selbst:

- Eine „religiöse Deutungskompetenz“ und „Ansprechbarkeit“ für religiöse Fragen innerhalb der „Dimension Intellekt“ dürfte auch manchem eingefleischten Atheisten eigen sein, der den Gegner gründlich studiert hat, um ihn zu bekämpfen. Mit „Religiosität“ an sich hat das wenig zu tun.
- Wenn in der Dimension „Ideologie“ der Glaube an einen persönlichen Gott mit pantheistischen Transzendenzvorstellungen und die Auferstehungshoffnung mit Reinkarnations-Spekulationen zusammen firmieren, fragt man sich, welche Relevanz zur Erschließung sozialer oder kultureller Realität diese „catch-all“-Kategorie haben soll.
- Die Dimension „private religiöse Praxis“ wiederum umfasst sowohl das Gebet als auch die Meditation, die bekanntlich meist „eher auf das Selbst und/oder auf ein alles durchdringendes Prinzip bezogen“ ist. Sind hier die Unterschiede nicht wesentlicher als die Gemeinsamkeiten der „beiden Grundformen“, sodass es wenig Sinn macht, beides in einen Topf zu werfen? Meditieren kann jedenfalls auch ein Atheist, der aber dank Bertelsmann mit frommen katholischen Schwestern von der ewigen Anbetung kategoriell zwangsvereinigt wird.

- In der Dimension „religiöse Erfahrung“ kulminiert die Beliebigkeit, wenn nach der Häufigkeit von 15 religiösen Gefühlen gefragt wird: „Geborgenheit“, „Freude“, „Schuld“, „Angst“ und „Liebe“ oder auch das Gefühl, „mit allem eins zu sein“, können religiös, aber auch ganz areligiös empfunden werden.

Kein Wunder, dass bei einem derart diffusen Religionsbegriff schließlich sogar ein Drittel der Konfessionslosen in die Kategorien „hochreligiös“ (2 %) oder „religiös“ (31 %) fällt. Man gelangt mit einem derartigen „Religiositäts“-Expansionismus in ein analytisches Niemandsland, in dem schließlich eine „Säkularisierung gewissermaßen per definitionem ausgeschlossen ist“, merkt Hans Joas zum Stichwort „implizite Religion“ kritisch an.

Die Vielzahl der Indikatoren wird schließlich – unter nicht näher begründetem Ausschluss der Dimension „Konsequenzen im Alltag“ – in einer Kategorie „Zentralität der Religiosität“ zusammengefasst. Sie soll „die persönliche Relevanz religiöser Inhalte, Deutungsmuster und Praktiken“ kennzeichnen und zwischen „Hochreligiösen“, „Religiösen“ und „Nichtreligiösen“ unterscheiden lassen. Bei den demnach „Religiösen“ spielen religiöse Inhalte und Praktiken „in der Persönlichkeit jedoch nur eine untergeordnete Rolle“, bezogen „nur auf einen schmalen Bereich des Erlebens und Verhaltens“. Damit wird klar, wie die „70 Prozent“ zustande kommen, in deren Leben Religion „eine Rolle“ spiele, sodass ihr in Deutschland „große Bedeutung“ („Welt am Sonntag“) zukomme.

Die Auswertungen und Kommentare von Experten, die Bertelsmann mit seinen Daten im „Religionsmonitor 2008“ abdruckte, stellen denn auch Konzept und Tenor der Studie teilweise selbst infrage. Kurienkardinal Walter Kasper warnt, „dass man die Formen asiatischer, besonders die buddhistischer Religiosität, die keinen transzendenten persönlichen Gott kennt, nur bedingt mit der jüdisch-christlichen Religiosität vergleichen kann". Geradezu antithetisch zu den „Comeback"-Schlagzeilen weist Michael Ebertz in seinem Kommentar: „Je älter, desto frömmer? Befunde zur Religiosität der älteren Generation" auf einen „Zuwachs an Glaubenszweifeln" hin, „selbst bei denjenigen, die durch ihre Generationenzugehörigkeit relativ tief verwurzelte religiöse Gewohnheiten haben. Auch innerhalb der Kirchen selbst werden bestimmte traditionelle Glaubensüberzeugungen nicht mehr sozial bestätigt und immer weniger gestützt. Und dies gilt auch und gerade für Glaubensüberzeugungen wie diejenigen bezüglich des Lebens nach dem Tode, von denen sich inzwischen selbst Prediger distanzieren." „Der Anteil derer, die sagen, ‚gar nicht' an ein postmortales Weiterleben zu glauben, ist unter den über 60-Jährigen beinahe doppelt so groß (37 %) wie unter den 18-bis 29-Jährigen (19 %); Teile der älteren Generation seien ‚schon längst dabei', zu den Kirchen ‚auf – zumindest innere – Distanz zu gehen'." Und wenn im weitgehend säkularisierten Osten Deutschlands gerade junge Leute zunehmend etwas mit der Vorstellung eines Lebens nach dem Tode anfangen können, fördern solche Anzeichen „religiöser Öffnung" noch lange nicht den Glauben an Gott. „Medienberichte über Nahtoderfahrungen, Science-Fiction-Filme und Informationen über fremde Religionen speisen diese experimentelle Annäherung" (Monika Wohlrab-Sahr).

Die Kultursoziologen Olaf Müller und Detlef Pollack konstatieren in ihren Beiträgen sogar „deutliche Tendenzen der Entkirchlichung"; allenfalls in Italien und Polen besitze die Religion noch „einen großen Stellenwert für die Mehrheit der Bevölkerung – beides Gesellschaften, in denen der Katholizismus tief in der Kultur verankert ist, eng mit der nationalen Identität zusammenhängt und auch heute noch viele Lebensbereiche wie die Politik, die Erziehung und das Alltagsleben durchdringt. Alles in allem lässt sich die These vom ungebrochenen Weiterwirken des Religiösen im Privaten so pauschal für Europa nicht aufrechterhalten"; auch die Anziehungskraft „alternativer" Glaubensformen erscheine „zu begrenzt, um die Abbrüche bei der ‚traditionellen' Religiosität kompensieren zu können". Der Kölner Sozialforscher Heiner Meulemann konstatiert: „Die Religion des Abendlandes wird von modernen Formationen, dem Naturalismus und dem Existenzialismus überlagert. Das Christentum ist heute in Westdeutschland nicht mehr die vorherrschende religiöse Weltdeutung. (...) In beiden Landesteilen rangieren also immanente Weltbilder vor dem christlichen."

Von einem „Comeback" Gottes, zumal im christlichen Sinne, kann insofern in Deutschland und Europa keine Rede sein. Und so konnte FAZ-Kommentator Daniel Deckers im September 2009 lakonisch bilanzieren, alles deute darauf hin, „dass die Zeit der ‚Volkskirche' nicht zu Ende geht, sondern zu Ende ist". Zum Sinnbild dafür wurde wenige Wochen später in Hannover die Trauerfeier für den Torhüter Robert Enke, bei der ein katholischer Pfarrer ausdrücklich auch die nicht christlichen Teilnehmer einlud, mit ihm zu Gott zu „rufen". Derselbe FAZ-Redakteur fand nun denkwürdig, „dass es in einem Fußballstadion möglich ist, ein Grundgebet der Christenheit wie das Vaterunser zu sprechen". Was er verschwieg: Nur so wenige der 40.000 Trauergäste stimmten ins Gebet ein – und dies schon gar nicht „rufend" –, dass man außer der Stimme des Geistlichen kaum etwas hörte. Nach „Volkskirche" klang das gar nicht.

## Multiple Symptomatik: Vom „christlichen Abendland" zur Christophobie?

Das Interesse an religiösen Fragen sank schon nach dem Medienhype 2005 deutlich: Der Anteil derer, die sich „gar nicht" für religiöse

Fragen interessieren, stieg laut Allensbach in den vier Monaten nach dem Weltjugendtag von 21 auf 26 Prozent an, jener der „sehr" oder „ziemlich" Interessierten sank von 32 auf 29 Prozent. Die Einschätzung, dass „der Glaube für die meisten Menschen in Deutschland sehr wichtig" oder „wichtig" sei, rutschte zwischen Juni 2005 und April 2006 drastisch von 37 auf 24 Prozent. Die Erwartung, „dass Glaube und Religion in Zukunft für die Menschen in Deutschland wichtiger" werden, sackte zwischen 2005 und 2009 von 26 auf 18 Prozent ab, die Gegenmeinung „weniger wichtig" wuchs von 22 auf 29 Prozent. In der „Stuttgarter Zeitung" (4.2.2009) wurde gleichsam die Gegenthese zu den oben zitierten „Welt am Sonntag"-Schlagzeilen formuliert: „Die Deutschen sagen Gott Adieu." Eine TNS-Umfrage für den „Spiegel" 2007 ergab, dass die Deutschen eher den Dalai-Lama (44 %) als „ihren" Papst (42 %) als ein Vorbild betrachteten. In den Medien war das Oberhaupt der buddhistischen Tibeter nach einer Untersuchung des internationalen „Media Tenor" (MacDonald-Radcliff/Schatz 2009) zwischen April 2007 und Februar 2009 fast ebenso präsent wie das Oberhaupt der römisch-katholischen Weltkirche, das seit Januar 2009 zudem häufiger mit negativer als mit positiver Wertung erwähnt wurde. Dass der deutsche Papst seine Sache „sehr gut" oder „gut" mache, meinten im März 2008 in seiner Heimat statt 70 nur noch 51 Prozent (sehr gut: 10 %/ gut: 41 %) der Bevölkerung. Die Kirchenaustrittszahlen, die von 2004 bis 2006 rückläufig gewesen waren, schnellten wieder hoch: 2007 für beide Konfessionen um jeweils 10.000, 2008 für die katholische um rund 28.000 (25 %) auf 121.000; die evangelische hatte sogar rund 160.000 Austritte zu verzeichnen.

Jenseits der quantifizierenden Maßstäbe von Kirchenstatistik und Demoskopie ist der schwindende Einfluss des Christentums in Deutschland und weiten Teilen Europas aber auch an einer ganzen Serie von Ereignissen, politischen Stellungnahmen, Publikationen,

Gerichtsurteilen und gesellschaftlichen Trends ablesbar. Sie können hier nicht vollständig erwähnt und eingehend erörtert werden, sondern nur in Form einiger Schlaglichter.

## Vitamin C ohne Effekt: Grundsätze mit verkürzter Halbwertszeit

Auf politischer Bühne illustrierte ausgerechnet die Rückkehr der deutschen Christdemokraten an die Regierungsmacht auf Bundesebene und speziell ins Kanzleramt, dass für Christen in der Politik andere Zeiten angebrochen sind.

Eine Vorahnung davon hatte bereits gewinnen können, wer sein Augenmerk bei Angela Merkels 50. Geburtstagsfeier im Juli 2004 im Foyer der CDU-Parteizentrale nicht wie die Boulevardpresse auf die erste öffentliche Präsentation des Lebenspartners von FDP-Chef Westerwelle richtete, sondern auf einen wissenschaftlichen Vortrag: Die Pfarrerstochter Merkel hatte sich als Festredner den Hirnforscher Wolf Singer gewünscht, ein Beiratsmitglied der kirchenfeindlichen Giordano-Bruno-Stiftung. Die Groteske wurde in keinem christlichen Milieumedium so trefflich dekuvriert wie im „Spiegel“ (31/2004) durch Matthias Geyer, dessen Artikel „Merkels Hirn. Ortstermin: In Berlin lässt sich die CDU-Vorsitzende zum 50. Geburtstag ihr Innerstes erklären“ eine längere Zitation lohnt:

„‚Was die Schnecke über die Welt gelernt hat, ist auch unser Wissen‘, sagt Professor Wolf Singer, der neben dem Monitor steht und einen Vortrag hält. (...) Der Unterschied zwischen Schneckenhirn und Menschenhirn sei, so sagt der Professor dann, nur ein gradueller: ‚Es gibt mehr Masse vom Gleichen, aber es gibt keine neuen Strukturen.‘ (...)

Der Professor zeigt mit langen Fingern auf die Schnecke und entfaltet nun seine Theorie. Im menschlichen Hirn, sagt er, gibt es kein Zentrum, keinen Dirigenten, der für Entscheidungen zuständig ist. Wenn der Mensch meint, er sei frei, dann irrt er, dann sitzt er einer Illusion auf. Alles, was er denkt, fühlt, macht, nicht macht, wird gesteuert von Neuronen. Sie schwirren durchs Hirn und machen, was sie wollen. Das Hirn ist keine Werkstatt des Ichs, sondern ein physikochemisches Labor.

Der Mensch, die Krönung der Schöpfung, ein Büttel der Neuronen.

Man kann nichts für das, was passiert. Im Leben, in der Liebe, in der Politik.

Angela Merkel lächelt.

‚Das nächste Bild, bitte', sagt Professor Singer. Auf der Wand erscheint ein Knäuel aus Knoten und Strichen. Es handle sich um Messungen im Inneren eines Katzenhirns. ‚Sie müssen sich jetzt nicht jedes Detail merken', sagt Singer. Guido Westerwelle schreibt alles mit.

Der Vortrag heißt: ‚Das Gehirn, ein komplexes System ohne Dirigenten. Konsequenzen für unser Selbstbild.' Und die Frage ist, warum sich Angela Merkel so etwas gewünscht hat. Edmund Stoiber vermutet eine politische Botschaft.

‚Nächstes Bild, bitte.'

Laurenz Meyer ist eingenickt. Die Neuronen, es musste so sein.

Der Professor ist bei René Descartes angekommen. ‚Cogito, ergo sum', ich denke, also bin ich. ‚Es ist völlig anders, das wissen wir heute', sagt Singer, der in der Welt der Naturwissenschaft hoch angesehen ist.

Er vertritt den neurobiologischen Monismus, manche behaupten, seine Lehre sei fortschrittlich. Wahrscheinlich ist er auch deshalb bei der CDU.

‚Nächstes Bild, bitte.‘

Auf der Wand tanzen lustige Figuren umher, ohne Zusammenhang, ohne Zentrum. Das sind die Neuronen. Man sieht: Wir sind nicht frei.

Professor Singer guckt auf die Uhr, es gibt kein nächstes Bild mehr, alles ist besprochen, Schnecken, Katzen, Affen, Hunde, Descartes, er muss zum Ende kommen. ‚Nichts ist prognostizierbar. Wir wissen nicht, was in fünf Jahren sein wird.‘

Westerwelle zuckt, Merkel bleibt ganz ruhig.

‚Wir müssen uns begreifen als Teile eines evolutionären Prozesses, den wir nicht lenken können. Wir müssen Irrtum als Notwendigkeit verstehen. Es kann keine übergeordnete Intelligenz geben.‘ (...)

Angela Merkel klatscht engagiert. Die Augen sind nicht mehr zusammengekniffen, das Gesicht entspannt sich wie bei einer Massage. Sie hat so viel Verantwortung, aber sie ist aus allem raus. Der Mensch Merkel kann nichts für das, was er tut, auch nichts für seine Irrtümer. Bush, Irak-Krieg, Köhler, Kopfpauschale, alles Sache der Neuronen.

Sie ist die Vorsitzende der Christlich-Demokratischen Union, aber ihre Zukunft liegt nicht in der Hand Gottes, der dem Menschen die Freiheit schenkte. (...)“

Da ist das CDU-Grundsatzprogramm zwar ganz anderer Meinung. Doch was von der Verpflichtungskraft seiner Grundsätze zu halten ist, demonstrierten die Christlichen Demokraten bei ihrem Parteitag in Hannover 2007, der nächsten Etappe christlicher Desillusionierung. Das dort beschlossene neue CDU-Programm betont: „Die Achtung der unantastbaren Würde des Menschen hat für uns Vorrang vor der Freiheit der Forschung und der Sicherung von Wettbewerbsfähigkeit. Wir wollen die Beibehaltung des konsequenten Embryonenschutzes und wenden uns gegen verbrauchende

Embryonenforschung" – was die Parteitagsmehrheit nicht daran hinderte, wenige Stunden später den Weg für eine Verschiebung des Stichtags bei der embryonalen Stammzellforschung freizugeben. Eine so kurze Halbwertszeit von politisch-moralischen Beteuerungen hat die Republik wohl noch nicht gesehen.

Die neue Qualität des Hannoveraner Parteitagsbeschlusses lag darin: Die Politik der CDU von Adenauer bis Kohl war bislang stets von besonderer Sensibilität und Rücksichtnahme gegenüber kirchlichen Anliegen und Moralüberzeugungen geprägt gewesen. Dort, wo man doch ins Fahrwasser des Zeitgeistes geriet, wie bei der sukzessiven „Liberalisierung" des § 218 oder beim Leitbild der lebenslangen Ehe, kam der Veränderungsdruck stets aus machtvollen Bewegungen der Gesellschaft und von anderen Parteien, während die Union, den Fuß gleichsam auf der Bremse, mäßigend wirkte und nur aus Kompromisszwang ihre Positionen einer „Frontbegradigung" unterzog. Nun aber gehörte sie erstmals zu den Initiatoren einer weiteren Relativierung der Unantastbarkeit menschlichen Lebens. Parteivorsitzende und Parteitagsmehrheit handelten ohne Not: Weder Koalitionsräson noch breiter öffentlicher Meinungsdruck zwangen die CDU zum Verrat ihrer ethischen Grundsätze. Zugleich handelte die CDU erstmals gegen das geschlossene Votum des katholischen Episkopats – von den konservativen bis zu liberalen Bischöfen wie etwa dem Rottenburger Gebhard Fürst – sowie gegen Einsprüche mehrerer evangelischer Landesbischöfe und Repräsentanten der Evangelikalen. Nichts könnte die im August 2009 geäußerte Einschätzung Wolfgang Bosbachs (CDU), inzwischen Vorsitzender des Bundestags-Innenausschusses, besser illustrieren: „Von Jahr zu Jahr verlieren die beiden großen christlichen Kirchen Einfluss bei politischen Entscheidungen."

Als Legitimationspartner für den Parforceritt in Sachen Stammzellforschung hatte sich frühzeitig der EKD-Ratsvorsitzende Wolfgang

Huber in Position gebracht. Im November 2006 kündigte er an, eine Verschiebung des Stichtags zu „respektieren“ im Namen des „Ausgleichs zwischen gegensätzlichen ethischen Positionen“ – als wäre die Kirche bloß gesellschaftlicher Moderator und befugt, einer „Befriedung“ auf Kosten der Würde Dritter den Segen zu geben. Normen bestünden nach dieser Logik nur noch als Resultante eines Parallelogramms der Kräfte. Je schärfer der Gegenwind, desto weiter würde die Moral wie eine Wanderdüne verschoben. Auf solchen Grund wollte Jesus seine Kirche aber gerade nicht bauen. Die katholische Legitimationshilfe leistete Annette Schavan, prominente Vertreterin des deutschen Laienkatholizismus. Indem sie ihre Rolle „als katholische Theologin“ in die Waagschale warf, trug sie zur Desensibilisierung der Gewissen bei. Motto: Wenn sogar eine „Gottesfrau“, und noch dazu eine von der sittenstrengeren Konfession, keine Skrupel hat, kann es ja so schlimm nicht sein. Theologie als Feigenblatt: aus der Sicht vieler Christen ein schändlicher Fall von moralisierendem Opportunismus.

## Schwester Angela und die „Spin Doctors“: Berlin maßregelt den Papst

Nach der Missachtung zentraler Normen des Christlichen – nämlich (außer in Notwehr) menschliches Leben nicht zu töten, nicht töten zu lassen oder von durch die Tötung gewonnenem „Material“ nicht für Forschungszwecke zu profitieren – folgte im Februar 2009 die Missachtung einer vor allem (aber nicht nur) für Katholiken zentralen Institution des Christlichen: Ausgerechnet auf einer Pressekonferenz mit dem muslimischen Autokraten Nursultan Nasabarjew (Kasachstan) maßregelte die Kanzlerin den deutschen Papst Benedikt XVI. wegen seiner Aufhebung der Exkommunikation von vier Bischöfen der Piusbruderschaft, unter denen sich ein Holocaustleugner befand. Zu einer entsprechenden Frage hatten Merkels „Spin Doctors“ vom Bundespresseamt Journalisten vorab angeregt, wie die „Süddeutsche Zeitung“ (5.9.09) später enthüllte. Eine solche schon unter rein diplomatischen Gesichtspunkten ungehörige Aktion – „gleichsam im Vorbeigehen“ zwischen der Begrüßung eines Staatsgasts und dem nächsten Krisengespräch –, „das schafften nur Deutsche, wunderten sich manche im Vatikan“ (FAZ vom 3.3.09).

Merkel, über deren Beeinflussung durch Friede Springer in dieser Sache gemunkelt wird, glaubte vielleicht auch, mit dem emotionalisierten Thema von ihrer zu diesem Zeitpunkt schlechten Presse ablenken und Führungsstärke demonstrieren zu können, indem sie sich an die Spitze der Bewegung setzte: „Dort geht mein Volk, ich muss ihm nach, ich bin sein Führer“ (Talleyrand). Der Berliner „Tagesspiegel“ (4.2.09) spottete jedoch über die Pseudo-Courage der Kanzlerin: „Angela Merkel will endlich Klarheit. Dass sie die Neunundneunzigste ist, die dem Papst in Rom die Stirn bietet, dass Hans Küng vor ihr sogar den Rücktritt des Papstes gefordert hatte, zeigt ihren Mut: Merkel fordert gern Klarheit, wenn alles klar ist.“ Dass durch die bloße Aufhebung einer Exkommunikation „die deutsche Staatsräson“ tangiert sei, nur weil ein beteiligter „britischer Kryptobischof aus der argentinischen Pampa im schwedischen Fernsehen“ den Holocaust relativiert hatte – wie Heinz-Joachim Fischer das absurde Theater in der FAZ (3.3.) kommentierte –, mochten selbst Gegner des päpstlichen Gnadenakts nicht nachvollziehen. Doch in der gesamten Parteiführung regte sich kein offener Widerspruch; einige, wie CDU-Vize Christian Wulff, stellten sich sogar ausdrücklich hinter Merkels Papstschelte. Bundestagspräsident Norbert Lammert wagte nur eine dezente Distanzierung vom antipäpstlichen „rhetorischen Überbietungswettbewerb, der weder gerechtfertigt noch fair noch in der Sache hilfreich ist“ – nicht ohne vorher beteuert zu haben, dass auch er Benedikts Entscheidung in der Causa Williamson „völlig unverständlich“ finde.

Jenseits aller möglichen Bewertungen in der Sache ist für unser Thema die Opportunitäts- und Machtfrage aufschlussreich: Offenkundig schätzte die Protestantin aus der Uckermark die papsttreuen Katholiken als eine quantité négligable ein, der im Zweifel eh nichts anderes übrig bleiben werde, als die Union zu wählen. Stalins höhnische Frage nach den „Divisionen des Papstes“, die nach der Wahl Karol Wojtylas zum Papst 1978 wie ein Bumerang über Polen auf das Sowjetimperium zurückfiel und die vom letzten sowjetischen Staatschef Michail Gorbatschow ganz anders beantwortet wurde – er trat als Kronzeuge für den wesentlichen Beitrag des Papstes zur Wende von 1989/90 auf –, diese Frage scheint im Kalkül heutiger Wahlkämpfer in Deutschland wieder mehr im Sinne Stalins beantwortet zu werden: Die in Auflösung befindliche Truppe des Papstes, die zudem ihrem Feldherrn schon längst widerständiger gegenübersteht als der „Landesherrin“ in Berlin, falle selbst in der Unions-Wählerschaft nicht mehr entscheidend ins Gewicht.

Jedenfalls im Normalfall: Bei der Bundestagswahl 2002 landete die Union nur um 6000 Stimmen hinter der SPD; die christlichen Splitterparteien erhielten über 120.000. Nur dank dieser christlichen Protestwähler blieb Wolfgang Thierse für weitere vier Jahre Bundestagspräsident. Bei der Bundestagswahl 2009, die CDU und CSU das schlechteste Ergebnis seit 1949 brachte, wurde die bürgerliche Mehrheit nur durch den Zuwachs der Liberalen errungen. Unter den Katholiken mit regelmäßigem Kirchgang schwand die ehedem bei 80 Prozent liegende Zustimmung zur Union überdurchschnittlich von 72 auf 67 Prozent, bei den Katholiken insgesamt erreichten die Christdemokraten mit nur noch 44 Prozent ihren schwächsten jemals gemessenen Wert. Auch ein höherer Anteil an den Nichtwählern kann einer Partei empfindlich schaden. Zudem sind die engagierten Christen beider Konfessionen innerhalb der CDU nach einer Mitgliederstudie von 1993 überdurchschnittlich zu innerparteilicher Mitarbeit und Ämtern bereit – diese Kernmitgliedschaft zu enttäuschen und zu demotivieren, kann einer Partei also weit mehr schaden, als es das quantitative Gewicht dieser Mitglieder vermuten lässt.

Im weiteren Verlauf des Jahres 2009 zeigte sich schließlich, dass Angela Merkel mit ihrer Attacke auf das katholische Kirchenoberhaupt das ökumenische Tafelsilber der Union aufs Spiel gesetzt hatte. Kulturkampf-Stimmung war aufgekommen, der Begriff fiel schon in großen Zeitungen. Der Pastoraltheologe Hubert Windisch, Professor an der Freiburger Katholisch-Theologischen Fakultät, erklärte, Merkel sei für Katholiken nicht mehr wählbar. Erstmals trat mit Werner Münch ein ehemaliger Ministerpräsident aus der CDU aus – äußerst medienwirksam und unter ausdrücklicher Berufung auf die „Anmaßung" der Kanzlerin gegenüber Benedikt XVI. Unter den Unionspolitikern der zweiten und dritten Reihe, die Merkel schon im Februar für ihre nassforsche Einmischung in innerkirchliche Belange kritisiert hatten – Norbert Geis MdB, Bernd Posselt MdEP, Willy Wimmer –, fanden sich einige im November unter den Gründungsmitgliedern eines „Arbeitskreises Engagierter Katholiken" (AEK) und dann – für Bayern – „Christsozialer Katholiken" (CSK) in den Unionsparteien wieder. Es reicht zur Führung einer Partei eben nicht aus, die Mehrheit hinter sich zu haben; man darf auch die Loyalität innerparteilicher Minderheiten nicht überstrapazieren. Der tiefe Fall Andrea Ypsilantis und die neun fehlenden Stimmen bei Angela Merkels zweiter Kanzlerwahl mahnen.

## Eine Physikerin transplantiert: Toleranz ersetzt das Christentum als „Seele Europas"

Auf europäischer Ebene misslang es in der Diskussion über eine gemeinsame europäische Verfassung, eine Anrufung Gottes oder wenigstens eine Nennung des Christentums als geistiges Fundament Europas durchzusetzen, obwohl sich bis heute eine große Mehrheit der Bürger in der EU der christlichen Religion zuordnet. Zwar hatten sich nach Helmut Kohl auch die rot-grüne Regierung Schröder und die schwarz-rote Regierung Merkel für diesen religiösen Bezug ausgesprochen, dessen Verhinderung durch die laizistische Doktrin insbesondere Frankreichs im Übrigen die Zustimmung der Polen und Iren zum Vertragswerk zusätzlich erschwerte. Doch in ihrer Grundsatzrede vor dem Europäischen Parlament in Straßburg im Januar 2007 erklärte Bundeskanzlerin Merkel nicht etwa das Christentum zum Identitätskern des Abendlands, sondern wich auf die konsensfähigere, aber doch recht dürftige Formel aus: „Die Seele Europas ist die Toleranz." Diese ist zweifellos eine schöne und wichtige Tugend, doch beginnt sie erst dort, wo bereits Wertüberzeugungen und Interessen vorhanden sind und miteinander in Konflikt geraten. Dass die Europäer zu lange das Wüten der großserbischen Soldateska auf dem Balkan zumindest faktisch tolerierten, führte sogar zur größten Schande des demokratischen Europas seit der Münchener Konferenz 1938: dem Massenmord von Srebrenica an Tausenden Bosniaken im Juli 1995.

Zu Merkels Ersetzung des Christentums als europäischem Identitätskern durch die Toleranz passt das Urteil des Europäischen Gerichtshofs für Menschenrechte vom 3. November 2009, welches einer italienischen Mutter 5000 Euro Entschädigung dafür zugesprochen hatte, dass ihre Kinder in einer staatlichen Schule Kreuze an der Wand der Klassenzimmer hängen sahen, die nach Protest nicht abgehängt wurden. Die streitbare Mutter klagte sich durch alle Instanzen Italiens und scheiterte stets. So stellte ein Verwaltungsgericht 2005 fest, das Kruzifix in der Schule sei „ein Symbol der italienischen Geschichte und Kultur und folglich der italienischen Identität". Die Straßburger Richter sahen das anders: Die Schüler könnten das Kreuz leicht als religiöses Zeichen interpretieren, was andersgläubige oder bekenntnislose Kinder zu stören drohe. Die Freiheit, keiner Religion anzugehören, bedürfe besonderen Schutzes.

„Dieses Europa des dritten Jahrtausends nimmt uns die wertvollsten Symbole weg und lässt uns nur noch die Kürbisse des Halloween-Festes", kommentierte Kardinalstaatssekretär Tarcisio Bertone, „zweiter Mann" im Vatikan, das Urteil. Der deutsche Staatskirchenrechtler Professor Wolfgang Rüfner prophezeihte: „Wir werden in den kommenden Jahren immer öfter erleben, dass Kläger gegen öffentliche Kreuze bis nach Straßburg gehen, wenn sie zuvor in den nationalen Instanzen gescheitert sind. Das ist ein Dominoeffekt" (DT, 12.11.09). Nach einer Welle der Empörung und einem Antrag der Regierung Italiens auf Wiederaufnahme des Verfahrens, der am 2. März 2010 von einem Fünf-Richter-Gremium des Gerichtshofs gebilligt wurde, konnte dieser Fall allerdings neu aufgerollt werden.

Wenig eigene Toleranz hatte schon im Mai 2009 die liberale Fraktion des Europaparlaments mit ihrem Versuch gezeigt, den Papst wegen seiner während der Afrika-Reise im März gemachten Äußerungen zu Aids im Menschenrechtsbericht verurteilen zu lassen. Benedikt XVI. hatte sich skeptisch gezeigt, ob die Ausbreitung von Aids auf dem afrikanischen Kontinent durch die Konzentration auf eine rein technische Lösung eingedämmt werden könne: „Ich würde sagen, das Problem Aids kann man nicht bloß mit Werbeslogans überwinden. Wenn die Seele fehlt, wenn die Afrikaner sich nicht selbst helfen, kann diese Geißel nicht mit der Verteilung von Kondomen beseitigt werden: Im Gegenteil, es besteht das Risiko, das Problem zu vergrößern." Stattdessen regte er an: „Die Lösung kann nur mit einem doppelten Engagement gefunden werden: Das Erste ist eine Humanisierung der Sexualität, das heißt eine geistige und menschliche Erneuerung, die eine neue Art des Umgangs miteinander bringt. Und das Zweite eine wahre Freundschaft auch und vor allem mit den Leidenden, die Bereitschaft, bei ihnen zu sein, auch mit Opfern und persönlichem Verzicht. Dies sind die Faktoren, die helfen und die auch zu sichtbaren Fortschritten führen. (...) Mir scheint, dass dies die rechte Antwort ist und dass die Kirche dies tut und damit einen sehr großen und wichtigen Beitrag leistet.“ Ein Sprecher des Vatikans erläuterte, der Papst habe das Augenmerk auf eine „Erziehung zur Verantwortung“ legen wollen. Die katholische Kirche wende sich gegen eine „Ideologie des Vertrauens in das Kondom“.

Mit ihrem Änderungsantrag zum Menschenrechtsbericht wollten die Liberalen erreichen, dass das Europäische Parlament die Äußerungen des Papstes „nachdrücklich“ verurteilt. Seine Aussagen stellten ein „ernsthaftes Hindernis“ im Kampf gegen Aids dar. Aus der EVP-Fraktion wurde eingewandt, dass der Antrag der Praxis des Europaparlaments widerspreche, keine namentlichen Verurteilungen auszusprechen. Der Antrag gebe die Haltung des Papstes verkürzt und sinnentstellend wieder, sei verleumderisch und stelle das geistliche Oberhaupt von einer Milliarde Katholiken in eine Reihe mit Diktatoren und Folterern, die in dem Menschenrechtsbericht gerügt würden. Schließlich wurde der Antrag mit 253 zu 199 Stimmen abgelehnt; 61 Abgeordnete enthielten sich der Stimme. Damit waren weniger als die Hälfte der europäischen Volksvertreter dem antipäpstlichen Ansinnen entgegengetreten.

Angela Merkels Rede von der Toleranz als „Seele Europas“ findet einen fruchtbaren Boden in gesellschaftlich weitverbreiteten Werteprioritäten. Auf die Frage, „was man Kindern für ihr späteres Leben alles mit auf den Weg geben soll, was Kinder im Elternhaus lernen sollen“, zeigt sich seit den Sechzigerjahren eine wachsende Kluft zwischen der Wertschätzung von Toleranz und Glaube: Die Zustimmung zum Erziehungsziel „Andersdenkende achten, tolerant sein“

stieg laut Allensbacher Umfragen in Westdeutschland zwischen 1967 und November 2007 von 59 auf 65 Prozent; jene für „festen Glauben, feste religiöse Bindung“ sank im selben Zeitraum von 39 auf 24 Prozent. In Ostdeutschland gewann das Erziehungsziel „tolerant sein“ in dem viel kürzeren Zeitraum zwischen 1991 und 2007 von 55 auf 57 Prozent leicht an Zustimmung, die „feste religiöse Bindung“ verlor fast die Hälfte der anfangs schon schwachen 17 Prozent auf nunmehr 9 Prozent. Elisabeth Noelle-Neumann zählte 1994 zu ihren „traurigsten Umfrageergebnissen (...) die Antworten der Eltern auf die Frage, worin sie ihre Kinder beeinflussen wollen. Unter zwanzig Vorgaben standen Äußerlichkeiten wie Tischmanieren und Sauberkeit ganz oben. Am wenigsten wollten Eltern ihre Kinder beeinflussen in ihrem Glauben, in dem, was sie lesen, und in ihren politischen Überzeugungen“ – also in dem, was für die Bildung des Wertebewusstseins wesentlich ist.

## Seelsorger und Psychotherapeuten unter Polizeischutz: Die Fanale von Marburg

Ob das allgemeine Pathos der Toleranz sich in der säkularisierten Gesellschaft auch praktisch bewährt, ist freilich eine ganz andere Frage. Denn vielfach scheint die moralisch selbstgewisse Position der Toleranten sich auf ein der Gleichgültigkeit nahekommendes Gewährenlassen „zum Nulltarif“ zu beziehen. Toleranz als echte moralische Leistung beginnt, pointiert formuliert, erst da, „wo es wehtut“, wo etwa Unannehmlichkeiten ausgehalten, Zeit investiert, Provokationen eigener Überzeugungen oder Gewohnheiten hingenommen werden müssen. Und dann zeigt sich bisweilen: „Ein jeder ist für Toleranz, nur wenn's drauf ankommt, nicht so ganz“ (Gerhard Branstner). Die Zunahme von Rechtsstreitigkeiten, Ehescheidungen und Gewaltdelikten sowie die Herrschaft der „Political Correctness" sind nicht gerade Hinweise darauf, dass es heute wirklich leichter fiele, andere Menschen in ihrem Andersdenken oder Anderssein zu respektieren und notfalls zu ertragen.

Bezeichnend ist der zunehmende Gesinnungsterror gegen Veranstaltungen, in denen Homosexuellen, die unter ihrer Orientierung leiden und hoffen, sie ändern zu können, Beratung angeboten wird und Therapieversuche vorgeschlagen werden. Selbst wer dem skeptisch gegenübersteht und die Gefahr des Abgleitens in diskriminierende Deutungsmuster und Verhaltensweisen nicht übersieht, wird Eckhard Nickigs Kommentar im „idea-Spektrum" (15/2009) zur Agitation gegen den „Kongress der Akademie für Psychotherapie und Seelsorge" im Mai 2009 in Marburg beipflichten können: „Linke Gruppen setzen sich nicht mit der Sache auseinander: Sie stellen vielmehr Personen an den Pranger, denunzieren, verlangen Distanzierungen von Dritten, tyrannisieren Schirmherren und Vermieter von Tagungsräumen. (...) Mit einer ähnlichen Agitation gegen die Meinungsfreiheit haben 1933 braune Horden die freiheitliche Gesellschaft zerstört. (...) Die meisten christlichen Gruppen sind solche Angriffe nicht gewohnt: Sie stehen oft da wie begossene Pudel, die am liebsten sagen möchten: Bitte, tut uns nichts, wir sind doch ganz lieb! Doch es nützt überhaupt nichts, dem Druck der Agitation nachzugeben wie beim Christival 2008, als die beanstandeten Seminare abgesagt wurden. Im Gegenteil: Der Spielraum wird immer enger."

Übrigens hat das Fanal von Marburg nicht nur im „Christival" 2008 in Bremen einen Vorläufer, wo es zu gewaltsamen Übergriffen linksextremer Autonomer kam, obwohl man das umstrittene Seminar „Homosexualität verstehen – Chance zur Veränderung" aus dem Programm genommen hatte. Für seine Brandreden gegen die angebliche „rechtliche Privilegierung homosexueller Beziehungen“ und seine Polemik gegen Gottesdienststörer als „hergelaufene Schwule“ wurde schon Erzbischof Johannes Dyba 1991 durch die Straßen Marburgs gejagt, getreten, geschlagen und bespuckt. Die im demokratischen Deutschland singuläre Begebenheit dekuvrierte nicht nur das erbärmliche Niveau vieler Gegner des Fuldaer Bischofs; sie stand auch in denkwürdigem Kontrast zum Amtsverständnis manches bischöflichen Amtsbruders als „Bürgermeistertyp“, der so konsensbeflissen agiert, als müsse er die nächsten Wahlen gewinnen. Erst als Karl Kardinal Lehmann Dyba posthum zu würdigen hatte, betonte er, „dass alle seine Redlichkeit anerkennen. Er hat das Wort des Glaubens gelegen und ungelegen aufgerichtet und dafür Schläge eingesteckt, die im Schutz der öffentlichen Meinung oft sehr bösartig sein konnten. Er war nicht unverwundbar, er hat darunter gelitten, aber der Glaube war ihm das Leiden wert.“

In den Fettnapf Homosexualität tappte auch ein prominenter europäischer Politiker: Die Berufung des italienischen Europaministers Rocco Buttiglione, eines intellektuell brillanten, siebensprachigen Juristen und Professors für Politische Philosophie, zum EU-Kommissar scheiterte im November 2004, weil der Berater Johannes Pauls II. sich während einer Anhörung im EU-Parlament die überlieferte christliche Moralauffassung zur Homosexualität zu eigen machte, indem er bekannte: „Wenn Sie mich nach meinen persönlichen Überzeugungen fragen, dann halte ich diese Beziehungen für sündhaft. Aber wenn Sie mich fragen, wie ich mich als Kommissar für Inneres und Justiz verhalten werde, so halte ich mich an die Gesetze und die Verfassung Europas.“

Dass Buttiglione mit Verweis auf Kant zwischen Moral und Recht unterschied: „Viele Dinge können als unmoralisch betrachtet werden, ohne verboten zu werden“, unter Berufung auf die Menschenrechtskonvention betonte, niemand dürfe vom Staat wegen Fragen der Sexualität benachteiligt werden, und versprach, er werde

Homosexuelle wie alle anderen Europäer vor Diskriminierung schützen, vermochte gegen die Gesinnungsjustiz linker, grüner und linksliberaler EU-Abgeordneter nichts auszurichten. „Wie kann ich diesem Mann vertrauen, dass er Homosexuelle vor Diskriminierung schützt, wenn er Homosexualität für unmoralisch hält?“, sagte etwa die niederländische „Grünen“-Abgeordnete Cathalijne Buitenweg. Sie glaubte wohl, sich damit nur gegen antiquierte kirchliche Moralvorstellungen zu wenden, verstieß aber tatsächlich selbst gegen das aufgeklärte Ethos, während der vermeintliche katholische Reaktionär es beherzigte: „Ich missbillige, was du sagst, aber bis in den Tod werde ich dein Recht verteidigen, es zu sagen“ (Voltaire). Das nennt man nun wirklich „verkehrte Welt“. Besser könnte man das Bündnis von Kirche und Aufklärung gegen einen autoritären Libertinismus kaum illustrieren. Nebenbei: Wäre Buttiglione Jude gewesen, hätte man ihn wohl kaum mit so inquisitorischen Fragen zu seiner privaten Moral bedrängt, deren offenherzige Beantwortung ihn angeblich für das Amt disqualifizierte. Der amerikanisch-jüdische Rechtsgelehrte Joseph Weiler sprach daher in diesem Zusammenhang zu Recht von Anzeichen einer „Christophobie“ im ehemals christlichen Abendland.

## Schmerzliche soziale Blessuren: „Eine Art zivilen Todes“

Andere, wie die österreichischen Initiatoren der 2005 gegründeten Organisation „Europa für Christus“ (Wien), sprechen lieber von „Christianophobie“, weil sich die zunehmenden antichristlichen Angriffe und Diskriminierungen ja gegen christusgläubige menschliche Personen richten. Doch aus biblischer Perspektive erwächst die Triebkraft solcher Agitation in ihrem Wesenskern genuin von einer Christusfeindschaft her und äußert sich erst phänotypisch in

Christenfeindschaft. Für die theologische Akzentuierung als „Christophobie“ spricht etwa die Prophezeihung Jesu im Johannesevangelium (15,20): „Der Sklave ist nicht größer als sein Herr. *Wenn sie mich verfolgt haben, werden sie auch euch verfolgen*“ oder bei Matthäus (10,16 ff.): „Seht, ich sende euch wie Schafe mitten unter die Wölfe (...). Nehmt euch aber vor den Menschen in Acht! Denn sie werden euch vor die Gerichte bringen und in ihren Synagogen auspeitschen. Ihr werdet *um meinetwillen* vor Statthalter und Könige geführt, damit ihr vor ihnen und den Heiden Zeugnis ablegt.“ Man darf die lange Geschichte der Christenverfolgung und -verspottung durchaus metaphysisch im Sinne eines Ringens Christi mit seinem Widersacher, dem Diabolus, verstehen, auch wenn eine „Metaphysik des Bösen“ gerade in Deutschland mit seiner modernen Theologie nicht mehr als „zeitgemäß“ empfunden wird und folglich mit dem Gottesglauben auch der Teufel „säkularisiert“ wurde: Der steckt nunmehr nur noch in „Strukturen des Bösen“, die sich im Zweifel ganz profan als „menschengemacht“ erklären und mit ebenso profanen Mitteln – Revolution, Reform, Resozialisierung – bekämpfen lassen.

Zwar kann man bislang in Deutschland und Europa schwerlich die historische Kategorie der „Christenverfolgung“ auf die aktuellen christophoben Phänomene anwenden. Doch wieso sollte, was noch im 20. Jahrhundert unter Hitler und Stalin auf christlichem Kulturboden möglich war und heute in anderen Teilen der Erde alltäglich geschieht – Drangsalierung, Diskriminierung, Vertreibung und Ermordung von Christen –, für Gläubige in Europa niemals wieder Realität werden? Längst etabliert haben sich in den Demokratien des Westens mit ihrer rechtlich garantierten Religionsfreiheit subtilere Formen des Kampfes gegen Christen und Kirche. Papst Johannes Paul II. forderte deshalb bereits 1983 in Lourdes, neben Tod, Gefängnis, Deportation und Verbannung „raffiniertere Strafen“

nicht zu übersehen, etwa soziale Diskriminierung oder subtile Freiheitseinschränkungen, die „eine Art zivilen Todes“ bedeuten können; „auch ein materialistisches oder religiös gleichgültiges Klima, das alle geistigen Bestrebungen erstickt“, könne den Gläubigen viel Mut abverlangen, „einen klaren Blick zu bewahren, treu zu bleiben und ihre Freiheit gut zu gebrauchen. Auch für sie muss man beten. Fürchtet euch – sagt Jesus – vor denen, die die Seele ins Verderben stürzen können (vgl. Mt 10,28).“

In seinem Dialogbuch „Salz der Erde“ wies auch Kardinal Joseph Ratzinger auf die neue Gefahr hin, „dass sich sozusagen eine Art von moderner Weltanschauung herausbildet, die das Christentum oder den katholischen Glauben als eine intolerante und mit der Modernität nicht zu vereinbarende antiquierte Angelegenheit ansieht und es damit unter Druck setzt“. Auf Peter Seewalds Frage, ob dies schon Christenverfolgung sei, antwortete der heutige Pontifex: „Es wäre Unsinn, diesen Ausdruck hier anzuwenden. Aber es gibt sehr wohl Lebensbereiche – und gar nicht wenige –, in denen heute bereits wieder Mut dazu gehört, sich als Christ zu bekennen. Vor allem wächst die Gefahr angepasster Christentümer, die dann als menschenfreundliche Weisen des Christseins von der Gesellschaft freudig aufgegriffen und dem vorgeblichen Fundamentalismus derer gegenübergestellt werden, die so stromlinienförmig nicht sein mögen. Die Gefahr einer Meinungsdiktatur wächst, und wer nicht mithält, wird ausgegrenzt, sodass auch gute Leute nicht mehr wagen, sich zu solchen Nonkonformisten zu bekennen. Eine etwaige künftige antichristliche Diktatur würde vermutlich viel subtiler sein als das, was wir bisher kannten. Sie wird scheinbar religionsfreundlich sein, aber unter der Bedingung, dass ihre Verhaltens- und Denkmuster nicht angetastet werden.“

Auch andere Beobachter wie der französische Politologe René Remond erkennen in Europa eine Tendenz, dass Christen zunehmend aus dem öffentlichen Leben gedrängt und christliche Grundsätze wie etwa das Recht auf Leben von Anfang an zwar rechtlich garantiert, de facto aber außer Kraft gesetzt werden. Der frühere britische Premierminister Tony Blair warnte vor einem „aggressiven Säkularismus". In einem Zeitungsinterview vom März 2009 sagte der 55-jährige Katholik, er hoffe, dass Berichte über Einschränkungen der Religionsfreiheit im öffentlichen Dienst nur einzelne Ausnahmen oder das Ergebnis „absurder" Entscheidungen seien. Blair bezog sich dabei auf die zeitweilige Suspendierung einer Gemeindeschwester, die mit Patienten gebetet hatte, und einer Schulsekretärin, die entlassen werden sollte, weil sie um geistlichen Beistand bat, als ihre Tochter beschimpft wurde, nachdem sie auf dem Spielplatz über die Hölle gesprochen hatte. „Meine Sicht der Dinge ist, dass Menschen stolz auf ihren christlichen Glauben sein sollten und ihm so Ausdruck verleihen dürfen, wie sie es wünschen", sagte Blair. Die Nagelprobe für eine Religion bestehe darin, ob sie in einer Zeit des aggressiven Säkularismus das Selbstvertrauen aufbringe, ihre Sache überzeugend in der Öffentlichkeit zu vertreten. Er selbst bedauere inzwischen, während seiner Amtszeit als Premierminister nicht mutiger über seinen Glauben gesprochen zu haben, aus Furcht, dass die Wähler ihn für „irre" gehalten hätten.

So stellt sich inzwischen für jeden Gläubigen die Gewissensfrage, welche materiellen Nachteile und sozialen Blessuren – übrigens auch innerhalb der Kirche – für seine Glaubensüberzeugungen zu erleiden er bereit ist. Solche Opfer können leichter fallen im Blick auf das Vorbild der verfolgten Christen. Ihr tapferes Widerstehen speist sich aus einer geistlichen Kraft, die viele Christen in den oft müde gewordenen Kirchen westlicher Gesellschaften heute nötig brauchen. François-Xavier Nguyen Van Thuan, ein prominenter Vertreter der vietnamesischen Märtyrerkirche mit einem langen persönlichen Leidensweg, der im Jahr 2000 als erster Asiat im Vatikan die päpstlichen Exerzitien hielt, brachte seine Treue zu Christus in einem Satz auf den Punkt, den sich manche verbürgerlichte, laue Christen hierzulande hinter den Spiegel stecken können: „Mein Glaube war nicht käuflich. Um keinen Preis konnte er abgelegt werden und sei es auch der Preis eines glücklichen Lebens.“

## Streit um die Aidstherapie: „Technische Lösung“ oder „Humanisierung der Sexualität“?

Auf Ressentiments stößt in der deutschen Gesellschaft insbesondere die katholische Kirche. Die Unzufriedenheit mit ihr bezog sich laut einer Allensbacher Umfrage unter Katholiken (1999) vor allem auf die Themen Empfängnisverhütung und Zölibat (79 %), Schwangerschaftskonfliktberatung (71 %), Haltung zur Sexualität (70 %), Rolle der Frau in der Kirche (68 %), Abtreibung (65 %), Umgang mit Kritikern (64 %) und Ehescheidung (62 %). Aus einer Liste von Negativaussagen über die Kirche wählten die Befragten am häufigsten aus: „Die Kirche hält teilweise zu starr an überholten Normen fest“ – das meinten 69 Prozent der Katholiken, darunter 46 Prozent der regelmäßigen und 80 Prozent der sporadischen Kirchgänger. „Die Kirche müsste sich mehr an die Erwartungen der Menschen von heute anpassen“ – also das, wovor Paulus die Kirche warnt (Röm 12,2) –, meinten 60 Prozent. Man folgt den Aposteln nicht mehr gern, jedenfalls wenn es mit Unannehmlichkeiten verbunden wäre, wie insbesondere durch einschränkende Normen im Bereich der Sexualität.

Noch grundlegender als die Anstößigkeit konkreter christlicher Normen ist ein Vorbehalt gegenüber festen Normen überhaupt: 58 Prozent der Deutschen unterstützen laut Allensbach die Meinung: „Es kann nie völlig klare Maßstäbe über Gut und Böse geben. Was gut und böse ist, hängt immer allein von den gegebenen Umständen ab.“ Nur 28 Prozent meinen dagegen: „Es gibt völlig klare Maßstäbe, was gut und was böse ist. Die gelten immer und für jeden Menschen, egal, unter welchen Umständen.“ Die verbreitete „situative Ethik“, die Normenakzeptanz nur noch unter Vorbehalt, mit (interessengeleiteten) Einschränkungen und einem Festlegung scheuenden „Einerseits-Andererseits“ kennt, steht in unverkennbarer Spannung zum biblischen „Euer Ja sei ein Ja, euer Nein ein Nein“. Der „dominante liberale Fundamentalismus“ (Josef Isensee) macht in der letzten Institution seine Gegnerin aus, die noch unverbrüchliche, den Menschen vorgegebene Normen vertritt, die nicht einem diskursethisch zu findenden Konsens unterworfen sind. So gerät die Kirche ins Fadenkreuz und unter „Fundamentalismus“-Verdacht.

Durch die Piusbrüder-Affäre und des Papstes sinnentstellend wiedergegebene Äußerung zu Kondomen in Afrika (vgl. S. 62) fand dieser Vorwurf 2009 außerhalb und innerhalb der Kirche neue Nahrung. Eine der wenigen versachlichenden publizistischen Gegenstimmen war die Richard Wagners in der „Frankfurter Allgemeinen Sonntagszeitung“ vom 22.3.09 unter dem Titel: „Wenn es um Sexualität geht. Die Kritik am Papst ist laut. Dabei hat er den Gebrauch von Kondomen nicht verdammt“: „Dem Papst erscheint die Fokussierung auf eine technische Lösung bei der Aidsbekämpfung unzureichend. Auch sieht er die Gefahr, dass Kondome die Menschen in einem verantwortungslosen Handeln bestärken könnten, wo nur durch eine Änderung des Sexualverhaltens, durch eine, wie er es nennt, ‚Humanisierung der Sexualität‘, der Teufelskreis der Epidemie durchbrochen werden könnte. Das deckt sich mit Befunden des amerikanischen Epidemiologen James Chin (...).“

Vergeblich: Der „Grünen“-Europaabgeordnete Daniel Cohn-Bendit bezichtigte Benedikt XVI., „fast einen vorsätzlichen Mord“ zu begehen: „Es ist nun genug mit diesem Papst.“ Diese Diktion erinnert durchaus an das „Weg mit ihm!“ der Leidensgeschichte Jesu (Joh 19,15) und das „Weg, weg mit dem!“ gegen Stephanus, das Felix Mendelssohn-Bartholdy im Oratorium „Paulus“ so eindrucksvoll vertont hat. Der frühere französische Premier Alain Juppé warf dem Papst sogar „Autismus“ vor. Solche Beschimpfungsmuster spiegeln die Praxis totalitärer Systeme wider, die sich unliebsamer Kritiker entledigten, indem sie diese als kriminell oder krank hinstellten und dann „adäquat“ behandelten.

## Für krank erklärt: Geschmähte Bischöfe, bespitzelte Missionare

Übrigens sind auch Schmähungen deutscher Bischöfe längst politikfähig: Joachim Kardinal Meisner wurde von Volker Beck, Parlamentarischer Geschäftsführer der „Grünen“, als „Hassprediger“ beschimpft, Bischof Walter Mixa von Ministerpäsident Kurt Beck (SPD) als „kastrierter Kater“ und von Claudia Roth als „durchgeknallter, spalterischer Oberfundi“, dessen Reden sie an Pol Pot, den kambodschanischen Massenmörder erinnerten. Hier ist der weltanschauliche Gegner und Abweichler von der „Political Correctness“ also zugleich krank und kriminell. Dass derartige Ausfälle keine (wenigstens kirchen-)allgemeine Empörung und Druck zum Rücktritt nach sich ziehen, gibt zu denken. Stattdessen führt es zu „Kopfschütteln und Empörung“ („Spiegel online“ vom 22.4.05), wenn, wie schon erwähnt, ein christdemokratischer Politiker äußert, dass nach seiner Überzeugung „unser christliches Menschenbild das richtige ist und nicht vergleichbar ist mit den anderen Menschenbildern, die es anderswo auf der Welt gibt“ (Jürgen Rüttgers).

Entsprechend gerät auch eine christliche Mission, die über Entwicklungshilfe hinausgeht, leicht unter „Fundamentalismus“-

Verdacht. Dieser trifft seit einiger Zeit vor allem evangelikale Missionsprojekte. Im ZDF-Magazin „Frontal 21“ vom 4. August 2009 unter dem Titel „Sterben für Jesus – Missionieren als Abenteuer“ wurden evangelikale Missionare, unter anderem von „Jugend mit einer Mission“ (JMEM), sogar in die Nähe islamischer Selbstmordattentäter gerückt. Dagegen protestierten zahlreiche Zuschauer. Der Rat der EKD rügte eine verzerrte Darstellung theologisch konservativer Protestanten und nahm sie vor Diffamierung in Schutz. Der Vorsitzende der Deutschen Evangelischen Allianz, Jürgen Werth (Wetzlar), plädierte für genaues Hinsehen. Um JMEM angemessen beurteilen zu können, müsse man prüfen, was die Jugendlichen in den Einsatzländern tun und wie sie von den Verantwortlichen vorbereitet werden. Missionare gingen nicht in islamische Länder, um als Märtyrer zu sterben, sondern um Menschen zu helfen und ihren Glauben zu leben. Wo sich das Christentum durchsetze, würden Frauen beispielsweise nicht mehr geschlagen und Mädchen nicht beschnitten. Überzeugte Christen würden in vielen islamischen Ländern „ernster genommen als jene Kirchenmitglieder, die Muslime in Westeuropa häufig erleben“.

Das ARD-Magazin „Panorama“ (Hamburg) legte am 8. Oktober nach. Für eine Reportage über die Organisation gaben sich zwei Reporterinnen als „strenggläubige Christinnen“ aus, nahmen an einer Veranstaltung eines Missionswerks in Herrnhut (Sachsen) teil und drehten mit versteckter Kamera. Dabei wurden zwar durchaus auch kritikwürdige Begebenheiten erkennbar. Doch die Art des Vorgehens der Journalistinnen stieß auf Empörung. Der Geschäftsführer des christlichen Medienverbunds KEP („Konferenz Evangelikaler Publizisten“), Wolfgang Baake, warf „Panorama“ vor, sich „illegal gemachter Aufnahmen“ bedient zu haben. Ziel sei eine „undifferenzierte und bewusst negative Darstellung“ jeglicher christlicher Mission. Nach Ansicht des ehemaligen theologischen Referenten in der badischen Kirchenleitung, Oberkirchenrat i. R. Klaus Baschang (Karlsruhe), schlichen sich die Journalistinnen „mit geradezu infamen Lügen“ ein. Er schrieb an den Sender: „Haben sich künftig auch andere Menschen und Gruppen in unserem Lande auf solche Recherchemethoden einzustellen? 20 Jahre nach dem Ende der DDR würde dann deren totalitäres und menschenverachtendes Verhalten nunmehr mithilfe des NDR bei uns hoffähig.“

In der An- und Abmoderation eines neuerlichen „Frontal 21“-Beitrags vom 13. Oktober 2009 über „Die Heilsversprechungen von ‚Wort und Geist‘“ erweckte die Moderatorin Hilke Petersen den Eindruck, die als „Sekte“ identifizierte Gruppierung sei repräsentativ für die evangelischen Freikirchen in Deutschland („Den evangelischen Freikirchen in Deutschland gehören insgesamt rund 330.000 Gläubige an ...“). In einer Programmbeschwerde konzedierte KEP-Geschäftsführer Baake, Intention und Ausrichtung des Beitrages seien nicht zu beanstanden. Die klassischen Freikirchen würden jedoch „in den Sektentopf geworfen, obwohl sie mit den evangelischen Landeskirchen und der katholischen Kirche im Arbeitskreis christlicher Kirchen (ACK) zusammengeschlossen sind“. Die Moderation sei insofern „gezielte Falschberichterstattung, man kann in diesem Fall sogar von gezielter Manipulation durch die Moderation sprechen“. Religiöse Überzeugungen der Christen aus evangelischen Freikirchen würden auf das Schändlichste verletzt. Es handele sich damit um einen Verstoß gegen § 5 (Absatz 3) des ZDF-Staatsvertrages. Zwei Monate später antwortete ZDF-Intendant Markus Schächter, er bedauere Missverständnisse, durch welche die Freikirchen in die ideologische Nähe von „Wort und Geist“ gerückt worden seien.

Zur Aussagekraft der Affäre gehört nicht nur, wie Medienmacher inzwischen mit christlicher Mission – deren Ernstfall zu allen

Zeiten das Opfer des Lebens sein konnte – umgehen. Noch mehr „Bände spricht“ die Reaktion der Gesellschaft und selbst vieler Kirchenmitglieder: Wird eine Frau islamischen Glaubens in Deutschland von einem Verrückten niedergestochen wie am 1. Juli 2009 im Landgericht Dresden, folgen ein Aufschrei und Demonstrationen in der islamischen Welt bis hin zu Protesten auf Regierungsebene. Wenn jedoch im Jemen zwei deutsche Bibelschülerinnen im humanitären Einsatz in einem Krankenhaus – mit oder ohne Glaubensverkündigung – von Islamisten entführt und ermordet werden, klingt das müde Echo in der Heimat eher so: „Selber schuld! Was wollen diese Eiferer auch dort? Müssen sich nicht wundern, wenn die Einheimischen aggressiv werden und ihre religiöse Identität verteidigen.“ Weder der biblische Missionsbefehl noch das solidarische Mitleiden aller Glieder des einen Leibes Christi (1 Kor 12,26) wird von der Masse der Kirchenmitglieder beherzigt. Man definiert sich – wenn überhaupt – eben nicht mehr in erster Linie, sondern nur noch „unter ferner liefen“ als Christ. Entsprechend entsteht kein tieferes Zusammengehörigkeitsgefühl inklusive Solidaritätspflicht, wie man es etwa unter „Mittelständlern“, Vertriebenen, Fans eines Fußballklubs oder der „Gay Community“ kennt. Dabei müsste es genau umgekehrt sein: „Die Menge der Gläubigen aber war ein Herz und eine Seele“ (Apg 4,32; Luther).

## Religion als Gesundheitsrisiko? Die neue atheistische Militanz

Während Christen das Recht auf Mission faktisch weitgehend aberkannt wird, sind militante Atheisten inzwischen dazu übergegangen, für ihren Glauben, dass es keinen Gott gibt, zu missionieren. Wie eine Initialzündung für den neuen atheistisch-missionarischen

Eifer wirkte der weltweite Erfolg des britischen Zoologen und theoretischen Biologen Richard Dawkins mit seinem in über 30 Sprachen übersetzten Buch „Der Gotteswahn“ (2006). Danach sei jeder Glaube an Gott in all seinen Formen irrational und Religion habe in der Regel schwerwiegende negative Auswirkungen auf die Gesellschaft. Entlarvend für den tatsächlich irrationaleren Furor des Autors gegen die Religion und seine Unfähigkeit zu wissenschaftlicher Objektivität ist, dass er es in seinem 400 Seiten dicken Buch „praktisch nicht schafft einzugestehen, dass der religiöse Glaube auch nur einen einzigen menschlichen Gewinn gebracht haben könnte. Diese Ansicht ist a priori genauso unwahrscheinlich, wie sie empirisch falsch ist“ (Terry Eagleton). Die EKD qualifizierte Dawkins' Pamphlet als eine „vergröberte“ Apologie des Säkularen, die quasi zu einer Gegenreligion werde. Kardinal Meisner warnte in seiner Allerheiligenpredigt 2009 unter Bezug auf seine biografischen Erfahrungen mit dem „wissenschaftlichen Atheismus“ in der SED-Diktatur, „dass solche Unternehmungen keine harmlosen Experimente einiger Leute sind! Wie damals, so kann das auch heute viele Menschen buchstäblich das Leben kosten.“

Deutscher „Chef-Atheist“ ist laut „Spiegel“ der Pädagoge und Philosoph Michael Schmidt-Salomon, seit 2005 Vorstandssprecher der Giordano-Bruno-Stiftung. Im Herbst 2007 wurde er durch den Streit über sein religionskritisches Kinderbuch: „Wo, bitte, geht's zu Gott?, fragte das kleine Ferkel“ bekannt. Ein Antrag des Bundesministeriums für Familie, Senioren, Frauen und Jugend auf Indizierung des Buchs als jugendgefährdende Schrift wurde am 6. März 2008 von der Bundesprüfstelle für jugendgefährdende Medien abgelehnt. Im Darwin-Jahr 2009 trat Schmidt-Salomon mit dem Ansinnen hervor, den Feiertag Christi Himmelfahrt – dessen säkularisierender Etikettierung als „Vatertag“ glaubensschwache Christen schon lange kaum noch etwas entgegenzusetzen haben – zum „Evolutionstag“

umzuwidmen. Über zu viel Widerstandskraft der Christen macht sich Schmidt-Salomon keine Sorgen, im Gegenteil: „Das hiesige Christentum – die EKD an der Spitze – ist ja weichgespült bis zur Unkenntlichkeit"; dazu trage auch eine liturgische Verflachung bei: „Ich fühle mich in den Klampfenmessen weder ästhetisch noch intellektuell ernst genommen. Diese ganzen neuen Lieder sind eine Zumutung." Zu seinem eigenen medialen Durchbruch habe indes ein katholischer Bischof beigetragen: „Es gab eine Liste mit Leuten, mit denen ein deutscher Bischof im Fernsehen nicht diskutiert. Karlheinz Deschner stand darauf, Uta Ranke-Heinemann und ich. Kardinal Lehmann hat das durchbrochen. Seitdem bin ich hoffähig."

Mit dem „Genossen Trend" im Rücken konstatierte Schmidt-Salomon laut „Tagespost" (24.12.2009) selbstbewusst: „Immer mehr Deutsche sind konfessionsfrei. Als Einzelgruppe sind sie sogar größer als Katholiken oder Protestanten. Eine Vertretung ihrer säkularen Interessen in der Öffentlichkeit fand bisher aber nicht statt." Folglich beteiligte sich die Giordano-Bruno-Stiftung im November 2008 maßgeblich an der Gründung eines „Koordinierungsrates säkularer Organisationen" (KORSO), dem unter anderen der „Deutsche Freidenker-Verband" (DFV), der „Humanistische Verband Deutschlands" (HVD), der „Internationale Bund der Konfessionslosen und Atheisten" (IBKA) und „Jugendweihe Deutschland" (JwD) angehören. Gemeinsame Ziele sind eine „konsequente religiöse bzw. weltanschauliche Neutralität des Staates", ein „integratives Pflichtfach zur Wertevermittlung" in der Schule nach dem Vorbild von Berlin und Brandenburg, die Förderung „weltanschaulich neutraler Sozial-, Kultur- und Bildungseinrichtungen", eine Reform der öffentlichen Erinnerungs-, Gedenk- und Trauerkultur, so „dass künftig religiös-weltanschauliche Pluralität geachtet und auch die Meinung und Trauer nicht religiöser Menschen respektiert wird", sowie „eigene und angemessene Vertretungen säkularer Organisationen in Ethikräten, Rundfunkräten, Bundesprüfstellen u. a. m. und eine Gleichbehandlung in den öffentlich-rechtlichen Medien, besonders bei Sendezeiten“; zudem sollten „jedem Menschen am Lebensende volle Autonomie über sein Leben gewährt werden und Patientenverfügungen volle rechtliche Gültigkeit haben“.

Als Beispiel dafür, wie viele andere „kleine Dawkins'“ hierzulande inzwischen pseudowissenschaftlich gegen das Christentum agitieren, mag der Essay: „Christliche oder universelle Werte?“ von Armin Pfahl-Traughber in der liberal-konservativen Kulturzeitschrift „MUT“ (Nr. 466) vom Juni 2006 dienen: Der Professor im Bereich „Öffentliche Sicherheit“ der Fachhochschule des Bundes hielt der Kirche darin allerlei historische Verbrechen vor und behauptete, „dass sich die erwähnten Untaten auf Aussagen der ‚Heiligen Schrift‘ berufen konnten. Das Neue Testament durchzieht in hohem Maße eine Haltung des Fanatismus und der Intoleranz gegenüber Abweichlern und Skeptikern.“ Zum Beweis hantiert der Soziologe theologisch unbedarft mit Gleichnisreden Jesu (Mt 13,41 f.; Mt 13,49; Lk 19,27; Joh 15,6) über Gottes Gericht am Ende der Welt – obwohl dieses vorwegnehmen zu wollen, auch aus kirchlicher Sicht eine menschliche Anmaßung wäre. Dabei verschwieg er andere Bibelstellen, etwa, wonach Gott seine Sonne aufgehen lässt über Bösen und Guten und regnen lässt über Gerechte und Ungerechte (Mt 5,45) und die Knechte des Herrn das Unkraut nicht ausreißen sollen: „Lasst beides wachsen bis zur Ernte“ (Mt 13,28-30). Im Widerspruch zu Pfahl-Traughbers einseitiger Bibelinterpretation steht auch, dass Jesus den ungläubigen Thomas nachsichtig und liebevoll zur Wahrheit führte, statt ihn zu verstoßen. Er lehrte, selbst die Feinde zu lieben und „Gutes zu tun denen, die euch hassen“ (Lk 6,27). Die Märtyrer seit Stephanus folgten seinem Beispiel und beteten für ihre Verfolger und Mörder (Apg 7,60). Dass die Bibel eine Botschaft des Fanatismus und der Autorisierung von Untaten enthalte, ist also absurd und ein geradezu böswilliges Missverständnis.

Doch es kommt noch schlimmer. Der mit der Ausbildung von Bundesbeamten betraute Soziologe erklärte den Dekalog quasi für verfassungsfeindlich, weil Gott im ersten Gebot fordere: „Du sollst neben mir keine anderen Götter haben" (Ex 20,3). Die theologische Kategorie der „Eifersucht Gottes" (Ex 20,5) als einen der Religionsfreiheit widersprechenden „Absolutheitsanspruch" mit zwangsläufiger „Intoleranz gegen Abweichung und Kritik" zu präsentieren und daraus ein „Spannungsverhältnis von Grundgesetz und den Zehn Geboten" zu konstruieren, zeugt von erschreckender kategorialer Verwirrung, im Grunde schon von einer Verleumdung des Christentums. Ist der Wahrheitsanspruch doch ein konstitutives Merkmal jeder Religion, welches den Pluralismus in der Demokratie nicht bedroht, sondern mit ermöglicht. Die Pluralität von Sinn- und Wertüberzeugungen entsteht nicht durch eine „Addition weltanschaulicher Nullen", die schon selbst ihre Geltung relativieren, sondern durch die legitime Konkurrenz durchaus exklusiv definierter, klar erkennbarer „Hausnummern". Es ist das gute Recht jeder Religion, die sich selbst ernst nimmt, für die Hinwendung aller Menschen zu ihr einzutreten. „Wenn ich nämlich von der Wahrheit überzeugt bin, die ich sogar für göttlich offenbart halte, dann ist es ein Akt der Frömmigkeit und Liebe, wenn ich diese auch anderen mitteilen möchte. Selbstverständlich hat dies gewaltfrei und für Christen nach den Vorgaben dessen zu erfolgen, der ein neues Gebot der Liebe eingesetzt hat (Joh 13,34), das sogar – einmalig für die gesamte antike Welt – die Feinde umfasst (Mt 5,44)" (Heinz-Lothar Barth).

Dawkins' Jünger von der „British Humanist Association" begannen im Herbst 2008, in London auf Bus-Werbeflächen gegen den Glauben zu agitieren mit der Botschaft: „There's probably no God.

Now stop worrying and enjoy your life“ („Es gibt wahrscheinlich keinen Gott. Nun hör auf, dir Sorgen zu machen, und genieße dein Leben“). Die Kampagne wurde auf andere Metropolen (Madrid, Barcelona, Washington) ausgeweitet. In einem „Cicero“-Online-Interview erklärte der Mitinitiator Jon Worth: „Man muss nicht an Gott glauben, um ein ethischer Mensch zu sein.“ Das stimmt zweifellos, vernebelt aber, worum es eigentlich geht: ob auch eine ganze Gesellschaft ohne Glauben an Gott gut leben kann. Es sind ja meist nicht plumpe Falschaussagen, sondern Halbwahrheiten und Pseudoplausibilitäten, die am effektivsten Verwirrung stiften und den größten Schaden anrichten – was sich aber oft erst viel später erweist.

Als die kommunalen Verkehrsbetriebe in Deutschland ihre Werbeflächen nicht für die Aktion öffneten – Essens Verkehrsbetriebe nahmen eine zunächst gegebene Zusage wegen Kundenbeschwerden, drohender Boykotte und aus Angst vor Umsatzeinbußen zurück –, tourten die Atheismus-Missionare von der „Säkularen Werbekampagne in Deutschland“ vom 30. Mai bis 18. Juni 2009 in einem eigenen Doppeldecker mit der Aufschrift: „Es gibt (mit an Sicherheit grenzender Wahrscheinlichkeit) keinen Gott“ durch 25 deutsche Städte und bauten auf den Multiplikatoreffekt der Medienberichterstattung. In einer Bilanz auf ihrer Homepage „buskampagne.de“ (inzwischen auch: „gottlos-glücklich.de“) behaupten sie, 20 Millionen Menschen erreicht zu haben, und stellen ihren Angriff auf Deutschlands christliche Kultur als Notwehr dar: „Für einige Monate sind wir zu Aktivisten in Sachen ‚Unglauben‘ geworden – für ein Thema, das vor Jahren kaum eine Erwähnung wert gewesen wäre. Ein neuer religiöser Fundamentalismus hat sich etabliert und den ‚neuen Atheismus‘ als entschiedene Gegenwehr auf den Plan gerufen. Evangelikale, Kreationisten und Islamisten beherrschen die öffentliche Wahrnehmung mit ihren Themensetzungen nicht länger allein – und das ist gut so." Ein beliebter Kunstgriff von Agitatoren: Die Parole „Deutsche, wehrt euch ..." lässt grüßen.

Bemerkenswert auch: Die deutschen Katholiken erscheinen den Unglaubenseiferern offenbar – mit Ausnahme weniger Bischöfe – schon als so müder Haufen, dass sie im Kontext Mission keiner Erwähnung mehr bedürfen. So stand die wirksamste christliche Gegenmaßnahme denn auch unter der Regie des evangelikalen Missionswerks „Campus für Christus" (Gießen), unterstützt von „idea": Man mietete einen Bus bei einem frommen Busunternehmer aus Sachsen, beschriftete ihn mit „Und wenn es ihn doch gibt ..." sowie einem Verweis auf die Internetseite www.gottkennen.de und begleitete den Atheistenbus auf seiner Werbetour. Die mitfahrenden Mitarbeiter boten interessierten Passanten an Halteplätzen die Gelegenheit, sich über Angebote des christlichen Glaubens zu informieren. Auch christliche Gemeinden wurden zur Mitwirkung eingeladen. Und man suchte das Gespräch mit den Atheisten. Andreas Bartels, Projektleiter bei „Campus für Christus", kam mit Carsten Frerk, Chefredakteur des „Humanistischen Pressedienstes" und nach eigener Aussage „Gottvater" der atheistischen Buskampagne, ins Gespräch. Ein vielsagender Auszug des Dialogs:

Bartels: „Wir haben ja viel gemeinsam."

Frerk: „Um die Fronten gleich mal abzuklären: Ihre Kampagne ist eine feindliche Übernahme. Sie klauen alles von unserer Seite. Ich sehe keine Gemeinsamkeiten zwischen uns."

Bartels: „Wir haben viel gemeinsam: Ein offener Atheist wird eher angefeindet. Das ist bei einem bekennenden Christen auch eher der Fall als bei jemandem, der lau ist."

Frerk: (...) „Wir denken übrigens darüber nach, ob Sie nur in einem Abstand von drei Kilometern hinter uns herfahren dürfen."

Bartels: „Wenn Sie solche Schritte erwägen – tun Sie's."

Frerk: „Wir gucken uns jetzt mal an, wie Sie sich verhalten. Wir fahren keinen Kuschelkurs. Ich muss nicht alle Menschen lieben.“

Genau. Besser hätte man das Atheismus-Problem nicht auf den Punkt bringen können.

## Kontra Reli: Berlin verweigert sich der Medikation

Erfreut zeigten sich die Atheisten auf ihrer Homepage über den Fehlschlag des von der ökumenischen Initiative „Pro Reli“ durch ein Volksbegehren erzwungenen Volksentscheids zur Einführung des Religionsunterrichts als mit „Ethik“ gleichberechtigtem Wahlpflichtfach im Land Berlin: Da „schoss sich die Kirche letztlich ein Eigentor – nicht ohne vorher Tausende Menschen für die vermeintlich gute Sache mobilisiert zu haben“ (buskampagne.de). Trotz größter Anstrengungen, Zustimmung von jüdischer und muslimischer Seite und prominenter Unterstützer – von Papst Benedikt über Angela Merkel und Frank-Walter Steinmeier bis Günther Jauch – erlitten die Christen am 26. April 2009 eine doppelte Niederlage: Bei einer Beteiligung von unter 30 Prozent wurde sowohl das nötige Zustimmungsquorum von einem Viertel der Stimmberechtigten mit 14,1 Prozent weit verfehlt als auch mit 48,4 Prozent die Mehrheit der abgegebenen Stimmen.

Im Blick auf die krass differierende Verteilung der 51,3 Prozent Nein-Stimmen nach Stadtbezirken betitelte Helmut Markwort sein „Focus“-Editorial (19/2009): „Berlin trennt wieder eine Mauer.“ Offenbar könnten sich „viel zu wenige in der ehemaligen DDR daran erinnern, einen wie großen Teil ihrer Freiheit sie Männern und Frauen der evangelischen Kirche verdanken, die sich aktiv und unter persönlicher Gefahr für Freiheit, Menschenrechte und Demokratie eingesetzt haben. Evangelische Gemeinden, bespitzelt und verfolgt, waren wichtige Zellen der Bürgerrechtsbewegung. Sie waren damals eine Minderheit und sind es jetzt wieder." Besonders für den Berliner Bischof und EKD-Ratsvorsitzenden Wolfgang Huber, der einst als stellvertretender SPD-Ortsvorsitzender in Heidelberg mit einer Kandidatur für den Bundestag geliebäugelt hatte, seien Verlauf und Ergebnis der Kampagne eine bittere Enttäuschung, hatte sich seine alte Partei doch im Bündnis mit der Linkspartei vehement gegen „Pro Reli" ausgesprochen.

Als gäbe es nicht schon genug Probleme mit den wieder hochschnellenden Kirchenaustrittszahlen, der wachsenden Virulenz des Atheismus und dem Machtzuwachs des Islam, dem katholischen „Piusbrüder"- und dem evangelischen „Missionars"-Mediendesaster, der laizistischen Machtdemonstration in Berlin und dem europäischen Gerichtsurteil gegen Schulkreuze – von den Verwerfungen bei der Restrukturierung schrumpfender Gemeinden ganz zu schweigen –, fingen die beiden großen Kirchen in Deutschland zu allem Überfluss auch noch an zu streiten.

## Schadenfreude unter Intensivpatienten: Häme für den „angeschlagenen Boxer"

Eine im Oktober 2009 an die Öffentlichkeit gelangte EKD-kirchenamtsinterne Expertise von Oberkirchenrat Thies Gundlach stellte die katholische Kirche als schwankenden, „angeschlagenen Boxer" dar, während „die intellektuelle und positionelle Präsenz in gesellschaftlich relevanten und politisch heiklen Fragen" neuerdings „deutlich von der evangelischen Kirche dominiert und geprägt" werde. Vom neuen Vorsitzenden der Deutschen Bischofskonferenz, dem Freiburger Erzbischof Robert Zollitsch, gehe keine orientierende und prägende Kraft aus. Der katholische Ökumene-Bischof Gerhard Ludwig

Müller nannte diese hämisch-abfälligen Bemerkungen „plumpen Nonsens“, die Bischofskonferenz sagte die halbjährliche Plenarsitzung des katholisch-evangelischen Kontaktkreises ab.

Kaum war der durch die peinliche Indiskretion angerichtete Schaden durch Entschuldigungen von höchster Stelle begrenzt worden, nährte mediale „Begleitmusik“ der Wahl Margot Käßmanns zur neuen EKD-Ratsvorsitzenden erneut Zweifel an den Zukunftsaussichten ökumenischer Eintracht. In seinem Leitkommentar: „Weiblich und streitbar“ der „Frankfurter Allgemeinen Zeitung“ vom 9. Oktober 2009 hielt es der evangelische Redakteur und Theologe Reinhard Bingener für angebracht, sich und den Lesern auszumalen, wie „orthodoxe Patriarchen und manche römisch-katholische Würdenträger ob der Wahl Margot Käßmanns verstört an ihren Gewändern nesteln“. Ein Kommentator des katholischen Online-Nachrichtenportals „kath.net“ fühlte sich an das Gundlach-Papier erinnert: „Was soll dieser abfällige, hämische Ton? Man kann ja ‚die Wahl einer geschiedenen Frau‘ zur höchsten Kirchenrepräsentantin prima finden und als ‚ökumenisches Signal‘ dafür preisen, dass man ‚Streit in Kauf nimmt‘ und Schluss macht mit dem ‚ökumenischen Stillhalten‘. Das ist geistig-geistliche Geschmacksache. Aber muss man dafür die Repräsentanten anderer Kirchen – und eines anderen Verständnisses von Kirche – herabsetzen und als verlegene Trottel in (komischen?) Gewändern karikieren, welche diese Wahl kalt erwischt hat? Das ist schlechter Stil. Es erinnert an den überheblich-gehässigen Ton der EKD-kirchenamtsinternen Expertise des Oberkirchenrats Gundlach.“

Bingener sah die Huber-Nachfolgerin deshalb gegenüber „männlichen Nachfolgeaspiranten“ im Vorteil, weil sie „die Einzige“ sei, die neben Huber „öffentlich wahrgenommen“ wurde. Sie habe „den Zusammenhang von Religion und Mediengesellschaft verstanden“. Heißt das nicht praktisch: Eine weitgehend kirchenfremde, entchristlichte Öffentlichkeit und ihre „gatekeeper" („Schleusenwärter") im überdurchschnittlich säkularisierten journalistischen Berufsstand bestimmen darüber (mit), wen die Kirche an ihrer Spitze für geeignet hält? So funktioniert Anpassung, Selbstsäkularisierung. Und genau so kommt wesentlich die wachsende „positionelle Präsenz" der evangelischen und das „Schwanken" der katholischen Kirche in einer sich rasant entchristlichenden Gesellschaft zustande: Die dem Zeitgeist (noch leicht) widerstrebendere Konfession verliert zwar nicht mehr Mitglieder, aber mehr Akzeptanz in der Gesamtgesellschaft und bei den sie repräsentierenden politisch Mächtigen.

So konnte auch die evangelische Kanzlerin auf der antipäpstlichen Welle im Frühjahr zu reiten versucht sein. Erst unter ausdrücklicher Berufung auf sie sprang auch Bischof Huber auf: Dass er sich nach anfänglichem Schweigen in den „innerkatholischen Klärungsprozess" eingemischt habe, erklärte er so: „Die Fragen sind in der Öffentlichkeit dringlicher geworden, seit sich die Bundeskanzlerin in diesem Zusammenhang geäußert hat" (FAZ-Interview vom 6.2.). Hier lag durchaus die Assoziation nicht ganz fern: Im Zusammenspiel von „Landesherrin" und Landesbischof funktionieren „Thron und Altar" wieder – wie schon in der Stammzelldebatte, als Huber sich der Kanzlerin als ethischer Legitimationshelfer zur Verfügung stellte. So kann man sich natürlich leicht „in politisch heiklen Fragen" dominant und prägend fühlen: durch die geliehene Kraft eines Schulterschlusses mit der vorherrschenden Meinung und politischen Autorität. Eine Kirche, die sich unter diesen Umständen „prägend" wähnt, merkt gar nicht, dass in Wirklichkeit sie selbst die Geprägte ist – durch jene „Welt", der sich nicht anzugleichen Paulus eine eindringliche Warnung an die Römer (12,2) wert ist.

Trotzdem ist ihr die „positionelle Präsenz" medial und politisch gewiss. Der deutsche Protestantismus verdankt seine neue gesellschaftliche „Dominanz“ (Gundlach) nämlich keineswegs nur der jahrelang rhetorisch und intellektuell hervorragenden Präsenz Wolfgang Hubers – für die oft auch Katholiken dankbar waren – und schon gar nicht größerer geistlicher Vitalität. Vielmehr profitiert die evangelische von ihrem landläufigen Wahrgenommen-Werden als einer für das „Justemilieu“ der Gesellschaft akzeptableren, weil moralisch weniger strengen und emanzipatorisch korrekteren „Kirche light“, gleichsam als Kompromiss oder kleinster gemeinsamer Nenner zwischen dem katholischen und dem areligiösen Deutschland. Wohl auch darum kamen acht von neun Bundespräsidenten aus der evangelischen Konfession. Sollte man sich aber solcher Art „Wahrnehmung“ und „positioneller Präsenz“ als Kirche rühmen?

## Verspätete Entgiftung: Der sexuelle Missbrauch – und sein Missbrauch

Zu einer zweiten Medienkampagne mit Politiker-Beteiligung gegen die katholische Kirche binnen eines Jahres kam es, als im Januar 2010 zahlreiche Fälle sexuellen Missbrauchs von Minderjährigen – zumeist nicht Kinder, sondern männliche Jugendliche – durch katholische Geistliche auch in Deutschland bekannt wurden. Die Fälle liegen fast alle schon Jahrzehnte zurück und müssten in Art und Schwere mehr unterschieden werden, als dies allgemein unter dem Schlagwort „Missbrauch“ geschah: von den früher in weiten Teilen der Gesellschaft üblichen Formen körperlicher Züchtigung (Ohrfeigen, Schläge, Stockhiebe) und psychisch belastenden Schikanen über grenzverletzende Zärtlichkeiten und sexuelle Annäherungsversuche bis hin zu handfester genitaler Manipulation oder gar Vergewaltigung gleichkommendem Sexualverkehr.

Differenzierter zu beurteilen als in der aufgeregten Debatte ist auch der Schaden. Manche im Überbietungswettbewerb der Betroffenheitsbekundung angemaßte Pauschaldiagnose wie „Seelentötung“ oder „zerstörtes Leben“ erscheint sogar geeignet, das Selbstwertgefühl der Opfer abermals zu verletzen.

Skandalös ist tatsächlich, dass etliche Täter aufgrund eines irrigen Läuterungs- und Therapie-Optimismus nur versetzt und an anderer Stelle wieder in der Arbeit mit Kindern und Jugendlichen eingesetzt wurden, und dass mancher kirchliche Vorgesetzte auf Hinweise unzureichend reagierte oder den Opfern nicht adäquat begegnete. Der Sekretär der Deutschen Bischofskonferenz, Jesuitenpater Hans Langendörfer, fand treffende Worte: „Die Enthüllungen zeigen ein dunkles Gesicht der Kirche, das mich erschreckt.“ Der Trierer Bischof Stephan Ackermann, Beauftragter der Deutschen Bischofskonferenz für Fälle sexuellen Missbrauchs, fand, während von Island aus eine Aschewolke über den europäischen Kontinent zog, im Blick auf die lange Zeit tabuisierten Übergriffe das Bild: „Eine giftige, stinkende Wolke entlädt sich.“

Darauf mit plumper Apologie zu reagieren, indem man – wie der Sprecher „engagierter Katholiken“ (AEK) in der CDU in der FAZ vom 6.2.2010 – Schuld bloß „einzelnen Menschen“, die „schwer gesündigt“ hätten, zuschreibt und zugleich die „lustfreundliche Sexuallehre“ der Kirche preist, wäre verfehlt und der Glaubwürdigkeit der Kirche noch abträglicher. Anders als der Autor weiszumachen versuchte, stellt die Kirche nicht nur eine „mit Jesus Christus verbundene Heilsgemeinschaft“ dar; gemäß wissenschaftlichen Definitionskriterien ist sie durchaus ein System. Dafür spricht schon ihre eigene Rede von „systematischer Theologie“. Zwar kann man im Blick auf die verfügbaren Daten, die auf etwa ein Prozent Betroffener im Klerus schließen lassen – und, nach Angaben des Kriminologen Christian Pfeiffer, auf einen Anteil katholischer Kirchenmitarbeiter an der Gesamtzahl der Fälle von 0,1 Prozent –, den Missbrauch selbst nicht „systemisch“ nennen. Doch hätten viele „Einzelfälle“ so nicht passieren können, wenn in der Kirche über lange Zeit nicht ein systemischer Ungeist von Verdrängung und Verleugnung geherrscht hätte, dem der Schutz der – übrigens ebenfalls von den Tätern missbrauchten – Institution und das Ansehen des Priesterstandes wichtiger war als der Schutz der Opfer. Dieses Denken vom Vorrang des kirchlichen Kollektivs vor dem Individuum, der „heiligen“ Institution vor der (fast immer) „unheiligen“ Person kann man auch in anderen Zusammenhängen bis heute vor allem im konservativen Kirchenmilieu antreffen.

Auf ganz anderem Niveau argumentierte der Jesuit Klaus Mertes, Leiter des betroffenen Berliner Canisius-Kollegs, in einem Interview der „Zeit online“ (15.4.2010): „Wenn ich die Kirche als Ganzes verstehe, kann ich mich nicht von einem Teil distanzieren. Der Hinweis auf ‚die da‘ und ‚damals‘ funktioniert nicht – weder technisch noch theologisch. Ich kann mich nicht von den Tätern distanzieren, denn sie sind meine Brüder.“ Den Einwurf: „Das sagen die Vertuscher aber auch!“ parierte Mertes mit der Bekräftigung: „Die sind auch meine Brüder. Um mit einem praktischen Argument zu antworteten: Ich kann den Opfern doch nur signalisieren, dass ich der richtige Ansprechpartner bin, weil ich mit der Tat etwas zu tun habe. Es gibt die stellvertretende Übernahme von Schuld. Dass sich jemand als schuldig bekennt, ist doch die entscheidende Voraussetzung für einen Versöhnungsprozess! Wie könnte ich sonst eine Entschuldigung aussprechen?“

Auch Kardinal Lehmann sah in seinem überzeugend differenzierten FAZ-Essay: „Kirche der Sünder, Kirche der Heiligen“ (1.4.2010) Zusammenhänge, der „die gesamte Institution in die Verantwortung bringt“. Dazu gehörten einerseits Versuche, „durch schnelles Abwehren und Verdecken eines Verdachts oder gar einer

Verfehlung die Institution Kirche und gerade auch Amtspersonen unter allen Umständen vor einem Makel zu bewahren. Gewiss gab es da auch eine Kumpanei, wie sie in manchen ‚geschlossenen Systemen' möglich ist"; andererseits Fehlentwicklungen in der Rezeption des Zweiten Vatikanischen Konzils: Im Bemühen um eine „erneuerte Zuwendung zur modernen Welt" habe man „die Sogwirkung dieser Welt wohl vielfach unterschätzt. Hemmungen entfielen, eine falsche Toleranz konnte sich ausbreiten. Die ‚Welt' erwies sich als mächtiger. Die für die Zuwendung zur Welt noch wichtiger gewordene Spiritualität, innere Stärke und Selbstbehauptung hingegen schrumpften." Abstand und Unterschied zwischen Erwachsenen und Kindern seien durch „gewisse Zweige der modernen Pädagogik" vernebelt worden, während „die Pädophilenbewegung zu einem unverantwortlichen Umgang mit Kindern zu verführen suchte", sodass schönfärberische Entschuldigungen für Übergriffe zur Verfügung standen. „Bei manchem, der eine starke Neigung dazu in sich verspüren konnte, wurden die Widerstandskräfte durch solche Entschuldigungen geschwächt." Selbst wenn insofern zahlreiche außerkirchliche Faktoren beteiligt seien, mache es für die Kirche aber „keinen Sinn, mit dem Finger zuerst auf andere zu zeigen". Auch dürfe man sich „nicht wundern, wenn wir streng – gewiss auch manchmal mit Schadenfreude und Häme – an jenen Kriterien gemessen werden, mit denen die Kirche sonst ihre sittlichen Überzeugungen vertritt, besonders hinsichtlich der Sexualität. Die aufgedeckten Missbrauchsfälle wirken hier wie ein Bumerang." Freilich dürfe „man sich auch nicht den Mund verbieten lassen und muss deutlich sagen, dass es sich offenbar um einen gesellschaftlichen Missstand handelt, den die meisten in dieser Größenordnung nicht vermutet haben".

So muss es in sozialwissenschaftlicher Perspektive auf die Entchristlichung auch möglich sein, die Reaktion der Öffentlichkeit kritisch zu hinterfragen: Obwohl sich der hauptsächlich betroffene Jesuitenorden und die Bischöfe in aller Form bei den Opfern entschuldigten und mit professioneller Hilfe eine konsequente Aufklärung einleiteten, nahmen einige Leitmedien und ausgerechnet die liberale Bundesministerin der Justiz die Affäre zum Anlass, die Kirche anzuprangern, ihr mangelnden Aufklärungswillen zu unterstellen, den Volkszorn zu schüren und den Eindruck zu erwecken, es handele sich um ein spezifisches Problem des katholischen Klerus. Der Vorsitzende der Deutschen Bischofskonferenz verwahrte sich in ungewohnter, durchaus angemessener Schärfe gegen den von Frau Leutheusser-Schnarrenberger „undifferenziert und emotional“ erweckten Eindruck, die Kirche verweigere sich konstruktiver Zusammenarbeit mit den Strafverfolgungsbehörden, und die bis dahin bekannt gewordenen rund 120 Missbrauchsfälle stammten aus der jüngsten Vergangenheit. In der Tat hat es noch nie in der Politik der Bundesrepublik Deutschland eine „ähnlich schwerwiegende Attacke auf die katholische Kirche gegeben“ (Zollitsch).

Die sichtlich affektgeladene und interessegeleitete Forderung der im neuen Bundeskabinett bis dahin medial nicht sonderlich wahrgenommenen FDP-Politikerin – Mitglied im Beirat der kirchenfeindlichen „Humanistischen Union“ –, die katholische Kirche habe sich einem „runden Tisch“ zur Aufarbeitung von Missbrauchsfällen allein in ihren Einrichtungen zu stellen, durchkreuzte ausgerechnet Bundesfamilienministerin Kristina Schröder. Ihr hatte der AEK in einer Presseerklärung vom 30.11.2009 vorgehalten, die (damals erst verlobte) neue Ministerin habe „sich selbst weder politisch noch persönlich mit Ehe und Familie befasst“ – was dann auch auf katholische Kleriker zuträfe, aber selbstverständlich Unsinn ist, da jeder Mensch persönliche Erfahrungen mit der eigenen oder fremden Ehen und Familien macht und diese reflektiert. Nun nahm ausgerechnet die von den „engagierten Katholiken“ gleich zu ihrem Amtsantritt dumm angerempelte evangelische Ministerin die katholische Konfession in Schutz: „Ich finde es falsch, jetzt nur die katholische Kirche an den Pranger zu stellen. Probleme mit Kindesmissbrauch gibt es in unterschiedlichen Bereichen. Etwa in Internaten – egal, ob kirchliche Einrichtungen oder säkulare –, in Sportvereinen oder in Familien“ (FAZ-Interview 3.3.2010). Zusammen mit Bundesbildungsministerin Schavan schlug sie einen runden Tisch aller relevanten gesellschaftlichen Gruppen vor, bei dem die Vorbeugung und Hilfe für die Opfer im Vordergrund stehen sollten.

Roms deutsch-katholische Daueropposition – insbesondere von einer „antikirchlichen Sektierergruppe, die sich seltsamerweise ‚Wir sind Kirche‘ nennt“ und „im Medienspiel die ‚Basis‘ vertritt, obwohl sie mit dem Kirchenvolk so wenig zu tun hat wie Heiner Geißler mit der Glaubenskongregation“ (Peter Seewald) –, aber auch manche Vertreter des organisierten Laienkatholizismus nutzten die prekäre Lage, um im Schulterschluss mit Gegnern der Kirche ihre alten Steckenpferde von der repressiven Sexualmoral und dem inhumanen „Zwangszölibat“ wieder zu reiten. Freilich ohne empirisch oder logisch plausibel machen zu können, dass permissivere Sexualnormen und verheiratete Priester den Prozentsatz Pädophiler im Klerus zu senken vermöchten. Dass das Zölibatsgesetz für solche Männer ein geringeres Hindernis zum Priesterberuf darstellen mag, die ohnehin kein Leben in Ehe und Familie anstreben, könnte zwar zu einem überproportionalen Anteil Homosexueller beitragen. Doch die unausgesprochene Verknüpfung dieser plausiblen und wohl auch realistischen Annahme mit dem Problem Kindesmissbrauch überraschte aus der Ecke jener, die der Kirche sonst gern „Homophobie“ vorwerfen und den vom Vatikan verfügten Ausschluss Homosexueller vom Priesteramt kritisierten. Nun machten sie sich selbst um die diskriminierende Nebenwirkung ihres Arguments wenig Sorgen und leisteten dem Ressentiment Vorschub, jeder Homosexuelle sei ein potenzieller Kinderschänder. Unterdessen meinten Apologeten auf der kirchlichen Rechten, mit dem Pädophilen- auch gleich einen erhöhten Homosexuellenanteil im Klerus abstreiten zu müssen. Es gebe auch diesbezüglich, so der AEK-Sprecher in der FAZ, gar „kein Spezifikum der katholischen Kirche“. Was sollte Rom dann aber im Jahr 2005 sogar zu einer speziellen Instruktion über Homosexualität und Weiheamt veranlasst haben? Die Devise „Was nicht sein darf, das nicht sein kann“ hat sich noch immer als schlechter Ratgeber erwiesen. Auch die in gewissen katholischen Online-Foren gesuchte Ausflucht: Das waren nicht wir Katholiken, sondern die „Homos“, und vor denen haben wir ja schon immer gewarnt – also sind wir, statt rechtfertigungspflichtig, im Grunde wieder mal im Recht“, wäre zu billig und brächte die Öffentlichkeit nur noch mehr gegen die Kirche auf. Am besten hielte man beide Themen auseinander, solange eine Kausalität wissenschaftlich nicht erwiesen ist.

Kriminalstatistische Daten, die eine überproportionale Betroffenheit katholischer Geistlicher beim Missbrauch belegen würden, blieben die Ankläger der Kirche schuldig. Im Gegenteil: Professor Hans-Ludwig Kröber, einer der bekanntesten Kriminalpsychiater Deutschlands, sprach in einem „Cicero“-Interview (31.3.2010) im Blick auf jährlich etwa 15.000 polizeilich gemeldete Fälle von Kindesmissbrauch, rund 600.000 Bedienstete der Kirche und 94 Tatverdächtige (s. u.) in 15 Jahren von einer „verblüffend geringen Zahl. Das hieße, dass das aktuelle Risiko des sexuellen Missbrauchs in Einrichtungen der katholischen Kirche noch viel geringer ist, als ich das zuerst vermutet hätte“. In der Debatte habe man zudem „sexuellen Missbrauch und Prügelpädagogik, die es damals unstreitig an allen Schulen gab, so oft vermischt, dass man das Gefühl hatte, man will die Zahlen strecken“. Hinsichtlich des Klerus erklärte der bekennende „nicht gottgläubige“ Lutheraner: „In jedem Fall werden Menschen in ihrer Entwicklungsphase zu Pädosexuellen, und nicht erst, nachdem sie lange Zeit auf Sex verzichten mussten. Man wird, nebenbei bemerkt und rein statistisch gesehen, eher vom Küssen schwanger, als vom Zölibat pädophil." Insofern sei er „verwundert" über die „momentane Aufregung"; zwar seien „auch immer wieder zum Beispiel Priester verurteilt worden. Aber heute schaffen es zwei Priester der Regensburger Domspatzen auf die Titelseite, die verstorben sind und davor rechtskräftig abgeurteilt wurden. Lange nach ihrem Tod. Warum? Weil Georg Ratzinger auch bei den Domspatzen war, und man hoffte, man wäre jetzt endlich beim Papst." Insgesamt habe er den Eindruck, „dass die Leute sich ein holzschnittartiges Bild der Kirche machen, auch wenn sie kaum je eine Kirche von innen gesehen haben, ein Bild, was sich ideal als Pappkamerad und Prügelknabe eignet". Seine Erfahrung sei eine ganz andere: „Ich habe viele Vergleichsmöglichkeiten mit anderen Institutionen, auch weil ich mich mit anderen Wissenschaftlern und Forschungsgruppen austausche, und die Bischöfe im Vatikan, die sich mit diesem Thema beschäftigten, waren die klügste und aufmerksamste Gruppe, vor der ich zum Thema sexueller Missbrauch jemals gesprochen habe."

Sogar Alice Schwarzer widersprach bei „Maybrit Illner" (11.3.2010) der Vorstellung, sexuelle Enthaltsamkeit sei eine nicht lebbare Zumutung: „Ich glaube, es gibt Menschen, Männer oder Frauen, die sich in der Tat nicht für Sexualität interessieren. In unserer völlig hochgeheizten Gesellschaft kann man sich das gar nicht mehr vorstellen. Ich respektiere das durchaus. Ich glaube ganz ehrlich gesagt auch nicht an den Zusammenhang von Zölibat und Missbrauch, überhaupt nicht." Während die Moderatorin insinuierte, dass Missbrauch „vermehrt in der katholischen Kirche geschieht", hob die Feministin hervor, dass drei von vier Fällen in Familien passieren. Gegen die Erklärung des Missbrauchsopfers

Miguel Abrantes Ostrowski, der „ganz verklemmte Menschen“ im Klerus für das Übel verantwortlich machte, setzte Frau Schwarzer das Beispiel der edel-linken Odenwald-Schule, an der es geradezu „eine institutionalisierte Überschreitung der Schamgrenzen“ und „spätestens seit 1971 regelmäßig sexuellen Missbrauch“ (FAZ vom 15.3.2010) gab: „Sie sprechen von einem autoritären System, das Geist und Körper getrennt hat. Das Prinzip der Reformschule Odenwald ist genau das Gegenteil: Lerne zu sein, der du bist. Wir sind gleichberechtigt. Und was war das Problem? Das ist sozusagen das andere Extrem: In der Odenwald-Schule haben Erwachsene so getan, als seien sie gleichberechtigt mit Kindern, und haben ihre Art von Sexualität den Kindern unterstellt, haben gesagt: ‚Das wollen doch die Kinder.‘“ Zugleich warnte Schwarzer vor einer einseitigen Psychologisierung: „Sonst verengen wir das Spektrum. Das Massenproblem sind die 95 Prozent, die übergreifen, weil sie grad Bock drauf haben, weil sie's können, weil sie's dürfen, weil die Verhältnisse so sind. Wir müssen das darin eingebettet sehen“; die Tätermehrheit brauche keine Pädophilie-Therapie, sondern: „Da müsste man eine Haltung in der Gesellschaft haben und eine Moral.“

Mit dieser Analyse und diesem Plädoyer war Alice Schwarzer weniger von der Position Bischof Walter Mixas entfernt, als ihr bewusst und recht sein dürfte. Der Augsburger Oberhirte, der später mehr aus anderen Gründen als „der einen oder anderen Watschen“ zurücktreten musste, hielt der säkularen Gesellschaft den Spiegel vor: „Die sogenannte sexuelle Revolution, in deren Verlauf von besonders progressiven Moralkritikern auch die Legalisierung von sexuellen Kontakten zwischen Erwachsenen und Minderjährigen gefordert wurde, ist daran sicher nicht unschuldig.“ In den vergangenen Jahrzehnten habe es besonders durch die Medien eine zunehmende Sexualisierung der Öffentlichkeit gegeben. Sexueller Missbrauch von Minderjährigen sei „leider ein verbreitetes gesellschaftliches Übel, das in vielfältigen Erscheinungsformen von der Familie bis zur Schule oder zum Sportverein auftritt". Er gestand ein, „dass auch in der Kirche mancher Verantwortliche in der Vergangenheit gegenüber Sexualdelikten an Kindern und Jugendlichen zu blauäugig war und unberechtigterweise auf eine Besserung des Täters in einem anderen Aufgabenfeld gesetzt hat. Da sind kirchliche Verantwortungsträger möglicherweise auch einem Zeitgeist aufgesessen, der selbst im Bereich des staatlichen Strafrechts Resozialisierung statt Strafe propagierte."

Selbstverständlich rief der Bischof mit diesem „Entlastungsangriff" Empörung hervor. Aber war diese Äußerung wirklich, wie die ARD-„Tagesthemen" (22.4.2010) meinten, ein „verbaler Ausrutscher"? Bestätigt fühlen konnte sich Mixa zum Beispiel durch den Europaabgeordneten Daniel Cohn-Bendit von den „Grünen". Der besuchte zwischen 1958 und 1965 die Odenwald-Schule und hatte in den Siebzigerjahren in einem Frankfurter Kindergarten pädophile Erlebnisse, über die er 1975 sogar unter dem Titel „Der große Basar" schrieb: „Mein ständiger Flirt mit allen Kindern nahm bald erotische Züge an. Ich konnte richtig fühlen, wie die kleinen Mädchen von fünf Jahren schon gelernt hatten, mich anzumachen"; „Es ist mir mehrmals passiert, dass einige Kinder meinen Hosenlatz geöffnet und angefangen haben, mich zu streicheln. Wenn die Kinder darauf bestanden, hab ich sie auch gestreichelt." Cohn-Bendit gestand nun gegenüber der „Zeit" ein, ihn bewege, „dass eine libertäre Sexualmoral, die auf Emanzipation angelegt ist, für sexuellen Missbrauch und sexuelle Ausbeutung benutzt wurde. (...) Wir haben im Überschwang auch Fehler gemacht, die man korrigieren muss." Übrigens hatte ein Gesetzentwurf der „Grünen"-Bundestagsfraktion noch im Februar 1985 die Entkriminalisierung „einvernehmlicher sexueller Kontakte" mit Minderjährigen gefordert, weil die einschlägigen Strafrechtsbestimmungen „die freie Entfaltung der Persönlichkeit" behinderten. Ähnliche Anträge gab es auf Landesebene in Nordrhein-Westfalen und Baden-Württemberg.

Auf diese noch lange nicht aufgearbeiteten Sündenfälle – von den sonst gern geforderten „Entschuldigungen" ganz zu schweigen – wies der Psychiater Manfred Lütz in der FAZ und im katholischen Magazin „Theo" (1/2010) hin: Linke hätten „die Pädophilen gehätschelt" und „die katholische Sexualmoral als repressives Hemmnis für die ‚Emanzipation der kindlichen Sexualität' bekämpft"; selbst ein 1989 im Deutschen Ärzteverlag publiziertes Buch habe offen für die Erlaubnis pädophiler Kontakte geworben. Heute aber werde „die katholische Kirche isoliert als Sündenbock für all die abseitigen und skandalösen Träume vom Kindersex gebrandmarkt, die in alternativen Kreisen vor vierzig Jahren geträumt wurden". Dass der falsche Zusammenhang zwischen Missbrauch und kirchlicher Sexualmoral die Täter entlaste, werde dabei übersehen.

In den meisten Leitmedien kam die gesellschaftskritische Einordnung des Themas aber schon deshalb nicht vor, weil es den „kritischen Journalisten" in der Missbrauchsfrage um etwas ganz anderes ging: „Jedenfalls hilft das, die katholische Kirche nach und nach kaputt zu machen", verplapperte sich eine Talkshow-Redakteurin auf einer Feier am Abend des 2. März 2010 in Berlin gegenüber einem katholischen Kollegen. Entlarvend für den maßlosen inquisitorischen Eifer war zum Beispiel auch, wie Frank Plasberg in seinem Talk „Hart aber fair" (24.2.2010) gegen den Widerspruch selbst des Kirchenkritikers Heiner Geißler hartnäckig versuchte, Erzbischof Zollitsch einen Vorwurf daraus zu machen, dass er die Entschuldigungserklärung der Deutschen Bischöfe nach ihrer Konferenz in Freiburg teilweise vom Blatt abgelesen habe. Zu den im Fernsehen hauptsächlich gefragten guten Haltungsnoten in „Betroffenheit" (am besten: bebende Stimme und Tränen) passte das sorgsam formulierte Statement des Vorsitzenden der Bischofskonferenz natürlich nicht; doch am Inhalt ließ sich auch von demjenigen nichts aussetzen, der eine „freie Rede" wohl schon wegen ihres höheren Risikos sprachlicher Missgriffe bevorzugt hätte, um das Rad der Skandalierung weiterdrehen zu können. Der Titel der Sendung: „Die Priester und der Sex" eröffnete die ganze Bandbreite der Nebenschauplätze und suggerierte dieselbe besondere Betroffenheit des zölibatären Klerus bei der Pädophilie, die auch Justizministerin Leutheusser-Schnarrenberger gern mit ihrer Sonderbehandlung der katholischen Kirche durchgesetzt hätte – unbekümmert davon, dass damit auch zwei Klassen von Opfern geschaffen worden wären: die von katholischen Geistlichen Missbrauchten gleichsam als „Opferklasse eins" und alle anderen als Opfer zweiter Klasse, die weniger staatlichen und medialen Aufarbeitungsaufwand verdienten. „Was ist mit allen anderen Opfern anderer als katholischer Täter?", fragte der Salzburger Weihbischof und Professor für Moraltheologie, Andreas Laun, in einem Artikel für die „Tagespost" (27.2.2010): „Über Heuchelei in der Missbrauchs-Diskussion". Er berichtete: „Vor Jahren entdeckte die Polizei drei Täter, die sich Kinderpornografie aus dem Internet heruntergeladen hatten: Einer davon war ein Priester, einer war Richter, der dritte Angestellter einer Behörde. In den Zeitungen genannt wurde nur der Priester. Warum wohl?"

Heuchelei wurde in der Tat ein herausragendes Merkmal der ganzen Debatte: Ausgerechnet diejenigen, die sonst immer auf die Selbstständigkeit der Diözesen und der deutschen Kirche pochten, gaben sich plötzlich ganz Rom-fixiert und verlangten ein Wort des Papstes speziell zu Deutschland, obwohl der sich schon mehrfach deutlich, demütig und einfühlsam zum Missbrauchsproblem geäußert und mit Opfern getroffen hatte. Kirchenträumer, die seit Jahrzehnten alles daran setzten, das Besondere und Herausgehobene des priesterlichen Amtes in der Kirche zu relativieren, betonten es nun eifrig, um einen besonders strengen Maßstab anlegen zu können. Sonst glühend Psychotherapiegläubige und Resozialisierungsoptimisten schüttelten den Kopf darüber, wie man bloß so naiv sein konnte anzunehmen, dass pädophil auffällig gewordene Priester nach einer Therapie wieder in der Seelsorge einzusetzen seien. Renate Künast und Claudia Roth als Chefinnen der ehedem Pädophilen-lobbyistischen „Grünen“ kehrten, statt vor der eigenen Türe, die Richterrolle über die Vergangenheit der Kirche heraus. Mit diesen beiden vereint in der „Humanistischen Union“ – die bis in die jüngste Vergangenheit „staatliche Überreaktionen“ in Sachen Kinderpornografie beklagte und im Jahr 2000 nur mit knappster Mehrheit die Entfernung von Links zu einem „Pädo-Portal“ auf ihrer Homepage beschloss – schwang sich die Bundesjustizministerin zur Jeanne d'Arc des Kinderschutzes in der Kirche auf. Soziale Gewissensdarsteller, die sonst verfochten, die Kirche dürfte mit ihren Mitarbeitern nicht so kalt und rücksichtslos umgehen wie ein weltlicher Betrieb, wollten straffällig gewordene Priester nun gleich „rausgeworfen“ sehen – ohne zu bedenken, dass die Gefahr für Kinder durch solche Personen damit nicht aus der Welt geschafft wäre. Abtreibungsbefürworter empörten sich über Gewalt gegen Kinder, Gegner strafrechtlichen Lebensschutzes forderten schon bei Missbrauchsverdacht einen Meldeautomatismus gegenüber der Staatsanwaltschaft – ohne sich um den Willen der Opfer zu kümmern, die doch angeblich im Mittelpunkt aller Bemühungen stehen sollten.

Kurzum: Solche Exzesse öffentlicher Heuchelei und Volksverhetzung wie im Frühjahr 2010 hat die Republik wahrscheinlich noch nicht gesehen. „Gemessen an Umfang und Penetranz dieser Kampagne war die Klimakonferenz von Kopenhagen, bei der es um die Rettung der Erde ging, ein Ereignis von nachrangiger Bedeutung“ (Peter Seewald). Das liberal-konservative Magazin „Eigentümlich frei“ kommentierte in seiner Online-Ausgabe (29.3.10): „Es geht überhaupt nicht um die missbrauchten Kinder. Es geht darum, die letzte Bastion zu schleifen, die sich aus wohlerwogenen theologischen Gründen weigert, um goldene Kälber des Zeitgeistes zu tanzen." Also eine Wiederkehr des alten „Écrasez l'infâme!".

Über die hässlichen Früchte der Hetze am Beispiel Regensburg berichtete Othmar Elgner unter der Überschrift: „Der mediale Schlaghagel wirkt" in der „Tagespost" (3.4.2010): „Untadelige Geistliche wurden telefonisch terrorisiert, Domspatzen – Kinder und Jugendliche wohlgemerkt – wurden öffentlich angepöbelt und mit ordinärsten Ausdrücken beleidigt, und Eltern von Reportern vor dem Gymnasium persönlich attackiert, weil sie ihre Kinder noch nicht ‚aus dem Sumpf von sexueller Gewalt und systematischer Demütigung' abgemeldet hatten." Ein TV-Sender scheute sich nicht, in seiner Straßenumfrage auch einen Passanten zu Wort kommen zu lassen, der die Täter „an die Wand gestellt" oder ihre „Rübe ab" sehen will. Die Decke der Zivilisation ist eben doch dünner, als allgemein angenommen. Die FAZ (31.3.2010) meldete im Vergleich zum März 2009 „eine qualitative wie quantitative Steigerung" von Angriffen auf Kirchengebäude, die sich „deutlicher als noch vor einem Jahr gegen die Symbole des Glaubens richteten", auch wenn nur die Besprühung der Außenwand der Abtei St. Matthias in Trier direkt „Zusammenhänge zwischen den Schriftzeichen und den Missbrauchsskandalen" erkennen ließ. Andernorts wurden einer Christusfigur Arme und Beine abgeschlagen, Reliquien gestohlen und Gebeine beschädigt, Gebetbücher und eine Altardecke angezündet, Kirchenfenster eingeschlagen, Orgelpfeifen herausgebrochen, Exkremente hinterlassen und in Beichtstühle uriniert. „Man mag nicht mehr glauben, dass frustrierte Einbrecher, die auf Geld aus gewesen waren, nur einfach ihr Mütchen kühlen wollten", kommentierte der Autor die neue Art und Häufigkeit der für gewöhnlich nur die Aufmerksamkeitsschwelle von Lokalzeitungen überschreitenden Vorfälle.

Unter den im „Spiegel" vom 8. Februar addierten 94 „Verdächtigen" aus der katholischen Kirche waren auch Laienmitarbeiter wie Küster, Chorleiter, Caritas-Angestellte oder ehrenamtliche Helfer in der Jugendarbeit, die üblicherweise nicht im Zölibat leben. Von den 23 „Fällen" in der angeblich am stärksten betroffenen Diözese Rottenburg-Stuttgart konnten zudem mehr als ein Viertel „gleich am Anfang entkräftet" werden; von den verbleibenden elf noch lebenden „Verdächtigen" waren schließlich nur vier vor staatlichen Gerichten verurteilt worden. In sechs Fällen wurden Verdächtige, die keine strafbaren Handlungen im Sinne des Strafgesetzbuches begangen hatten, mit zum Teil drastischen Strafen aus dem parallelen kirchenrechtlichen Verfahren belegt. Der SPD-Politiker und frühere Bundestagsabgeordnete Robert Antretter, Vorsitzender der 2002 eingerichteten „Kommission Sexueller Missbrauch" der Diözese Rottenburg-Stuttgart, setzte diese Zahlen in einem Artikel der „Tagespost" (6.3.2010) ins Verhältnis zu den etwa 2000 hauptamtlichen Mitarbeitern in der Pastoral der Diözese, von denen rund 700 Priester im aktiven Dienst und etwa 300 Pensionäre seien: „Kann man hier von Massenhaftigkeit sprechen?" Dennoch hätten „viele Medien die Kirche als Brutstätte der Pädophilie ausgemacht". Antretter mahnte, mehr „zu differenzieren und zu versachlichen, anstatt zu verallgemeinern und öffentliche Emotionen zu bedienen". Es sei „beispielhaft und modellbildend, wie die Diözese Rottenburg-Stuttgart seit acht Jahren mit dieser schwierigen Problematik verfährt".

Die Aufmachung der „Spiegel"-Titelgeschichte sprach schon im Untertitel von „fast hundert Kirchenmännern" und brachte die Story durch ein riesiges Foto mit Benedikt XVI. in Verbindung, in dessen „papierener Welt aus Studium und Gebet das Thema Missbrauch durch Priester keinen Ort" habe. Dabei war er der erste Pontifex, der sich mit Missbrauchsopfern traf (USA, Australien, Malta), das

Problem schon vor dem ausführlichen Brief an die irischen Bischöfe mehrfach öffentlich angesprochen und als Leiter der Glaubenskongregation an sich gezogen und gegen Widerstände entschlossen in Angriff genommen hatte. Der „Spiegel" aber unterstellte: „Sowenig sich der deutsche Papst mit dem verbotenen Sex befassen will, sowenig wollen es in Wahrheit seine deutschen Bischöfe." Die Autoren bemängelten, zur Maßregelung der Täter werde von der Kirche „auch das sechste Gebot (‚Du sollst nicht ehebrechen') zurate gezogen – dabei sind die Täter nie und ihre Opfer in der Regel nicht verheiratet". Zu wissen, dass der Bedeutungsgehalt dieses Gebotes nicht nur das Verhalten von Verheirateten betrifft, setzt eben eine religiöse Minimalerziehung voraus, die von „Spiegel"-Redakteuren nicht erwartet werden kann. Ebenso ignorant brachte der Artikel Küngs und Drewermanns Kritik an Zölibat und Sexualmoral mit dem Entzug der Lehrerlaubnis für die beiden Theologen in Verbindung, wobei die schwammige Formulierung: „wegen solcher und ähnlicher Ansichten" schon darauf hindeutet, dass den Autoren die mangelnde Redlichkeit ihrer falschen Verknüpfung doch bewusst gewesen sein könnte. Aber sie passte zu gut ins klischeehafte Szenario. Als Ersatz für Belege wurden apodiktisch Pseudoevidenzen suggeriert: „Inzwischen steht außer Zweifel, dass dieses Klima der unterdrückten Sexualität Übergriffe auf Kinder in Schulen, Heimen und Pfarrgemeinden befördert." Und damit der hermeneutische Schlüssel auch passte und der Entlarvungsaffekt sich einstellte, zeigte das „Spiegel"-Deckblatt unter dem Titel: „Die Scheinheiligen" einen Kleriker im Kardinalspurpur, der sich im Halbschatten finsterer Kirchenräume lüstern in den Schritt fasst.

Auch viele andere Medienbeiträge, etwa eine Diskussionsrunde bei Anne Will mit Rosa von Praunheim und Hans-Ulrich Jörges, in der zum Beispiel von einer „Anbetung" des Papstes gefaselt wurde („Niemals habe ich eine dümmere Talkshow im Fernsehen gesehen“, kommentierte Franz Josef Wagner in der „Bild“), illustrierten ein verwahrlostes journalistisches Selbstverständnis, wonach „erst das Vorurteil kommt und dann vielleicht die Recherche“ (Rudolf Zewell). Wohl ziemlich vergeblich war der flammende Appell Peter Seewalds (kath.net, 15.3.2010) an seinen Berufsstand: „Liebe Kollegen: Hört auf damit! Denkt nach! Hört auf mit der Instrumentalisierung. Hört auf mit billigen Analysen und einer Küchenpsychologie, die dem Problem nicht gerecht wird. Hört auf damit, es euch so bequem zu machen. Hört auf damit, Nachrichten zu unterdrücken, falsche Zusammenhänge herzustellen. Besinnt euch auf Sachlichkeit, Nüchternheit und Augenmaß. Kehrt zurück zu einem Journalismus, der dem Berufsstand wieder Ehre macht.“ Wenn aus Enthüllungsjournalismus „Vernichtungsjournalismus“ werde, sei es Zeit, dagegen aufzustehen. „Denn niemand sollte sich freuen, dass hier eine Institution Schaden nimmt, auf die eine Gesellschaft im Grunde nicht verzichten kann.“

Den Vogel bei den Printmedien schoss die „Frankfurter Rundschau“ ab, in deren Online-Ausgabe (7.3.10) kurzzeitig die Überschrift: „Papst soll zu Odenwald Stellung beziehen“ und die Bildunterzeile: „Was wusste Papst Ratzinger von Odenwald?“ zu lesen waren. Für andere Zeugnisse von Journalistenignoranz hatte Alexander Kissler in einem Kommentar für „Cicero-online“ (12.3.2010) nur noch Spott übrig: „Eine Zeitung titelte: ‚Kirche in ihrer schwersten Krise‘. Ergo waren die Kirchenspaltungen von 1054 und 1517 heitere Randnotizen, ergo sorgten auch Kreuzzug und Dreißigjähriger Krieg für Kriselchen, allerhöchstens. Eine andere Zeitung forderte, überführte Priester dürften keine Priester mehr sein – als ließe sich das Weihesakrament, das eben mehr ist als ein unverbindlicher Berufseinstieg, abwaschen. Der neckischste Witz aber gelang jener Agentur, die eine Meldung mit der Zeile überschrieb: ‚*Wir sind Kirche* setzt Papst Benedikt unter Druck‘.

Bekanntlich handelt es sich bei dem als ‚Basisbewegung' titulierten Verein um einen Seniorenlesezirkel, der sich an den Stellungnahmen seines Sprechers Christian Weisner und dessen politischer Theologie erfreut. Ähnlich ernsthaft wäre eine Schlagzeile der Art: ‚Gemeinderat von Neutraubling fordert Barack Obama zum Rücktritt auf.'"

Insgesamt vermittelte der Medientenor die Auffassung, die Sexualdelikte seien „die naturnotwendigen Folgen eines widernatürlichen Systems", wie es schon der „Völkische Beobachter" behauptet hatte. Seinerzeit wütete Joseph Goebbels in der Berliner Deutschlandhalle am 28. Mai 1937 vor 20.000 Zuhörern und mittels Liveübertragung auf allen Rundfunksendern vor der ganzen Nation gegen „Schweinereien", „herdenmäßige Unzucht" und den Missbrauch von Abhängigen, die im Klerus um sich gegriffen hätten. „Natürlich übertrieb er maßlos bei den Zahlen (‚Tausende und Abertausende Fälle') und schwieg sich aus über die teils höchst manipulativen Ermittlungsmethoden, wobei etwa Pfleglinge und Insassen kirchlicher Heime mit Schokolade und Zigaretten zur Bezichtigung des Personals überredet worden waren", stellte Jan Ross in einem Artikel der „Zeit" (20/2002) klar. Zwei Monate zuvor hatte Papst Pius XI. die Nationalsozialisten schwer verärgert, weil er in seiner Enzyklika „Mit brennender Sorge" die kirchenfeindlichen Schikanen angeprangert und den ideologischen Totalitätsanspruch des Regimes bestritten hatte. Das Fazit des „Zeit"-Artikels „Kabale und Triebe", der historisch auch weit ins 19. Jahrhundert, in die französische Aufklärung und auf Luthers Polemik gegen die „Hure Babylon" zurückgriff: „Die Verderbtheitskritik ist über weite Strecken ein Recyclingunternehmen, in dem Beispiele, Motive und Argumente von Jahrhundert zu Jahrhundert weitergereicht werden"; jedenfalls seien „Kirchenkritik 1937 und Kirchenkritik 2002 sich im Grunde sehr ähnlich".

Ebenso und noch weiter in die Geschichte zurück griff ein FAZ-Feuilleton-Aufmacher (13.4.10) anlässlich der Forderung Geoffrey Robertsons im „Guardian“ (2.4.10), Benedikt XVI. bei dessen Visite Großbritanniens im September zu verhaften. Dabei hatte der bekannte Menschenrechtsanwalt auf die Anklage des sudanesischen Präsidenten Baschir vor dem internationalen Strafgerichtshof verwiesen. Es sei, so Patrick Bahners, „ein bedeutsames Faktum in der Geschichte der Weltmeinung, dass einer der angesehensten Juristen Großbritanniens, einer der Schutzmächte der weltweiten rule of law, in der klassischen Zeitung des englischen Liberalismus die Forderung erhebt, dem Papst solle der Prozess gemacht werden, und ihn auf eine Stufe mit einem Diktator und Völkermörder stellt“. Bahners erinnerte dieser „Akt der moralischen Aggression“ an die Absetzung Papst Gregors VII. durch Kaiser Heinrich IV. sowie den Anschlag der Ritter König Heinrichs II. auf Erzbischof Thomas Becket im Dom von Canterbury sowie an Hitlers angeblichen Plan, Papst Pius XII. zu entführen. Auch einen geschmacklosen Kommentar Christopher Hitchens – der eine Verbindung herstellte zwischen dem Bad Tölzer Missbrauchsfall aus der Münchener Amtszeit Ratzingers und seiner erzbischöflichen Weisung, dass Kinder im Jahr der Erstkommunion auch zur ersten Beichte gehen sollten („Er war sehr streng in einem Punkt der Lehre: ‚Nehmt sie euch, wenn sie noch jung sind!‘) – wusste Bahners historisch einzuordnen: „Solche pornografischen Fantasien, von denen die Nationalsozialisten in den Sittlichkeitsprozessen gegen Priester Gebrauch machten, stammen aus den antiklerikalen Flugschriften der Reformationszeit.“ In der erregten Missbrauchsdebatte kehrten „Tonfälle der finstersten kulturkämpferischen Vergangenheit“ wieder. Die Kirche werde „als globaler Kinderschänderring hingestellt, alle pastoralen und kriminologischen Fehleinschätzungen werden aus einer römischen Verschwörung zum Schutz der Ehre des Klerus erklärt“. Erst vor dem historischen Hintergrund begreife man „das Dramatische der Lage“. Sollte die „moralische Aggression“ sich eines Tages wieder zu einer staatlich-repressiven und physischen entwickeln, kann niemand sagen, es hätte nicht frühzeitig genug klarsichtige und eindringliche publizistische Warnungen gegeben.

Wie historische Untersuchungen (Hockerts, 1971) zeigen, entsprachen die Vorwürfe der Nazis gegen die katholische Kirche durchaus teilweise der Wahrheit, wie heute. Unser hier anderer, auf Reaktionen der Öffentlichkeit gelegter Fokus ergibt sich aus der Themenperspektive von Entchristlichung, Entkirchlichung und „Christophobie“. Er soll und darf das Skandalon von Missbrauch und Misshandlung durch kirchliche Amtsträger und Mitarbeiter keineswegs relativieren. Die Kirche hat auch angesichts von verzerrenden, ungerechten, maßlosen, heuchlerischen und hämischen Kommentaren weit mehr Grund zur Demut und Scham als zum Selbstmitleid. Sie hat einen Prozess der Selbstreinigung, der „Entgiftung“ von Haltungen und Verhaltensweisen anzunehmen, die sie verderben und ihre Frohe Botschaft der Unglaubwürdigkeit aussetzen. In diesem Prozess liegt durchaus auch eine Chance, wieder Christus-gleicher zu werden. Sogar das christliche Menschenbild und die mit ihm verbundene Sexualmoral könnten durch ehrliche, differenzierte und mutige Beiträge zur Aufarbeitung von Vergehen neu buchstabiert und besser verstanden werden.

Dass jetzt sexuelle Tabubrüche in ihrer zerstörerischen Wirkung auf breiter Front zutage treten und kritisch debattiert werden, könnte am Ende bei vielen Menschen sogar die Einsicht wachsen lassen: „Was wir brauchen, ist nicht weniger katholische Sexualmoral, sondern mehr“ (Andreas Laun). Ähnlich FAZ-Leitartikler Georg Paul Hefty: „Wer hingegen etwas grundsätzlich verbessern will, der muss sich den moralischen Normen der Kirche wieder annähern“ (6.4.2010). „Hätte nicht ein festeres Bewusstsein der eigenen Sündhaftigkeit, eine stabilere Sexualmoral manchen Kleriker vor Abirrungen bewahren können?“, fragt auch Alexander Kissler und entlarvt, worum es in der Kampagne gegen Kirche und Zölibat eigentlich geht: „Eine Gesellschaft, die jede Hoffnung auf Lauterkeit aufgegeben hat, weil sie selbst sie nicht durchhält, will die einzig verbliebene Gegengesellschaft auf den Pfad der eigenen moralischen Anspruchslosigkeit zwingen. Die Wegweiser sollen fallen, weil man selbst gerne querfeldein unterwegs ist, die Ampeln und Stoppschilder verschwinden, weil man selbst gerne tüchtig auf die Tube drückt. Da soll nichts mehr sein, was das Ich hemmen könnte in seinem Drange.“

Diese demaskierende Deutung gab auch Ed Koch, jüdischen Bekenntnisses und langjähriger Bürgermeister von New York, in der „Jerusalem Post“: Es gebe in den USA eine Medienkampagne gegen die Kirche, deren Ziel offensichtlich nicht mehr die Information der Öffentlichkeit, sondern eine Geißelung („castigate“) des Katholizismus sei. Man spüre in vielen Artikeln – etwa der „New York Times“ – den Genuss („delight“) und bösen Willen („malice“). Der wahre Grund der fortgesetzten Angriffe vonseiten der Medien und einiger Katholiken sei die Haltung der Kirche zu Abtreibung, Verhütungsmitteln, Homosexualität, Ehescheidung, Zölibat und Frauenpriestertum. In allen diesen Fragen sei er persönlich anderer Meinung als die Kirche. Dennoch habe sie alles Recht, ja vielleicht die Pflicht, auf ihrer Haltung zu beharren. Die römisch-katholische Kirche sei eine Kraft für das Gute in der Welt; die 1,13 Milliarden Katholiken seien wichtig für den Frieden und die Wohlfahrt des Planeten. Es sei nun genug mit der Kampagne: „Enough is enough.“

Auf der konservativen Seite, jedenfalls bei jenen realitätsresistenten Kirchenapologeten, die es sich in Sexualfragen auf „ihrem hohen moralischen Ross“ (Heiner Geißler) zu bequem gemacht haben, könnte eine heilsame Verunsicherung zu der Erkenntnis beitragen, dass die menschliche Wirklichkeit immer komplizierter ist als das Gesetz, dass die Unterscheidung von Guten und Bösen weder am geistlichen Gewand noch an Kirchlichkeit und Rechtgläubigkeit ablesbar ist und dass Moralvorschriften und Bußverfahren allein nicht ausreichen, um sachgerecht mit sexuellen Dispositionen umzugehen. So könnte die Kirche schließlich aus ihrer öffentlichen Demütigung am Ende zugleich gesünder und dialogfähiger hervorgehen. Vor allem aber dürften die hasserfüllten, maßlosen Angriffe gegen sie indirekt dazu beigetragen haben, manch künftiges Leid von Missbrauchsopfern abzuwenden durch die nun größere moralische Sensibilisierung der Gesellschaft insgesamt und die Restauration eines notwendigen Tabus. Bedenkt man dies, so offenbarte sich in dem „selbstgerechten Kesseltreiben" (Jon Juaristi) gegen die katholische Kirche das Wirken „jener Kraft, die stets das Böse will und stets das Gute schafft".

## Alltagsfacetten eines dramatischen Siechtums

Die Gegner des Christentums konnten sich in den letzten Jahren nicht nur auf der großen Bühne nachrichtenrelevanter Politik über Erfolge freuen. Was Schlagzeilen machte, ist nur die öffentlich sichtbare berühmte „Spitze eines Eisbergs". Das Drama des Siechtums der christlichen Religion in Deutschland und Europa vollzieht sich hauptsächlich in unzähligen kleinen Begebenheiten des Alltags, von denen oft kaum jemand Kenntnis nimmt, nicht einmal Christen selbst. Etwa wenn ein Mädchen zwei Wochen vor der ersten Kommunion fragt: „Mama, bin ich eigentlich katholisch oder evangelisch?" – und die Mutter das auch noch stolz auf einer Wallfahrt zum Besten gibt, weil sie Ignoranz für eine ökumenische Tugend hält. In einer Radioumfrage beantwortet ein Jugendlicher die

Frage nach der Gottesmutter so: „Maria ist die Frau des Papstes.“ Ein Kunde im Buch- und Zeitschriftenladen, der nach dem „Vatican-Magazin“ fragt, wird in die Abteilung Esoterik gewiesen. Bei der Quizsendung „Wer wird Millionär?“ schafft es keiner von zehn Kandidaten, die Sätze des Vaterunsers in die richtige Reihenfolge zu bringen. „Verabschiedet sich eine Nation von Gott?“, titelt die „Bild“-Zeitung – worauf die „Süddeutsche“ kommentiert: „Als wüsste sie nicht, dass dieser Abschied längst beschlossene Sache ist“ (20.12.2000). Eine Dame am Schriftenstand einer ostdeutschen Kirche bietet einem Besucher eine Führung durch das spätmittelalterliche Gotteshaus an; zur Kanzel, auf der schon Luther gepredigt habe, teilt sie mit: „Dort sehen Sie die drei Evangelisten Moses, David und Salomon.“ Die Dome von Quedlinburg und Halberstadt funktionieren als Zusatzangebote zu den angeschlossenen Museen und sind ohne Eintrittskarte nicht zu betreten; im Berliner Dom gelingt dies nur bei Gottesdienstteilnahme. Fußballstadien werden in Qualitätszeitungen als „Kathedralen“ bezeichnet, in denen Liturgien zur Befriedigung quasispiritueller Bedürfnisse gefeiert werden – lebensbegleitend bis zur Beerdigung auf dem klubeigenen Fan-Friedhof. Der erkennbar christliche Grabstein schwindet in der Bestattungskultur, Alternativen zum Grab überhaupt haben Konjunktur; man lässt seine Asche zunehmend in Wäldern und auf See verstreuen. Im Trierer Landgericht sollen nach einer Renovierung keine Kreuze mehr aufgehängt werden. Gleiches wird im Februar 2010 für das Düsseldorfer Landgericht entschieden (und später nur halbherzig revidiert). Einer 13-jährigen englischen Schülerin wird wegen „Sicherheitsbedenken“ das Tragen eines kleinen Halskreuzes verboten, einer „British Airways“-Mitarbeiterin wird es am Schalter untersagt. Der „Deutsche Ethikrat“ macht der moralischen Autorität der Kirchen Konkurrenz und spricht sich im November 2009 für die Abschaffung der rund 80 deutschen Babyklappen – die meisten in kirchlicher Trägerschaft – aus, weil einer Mehrheit der Moralexperten das Schicksal als „Findelkind mit dauerhaft anonymer Herkunft" gravierender erscheint als das Risiko, gar nicht leben zu dürfen. Das Landgericht Verden verhandelt die Klage einer pensionierten Lehrerin, Nachbarin des Doms, gegen die „penetrante und deprimierende" Orgel- und Chormusik, die sie „herabziehe" und die nicht mehr nach draußen dringen dürfe. Auf 200 Ordensfrauen – davon vier Fünftel über 65 Jahre alt – kommt eine Novizin; ein ganzer christlicher Stand stirbt aus. Das Bistum Görlitz begründet die Verringerung seiner selbstständigen Pfarreien von 35 auf 24 mit dem Rückgang der Katholikenzahl von rund 55.000 auf 31.200 binnen 15 Jahren.

Im Zürcher Schauspiel firmiert Gott mit einem umgebundenen Pudelschwanz als „Pudelschöpfer der Welt", von dem die sexuell total frustrierte Jungfrau Maria dringend mal schwanger werden möchte; aber sie appelliert vergeblich an den Schwanz des Pudelgottes (FAZ vom 2.10.06). Roland Emmerich, „Hollywooods unangefochtener König des Katastrophenfilms", lässt in „2012" den Jesus über Rio zerbersten und den Petersdom unzählige Pilger unter sich begraben, weil „der Umgang mit diesen Symbolen schon meiner Sicht entspricht, dass die organisierte Religion der Welt nicht guttut". Der Islam bleibt allerdings verschont: „Wir haben Mekka bei der Zerstörung ausgelassen, sonst hätten sie eine Fatwa auf unseren Kopf ausgerufen" (Focus 40/2009). Der Journalist Alan Posener, Autor des Buches „Benedikts Kreuzzug. Der Angriff des Vatikans auf die moderne Gesellschaft", erklärt in der „Frankfurter Rundschau" unter der Überschrift: „Der anmaßende Papst": „Das Recht nicht nur der Kritik, sondern der Verächtlichmachung religiöser Vorstellungen bleibt aber die Grundlage jeder Demokratie" (13.10.09). Unterdessen melden konfessionelle Blätter einen „dramatischen Leserschwund" (Die Welt, 7.11.05). Das evangelische

„Chrismon“ und der „Rheinische Merkur“ können nur mit vielen Millionen Subventionen am Leben erhalten werden. Die katholische Bistumspresse meldet einen Auflagenrückgang von 1,2 Millionen (1996) auf rund 700.000 Abonnenten (2009); in einigen Diözesen verloren die Kirchenzeitungen in den 13 Jahren die Hälfte oder gar zwei Drittel ihrer Leser.

## Suizidale Tendenzen: „Ein kirchliches System bezahlter Selbstzerstörung“

Der Kirchenfunk findet immer mehr in der Nische statt, am Rande. Morgenandachten und Worte zum Sonntag, „früher zur besten Zeit gesendet, sind in den vergangenen Jahren auf vielen Kanälen unmerklich an den Rand geschoben worden“ (epd medien, 13.10.2001). Die christliche Sonntagmorgensendung im ZDF „Zur Zeit in Kirche und Gesellschaft“ wurde im Frühjahr 2003 in „Sonntags – TV fürs Leben“ umbenannt. Sie sei nicht mehr als Kirchensendung gedacht; das neue Magazin wolle das Leben in seiner „ganzen Fülle“ aufgreifen und Denkanstöße vermitteln, sagt Redakteurin Michaela Pilters. Die Themen Wasser, Geschwindigkeit oder Heimat markierten die Schwerpunkte der kommenden Ausgaben. Dabei solle der Dialog über unterschiedliche Wertvorstellungen gefördert werden. Christliche Blickwinkel sowie Denkanstöße aus anderen Kulturen und Religionen würden „aufgegriffen“. Das sieht dann – zum Beispiel am 15. November 2009 – so aus:

Eine Exordensschwester bekennt, dass sie sich mit ihrem Buch: „Das möge Gott verhüten. Warum ich keine Nonne mehr sein kann“ (so weit der Werbeblock) „quasi selbst therapiert“ habe. Sie erklärt die Kondom-Position des Papstes, der ja „nicht bei den Kranken in den Hütten“ (also: inkompetent) sei, für abwegig und verkündet stolz, „dass ich mich nicht nur an die Gebote gehalten habe" und „nach 40 Jahren Zugehörigkeit erwachsen geworden bin". Der solidarisch lächelnde Moderator Gert Scobel, ein an der Jesuitenhochschule St. Georgen diplomierter Theologe und durch eine Gesinnungsplakette am Revers – die rote Aids-Schleife – politisch korrekt im Thema ausgewiesen, schiebt ein (oder unter), ob seine Interviewpartnerin nicht auch meine, dass die Kirche „scheinheilig" sei. Später ist sogar von „Lächerlichkeit" die Rede. Dann scheitert der Versuch, die päpstliche Lehre zur Empfängnisverhütung wenigstens korrekt wiederzugeben: Auf die Frage nach den Gründen für das Kondomverbot verbreitet die Exnonne, vom Moderator unwidersprochen, die falsche Behauptung: „Also, einen vernünftigen Grund kenne ich keinen; theologisch kenn ich nur, dass Kirche Angst davor hat, weil es um Fortpflanzung geht, und angeblich darf ja nur Sex gebraucht werden – ich nenn das jetzt mal so fast primitiv –, wenn es um die Fortpflanzung geht, und in keinem anderen Fall. Und das ist das Problem für Kirche." Als Nachteil von Kondomen – „Ich kenne keine", fügt der Moderator lachend hinzu – verweist die Exnonne neben den Kosten darauf, „dass sie glitschig sind". Wieder was gelernt, nur nicht über die katholische Sexualmoral. Dass ein Interviewer so unprofessionell distanzlos agiert und, obwohl theologisch gebildet, im Verein mit dem Interviewten statt differenziert aufzuklären billige Klischees reproduziert, ist leider nur ein Beispiel für ein verbreitetes Problem der Kirche mit Journalisten, übrigens sogar mit solchen, an deren Ausbildung sie selbst mitgewirkt hat.

Eine Kirche, die derartige Theologen hervorbringt, braucht keine Feinde mehr. Das könnte man auch über große Teile der Universitätstheologie sagen. Ein Lieblings-Theologieprofessor der Medien erklärt: „Was wirklich historisch an Jesu Leben und Lehre ist, interessiert letztlich nicht" – so Gotthold Hasenhüttl laut FAZ vom 22.12.01. Jesuit Friedhelm Hengsbach, stark nachgefragter

Sozialethiker in kirchenfernen Medien, fertigt die Papstenzyklika „Caritas in veritate“ im Deutschlandradio (11.7.09) kurzerhand als „ein ziemliches Schrottpapier“ ab. Der mit Kirchensteuergeldern in einem bischöflichen „Institut zur Förderung publizistischen Nachwuchses“ ausgebildete Journalist Heribert Prantl, Ressortleiter Innenpolitik bei der „Süddeutschen Zeitung“, pries das Kruzifix-Urteil als „Fortsetzung der bisherigen liberalen Rechtsprechung des Bundesverfassungsgerichts zur Glaubensfreiheit“, veralberte die Kritik mit der Bemerkung, die Richter seien doch „keine Priesterfresser“, und schloss mit dem Gedanken: „Die Christlichkeit einer Gesellschaft zeigt sich nicht am Nagel an der Wand.“ Auf einer Jahrestagung christlicher Journalisten über Blasphemie findet ein Kirchenzeitungsredakteur manche Beispiele „sogar ganz nett“. Wer wollte es angesichts all dessen dem Pastoraltheologen Hubert Windisch verdenken, dass er feststellt: „Wir haben inzwischen weithin ein kirchliches System bezahlter Selbstzerstörung“, und fordert: „Das Kirchensteuersystem müsste geändert werden“?

Auf einer Veranstaltung der Adenauer-Stiftung zum 60-Jahre-Jubiläum des Grundgesetzes, der Bundesrepublik Deutschland und der Kanzlerschaft Adenauers im Bonner Bundestags-Plenarsaal bringen es sieben Referenten – davon mindestens sechs als „gut katholisch“ beleumundet und teilweise im publizistisch kirchlichen Auftrag tätig – in zwei Stunden gelehrten Redens über die Fundamente und Entwicklungslinien unseres Gemeinwesens fertig, kein einziges Mal auch nur das Wort „christlich“ in den Mund zu nehmen. Der Historiker Andreas Rödder, der die großen gesellschaftlichen Trends der letzten 60 Jahre in seinem Hauptvortrag behandelt, findet selbst beim Kapitel „Wertewandel“ zu Religion oder Christentum kein Wort. Schon 1979 hat die EKD das Wort von einem „gefährlich unausdrücklichen Christentum“ geprägt. Besser als durch diese Veranstaltung unter der Ägide des früheren Vorsitzenden des

Zentralkomitees der deutschen Katholiken, Bernhard Vogel, hätte man es nicht illustrieren können. Einem Kritiker der christlichen „Leerstelle“ der Veranstaltung wird zu „mehr Gelassenheit“ geraten. Es sei doch klar, „dass man sich seiner gemeinsamen Grundlagen nicht eigens versichert, wenn man ‚ihrer sicher ist‘“. Man fragt sich, was solche Christen denken, wenn sie im Gottesdienst singen: „Weck die tote Christenheit aus dem Schlaf der Sicherheit.“

Gerade Konrad Adenauer – um den es dort ja auch gehen sollte – warnte, „dass das Verlassen des christlichen Fundamentes letzten Endes Europa mit dem Untergang bedroht“ (1946). „Nur die Befolgung christlicher Grundsätze vermag die Menschheit vor dem Rückfall in schlimmste Barbarei, ja vor der Selbstvernichtung zu retten“ (1946). „Ich sehe mit Schrecken, wie die Jugend (...) immer mehr dem Christentum und dem christlichen Gedankengut entfremdet wird“ (1962). Dabei gingen damals wohl noch dreimal so viele Jugendliche regelmäßig zur Kirche. Also: Etwas mehr Gelassenheit, Herr Adenauer!? Sind seine Erben anderer Meinung als der Gründervater? Finden sie ihn etwa zu „fundamentalistisch“? Oder sind sie einfach zu träge und feige geworden, diesen Angelpunkt seines geistigen Erbes auszusprechen und intellektuell zu buchstabieren? Dann ist es angesichts der massiven Angriffe auf die christliche Religion und der dramatischen Schrumpfung ihrer Kirchen höchste Zeit, dies zu versuchen.

# II. Prognose: „Opportunistische Erkrankungen“ am sozialen Körper

*„And this Religion will be a powerful regulator of our actions, give us peace and tranquility within our minds and render us benevolent, useful and beneficial to others.“*

Benjamin Franklin (1706–1790),
A lecture on the providence of God in the government of the world, 1782

## Unzulängliche Reaktionen und längst vorhandene Einsichten

### „Liebenswürdige Samariter“? Eine missratene Schmeicheloffensive

Vor Weihnachten 2008 hatte der Kölner Psychiatrie-Chefarzt und katholische Theologe Manfred Lütz eine originelle Idee. Er wollte die Fronten zwischen Gläubigen und Atheisten, die durch Richard Dawkins' Pamphlet „Der Gotteswahn“ verhärtet worden waren, querdenkerisch durcheinanderbringen und damit etwas lockern. Ein gut gemeintes Unterfangen. In einem Artikel unter der Schlagzeile: „Frohe Weihnachten, Ihr Atheisten“, der zugleich im alten SED-Organ „Neues Deutschland“ und in der katholischen „Tagespost“ (22.12.08) publiziert wurde, wünschte Lütz speziell den nicht gläubigen Mitmenschen die Freude der Weihnacht – wofür natürlich die wesentlichen Voraussetzungen fehlten. So hielt sich der Laientheologe auch gar nicht lange am Geheimnis der Menschwerdung Gottes auf, sondern wandte sich der Gottesfrage im Allgemeinen zu, über die er gerade ein Buch geschrieben hatte.

Um sein atheistisches Publikum gewogen zu stimmen, griff der Bestsellerautor tief in die Trickkiste der *captatio benevolentiae:* Er begann mit einem „friendly fire“ in die eigenen Reihen und beschuldigte „weichgespülte Theologen und müde gewordene Christen“ der „Arroganz“ – an und für sich Musik in atheistischen Ohren, doch verstehen die unter kirchlicher „Arroganz“ in der Regel genau das Gegenteil von weichgespült und müde, nämlich hart doktrinär und realitätsfern moralisierend. Und tatsächlich hat die christliche Bekenntnismüdigkeit am wenigsten mit Arroganz zu tun, vielmehr mit Kleinmut, Bequemlichkeit, mangelnder Glaubensbegeisterung und fehlendem Glaubenswissen. Ist es nicht eher arrogant, Atheisten wie weiland den „guten Wilden“ zu behandeln, dem man sich dialogbereit zuneigt? Genau dies betrachtete Lütz aber offenbar als Entree zur atheistischen Gemütslage. So stilisierte er die Nichtgläubigen zu „humanistischen Atheisten“, zu „liebenswürdigen östlichen Samaritern“, an deren „berührende Mitmenschlichkeit“ und „uneigennütziges Leben“ er „voller Respekt“ denke. Sie könnten sogar die Enzyklika „Deus caritas est“ den Katholiken „besser verständlich machen“ und „uns belehren“.

Diese Schmeicheloffensive, garniert durch einen die Ost-linke Leserschaft des „Neuen Deutschland“ bestätigenden Seitenhieb auf den „kalten Kapitalismus des Westens“, ging weit über die gebotene Freundlichkeit einer *captatio benevolentiae* hinaus. Jedenfalls ging sie auf Kosten der soziologischen Wahrheit. Ohne dem Autor seine angeführten angenehmen Privaterfahrungen in Ostdeutschland bestreiten zu wollen – so uneingeschränkt und dick aufgetragen wiedergegeben, verkehrte er die soziale Realität in ihr Gegenteil und stiftete Verwirrung. Am Ende konnte man fast den Eindruck gewinnen, die Nichtgläubigen seien eigentlich die besseren Christen – eine

Meinung, die der Prior des Dominikanerklosters Walberberg in den Neunzigerjahren vor Stipendiaten der Adenauer-Stiftung zum Besten gab. (Dass das Kloster wenige Jahre später einging, war gewissermaßen folgerichtig.) Mit derlei Entlarvungen der Gläubigen kann man in Deutschland immer noch Beifall heischen. Sollten christliche Publizisten dafür quasi selbstbezichtigend als Stichwortgeber auftreten – und dann auch noch Jesus Christus als Kronzeugen anführen, der, so Lütz, „im Dauerstreit mit den Frommen" gelegen habe? Etwas mehr Differenzierung und Präzision wäre da schon angebracht. Schließlich waren auch die Apostel und Anhänger Jesu, die mit Sehnsucht den verheißenen Messias erwarteten, fromme Leute. Sonst wären sie ihm nicht nachgefolgt. „Davon abgesehen", meinte Professor Lothar Roos in einer Stellungnahme zu dem seltsamen Artikel, „stellt sich Lütz mit dieser Argumentation mit Blick auf seine Adressaten auch selbst ein Bein: Wenn man heutigen Kirchenfernen erzählt: ‚Jesus liegt im Dauerstreit mit den Frommen', dann liegt doch auf der Hand, dass diese assoziieren: Die Frommen heute, das sind der Papst, die Bischöfe, die Priester, einfach die Leute, die zur Kirche gehen. Wenn aber schon Jesus mit denen nichts zu tun haben wollte, dann brauchen wir das heute auch nicht."

Im Anschluss an den Satz vom Dauerstreit Jesu mit den Frommen fuhr Lütz fort: „Als die ihm die alles entscheidende Frage stellen, wie man denn in den Himmel kommen könne, ist seine Antwort eine einzige Provokation. Er sagt nicht, dass man dazu fromm sein muss, noch nicht einmal rechtgläubig, schlimmer noch: Jesus erzählt die Geschichte vom barmherzigen Samariter." Eine solche Argumentation führt bei den angesprochenen heutigen Atheisten schnell zu der Rechtfertigung: Es kommt nicht darauf an, was oder ob man überhaupt etwas glaubt, sondern ob man, wie der barmherzige Samariter, ein guter Mensch ist. Für Roos „ist nicht die Antwort Jesu ‚eine einzige Provokation', sondern die Art und Weise, wie Lütz damit umgeht“: Wie jeder nachlesen könne (Lk 10,25-37; Schlachter 2000), antworte Jesus auf die Frage des Gesetzeslehrers, was man tun müsse, „um das ewige Leben zu erben“, mit dem Satz: „Du sollst den Herrn, deinen Gott, lieben mit deinem ganzen Herzen und mit deiner ganzen Seele und mit deiner ganzen Kraft und mit deinem ganzen Denken, und deinen Nächsten wie dich selbst.“ Jesus beantworte die Frage also mit dem alttestamentlichen Doppelgebot der Gottes- und Nächstenliebe (Dtn 6,5; Lev 19,18). Erst als der Schriftgelehrte, um sich zu rechtfertigen, fragt: „Und wer ist mein Nächster?“, erzählt Jesus die Geschichte vom barmherzigen Samariter. „Was wird daraus bei Lütz? Um in den Himmel zu kommen, müsse man gar nicht fromm sein, ja ‚noch nicht einmal rechtgläubig‘, sondern handeln wie der barmherzige Samariter. Er lässt also die Hälfte der Antwort Jesu weg“, kritisiert Roos den „saloppen Umgang mit der historischen und biblischen Wahrheit“.

Schlecht vereinbaren lässt sich Lütz’ Gegenüberstellung von liebenswürdigen atheistischen Samaritern und schwierigen Frommen als Antipoden Jesu auch mit dem Anspruch: „Ihr seid das Licht der Welt. Eine Stadt, die auf einem Berg liegt, kann nicht verborgen bleiben. Man zündet auch nicht ein Licht an und stülpt ein Gefäß darüber, sondern man stellt es auf den Leuchter; dann leuchtet es allen im Haus. So soll euer Licht vor den Menschen leuchten, damit sie eure guten Werke sehen und euren Vater im Himmel preisen“ (Mt 5,14–16). Also: Keine falsche Demut und moralische Mimikry! Keine allergische Überreaktion gegen „Werkgerechtigkeit“! Biblisch gilt: Der Lebenswandel der Gläubigen soll zum Indiz für die Existenz ihres Gottes werden und ein Grund zu seinem Lobpreis sein. „An ihren Früchten werdet ihr sie erkennen (...). Jeder gute Baum bringt gute Früchte hervor, ein schlechter Baum aber schlechte. Ein guter Baum kann keine schlechten Früchte hervorbringen“ (Mt 7,16-18). Schon die Aufmerksamkeit, die den frühen Christen in ihrer heidnischen

Umwelt zuteilwurde, galt nicht allein ihrer geistlichen Botschaft, die sie bis hin zum Einsatz des Lebens als Blutzeugen bekannten, sondern ebenso ihrem menschlichen Miteinander: „Seht nur, wie sie einander lieben", soll man über die Anhänger der Lehre Jesu gestaunt haben, berichtet Origines und erhebt über die Gemeinde hinaus gar den Anspruch: „Die Christen erweisen ihrem Vaterland mehr Wohltaten als die übrigen Menschen. Denn sie sind erzieherische Vorbilder für die anderen Bürger" (Gegen Celsus VIII, 74).

Was Jesus den Seinen zusprach und auftrug und was Origines einfach behauptete, müsste sich heute doch mit den Methoden der modernen Sozialwissenschaft (bis zu einem gewissen Grade) untersuchen, belegen oder widerlegen lassen, dachte ich als Student und begann, der Sache nachzuforschen. Es ging mir gleichsam um ein „Controlling" in der Kirche, das nicht nur finanzielle Einnahmen und Ausgaben, sondern auch den „Output" der Gebote und eines „Lebens in Fülle" umfasst, das nicht allein jenseitige Verheißung sein soll. Zwar hat es der Kirche zuerst um die Annahme ihrer Wahrheit, nicht um die Anerkennung ihrer Nützlichkeit zu gehen. Zwar kann man nicht oft genug betonen, dass sie vor allem Glaubensgemeinschaft und nicht Moralanstalt oder Sozialagentur ist. Doch ist es andererseits legitim, dass sie sich selbst und dass auch eine nicht christliche Öffentlichkeit sie nach ihren Beiträgen zum Gemeinwohl und zum gelingenden Leben vieler Menschen befragt. Zumindest Hinweise darauf sollen hier gegeben werden.

## Risiko Atheismus: Ideengeschichtliche Konstante und zeithistorische Erfahrung

Selbst wer die sozialwissenschaftlichen Befunde nicht kennt oder bezweifelt, müsste gegenüber der Vermutung von sozialer Irrelevanz der Entchristlichung immer noch zur Skepsis gemahnt sein durch einen Topos der abendländischen Geistesgeschichte: dass nämlich menschlichem Zusammenleben ohne die Idee Gottes eine wichtige Humanitätsressource fehlt. Sogar die Regierungsfähigkeit eines Staates beruhe letztlich auf der Anerkennung einer göttlichen Autorität, lehren uns christliche wie aufgeklärte Denker. „Die Idee, daß Staat, Recht und Gesetz nicht ohne Beihülfe der Religion und ihrer Glaubensartikel aufrecht erhalten werden können, und daß Justiz und Polizei, um die gesetzliche Ordnung durchzusetzen, der Religion als ihres nothwendigen Komplementes bedürfen" (Schopenhauer, Über Religion) haben selbst kirchenkritische Geister immer wieder aufgegriffen. Heinrich Heine dichtete in „Krähwinkels Schreckenstagen": „Auch Gottesleugner sind es meist,/wer sich von seinem Gotte reißt /wird endlich auch abtrünnig werden von seinen irdischen Behörden." Damit erinnerte Heine an eine alte Monarchenweisheit, wonach „tausend Schwarze zehntausend Grüne ersetzen", was nichts mit unserer politischen Farbenlehre zu tun hat, sondern ausdrücken will: Tugend und Moral predigende Pfarrer machen ein Vielfaches an Polizei entbehrlich.

Auch Deutschlands vielleicht größter Schriftsteller des 20. Jahrhunderts, christlicher Apologetik gänzlich unverdächtig, brach eine Lanze für die moralische Unverzichtbarkeit des Christentums und gegen dessen Verächter. Thomas Mann schrieb im September 1937 in der Zeitschrift „Maß und Wert. Zweimonatsschrift für freie deutsche Kultur": „‚Über die Höhe und sittliche Kultur des Christentums', sagte Goethe zu Eckermann, ‚wie es in den Evangelien schimmert und leuchtet, wird der menschliche Geist nicht hinauskommen.' Und heute glauben ein paar pseudorevolutionäre Popular-Literaten in ihrer angeregten Halbbildung, damit fertig zu sein. Ein besonders unzeitiger Dünkel, wahrhaftig! Denn das Christentum (...) war als sittliches Zuchtmittel nie einer Zeit und Menschheit notwendiger als dieser gegenwärtigen, für deren Verwirrung und Verwilderung diejenigen, die sich anmaßen, das Christentum zu überwinden, das abstoßendste Beispiel bilden. Wo es sich um Wertverteidigung, um die Bewahrung eines allgemeingültigen humanen Maßes handelt, wird auf der kulturellen Christlichkeit abendländischen Menschentums mit aller Freiheit und Festigkeit bestanden werden müssen."

Während die wahrlich „verwirrten und verwilderten" Anhänger der nationalsozialistischen Ersatzreligion Deutschland und große Teile Europas verwüsteten und einen in Art und Ausmaß singulären Völkermord an den Juden verübten, zeigte sich, dass der christliche Gottesglaube – um Heines Reim aufzunehmen – keineswegs generell gegen ein „Abtrünnigwerden" von „irdischen Behörden" wirkt oder bedingungslose „Untertanengesinnung" hervorbringt. Zwar gingen zunächst große Teile der evangelischen Kirche als „Deutsche Christen" – und später in der SED-Diktatur als „Kirche im Sozialismus" – der herrschenden Ideologie anpassungsbeflissen auf den Leim, während die weltanschaulich resistentere katholische Kirche mit (nur noch begrenzt tauglichen) Mitteln des Rechts einen *modus vivendi* zu finden suchte, der wenigstens das kirchliche Eigenleben einigermaßen zu schützen vermochte. Doch bezahlten Tausende Geistliche und christliche Laien ihre widerständige „Werteverteidigung" mit KZ-Haft oder Tod.

In einem Bericht an Reichsleiter Martin Bormann über „die konfessionellen Bindungen und kirchlichen Beziehungen der Verschwörerclique vom 20.7." (1944) erklärte der Chef der Sicherheitspolizei und des SD, SS-Obergruppenführer Kaltenbrunner: „Bei aller Verschiedenheit der Verhältnisse, das die einzelnen Personen zum Christentum und zu Kirche haben, haben diese konfessionellen Bindungen das Verhältnis zum Nationalsozialismus dahingehend bestimmt, dass man dem Nationalsozialismus mit Vorbehalten, kritisch oder ablehnend gegenüberstand“; für die Zukunftspläne galt: „Über alle Unterschiede und Gegensätzlichkeiten hinweg, wie sie im Gesamtkreis der Verschwörung angetroffen werden, bestand eine gewisse Übereinstimmung, dass das Christentum die sittliche Grundlage des Staates abgeben sollte.“

In einer Erklärung des Kreisauer Widerstandskreises zum Verhältnis von Staat und Kirche in einem demokratischen Deutschland hieß es: „Wir sehen im Christentum wertvollste Kräfte für die religiös-sittliche Erneuerung des Volkes, für die Überwindung von Hass und Lüge, für den Neuaufbau des Abendlandes, für das friedliche Zusammenarbeiten der Völker.“ Über den weltanschaulichen Hintergrund der Widerstandskämpfer gegen die NS-Diktatur schreibt Klemens von Klemperer: „Die meisten, aus welcher Schicht sie auch immer kamen, hatten ihren Ausgangspunkt im, sagen wir, mehr oder weniger Weltlichen, wenn nicht Agnostischen, und rangen sich dann im Laufe der Ereignisse zu einer ausgesprochen christlichen Frömmigkeit durch – und dies nicht nur in den letzten Tagen oder Monaten der Haft.“ Der frühere sozialdemokratische Reichstagsabgeordnete Carlo Mierendorff beispielsweise sagte nach seiner Befreiung aus der Lagerhaft zu einem Freund: „Wissen Sie, ich bin als Atheist in das Konzentrationslager gekommen, und nach dem, was ich dort erlebt habe, verließ ich es als gläubiger Christ. Es ist mir klar geworden, dass ein Volk ohne metaphysische Bindung, ohne Bindung an Gott, weder regiert werden noch auf Dauer blühen kann.“

65 Jahre später zeigen sich die Deutschen zwar noch immer eifrig im nachträglichen „antifaschistischen“ Widerstandskampf, aber dieses Herzstück des geistig-moralischen Vermächtnisses der Widerstandskämpfer des Ernstfalls scheinen sie nicht mehr als verpflichtend zu betrachten. Dabei wäre die Beherzigung seines ideellen Erbes die beste Weise, den opferreichen Widerstand des „besseren Deutschlands“ von damals zu würdigen. So wie die Gründervä-

ter der Christlich-Demokratischen Union in ihrem Berliner „Aufruf an das deutsche Volk“ 1945: Sie erklärten sich überzeugt, dass der Aufbau einer „Ordnung in demokratischer Freiheit“ nur gelingen könne, „wenn wir uns auf die kulturgestaltenden sittlichen und geistigen Kräfte des Christentums besinnen und diese Kraftquellen unserem Volk immer mehr erschließen“. Die Gründer der CSU forderten in deren erstem Grundsatzprogramm (1946), den Neuaufbau „nach den ewigen Gesetzen der göttlichen Ordnung“ auszurichten, die „ihren höchsten und umfassendsten Ausdruck in der Lehre des Christentums gefunden hat“. In die Verfassungssubstanz der neuen staatlichen Ordnung ging denn auch „deutlich christliches Erbe“ (Klaus Tanner, 1989) ein. Eine Analyse der höchstrichterlichen Judikatur bis zum Ende der Fünfzigerjahre ergab, „dass dem Menschenbild der Rechtsprechung weitgehend christliche Auffassungen zugrunde liegen“ (Albrecht Langner, 1959).

Aus der Anerkennung der christlichen Wurzel der Idee der Menschenwürde und der „gleichen Freiheit alles dessen, was Menschenantlitz trägt“ (Hermann Heller, 1934), folgt logischerweise die Frage, ob die heutige Evidenz des Satzes: „Die Würde des Menschen ist unantastbar“ in Artikel 1 des Grundgesetzes sich bei einer weiteren Entchristlichung tatsächlich als so unveränderlich erweisen würde, wie es seiner „Ewigkeitsgarantie“ in Artikel 79 entspräche. „Nichts spricht dafür, dass es immer so bleiben müsste. Es ist eine Evidenz, die kulturgeschichtliche Voraussetzungen hat: das jüdisch-christliche Menschenbild (...). Wie der Holocaust, der Archipel Gulag und die jüngsten Ereignisse im vormaligen Jugoslawien beweisen, braucht es nur wenig, um sie als Evidenzen auszulöschen, so als dürften wir heute technisch hochgerüstete Neandertaler sein“, warnt Nikolaus Lobkowicz.

Träumten in der deutschen Kulturrevolution von 1968/69 noch viele – etwa der Jungsozialist Gerhard Schröder – davon, Kirche und Religion überflüssig zu machen, so geht das Bewusstsein von den Risiken einer Gesellschaft ohne Gott inzwischen weit über die Kirchengrenzen hinaus. Dass es gar keiner apologetischen Absichten bedarf, sondern nur einer Anstrengung der menschlichen Vernunft und sozialer Beobachtung, um zur Erkenntnis eines Zusammenhangs von Glaube und Moral zu gelangen, machte lange vor Gregor Gysi schon der ebenso „unverdächtige“ Joschka Fischer in seinem Buch: „Die Linke nach dem Sozialismus“ 1992 deutlich: „Eine Ethik, die sich nicht auf die tiefer reichende, normative Kraft einer verbindlichen Religion (...) stützen kann, wird es schwer haben, sich in der Gesellschaft durchzusetzen und von Dauer zu sein.(...) Das offene Glaubensproblem der Moderne wird sich nicht durch eine handlungsorientierte Verantwortungsethik auflösen lassen, wie sie Hans Jonas versucht hat, denn ihre gesellschaftliche Wirkung könnte sie erst auf dem Hintergrund neuer und akzeptierter religiöser Tabus und davon abgeleiteter Normierungen entfalten. Eine Verantwortungsethik ohne religiöse Fundierung scheint (...) in der Moderne einfach nicht zu funktionieren.“ Dass Fischers Partei diese Einsicht in der Kirchenpolitik oder konkreten Sachfragen sonderlich beherzigt hätte, lässt sich nicht behaupten. Religiös fundierte Normen wurden zwar – in religionsfreier Diktion – partiell unterstützt, etwa bei der embryonalen Stammzellforschung. Doch sobald der technikkritische Zusammenhang entfiel und die Lebensschutz-Norm mit der feministisch-emanzipatorischen Ideologie kollidierte wie bei der Abtreibung, wurde der Konflikt regelmäßig gegen die „von religiösen Tabus abgeleiteten Normierungen“ aufgelöst.

Das Institut für Demoskopie Allensbach ermittelte bei einer Befragung seines „Elite-Panels“ Mitte der Neunzigerjahre, dass drei Viertel der deutschen Führungskräfte in Wirtschaft, Politik und Verwaltung der Meinung zustimmten: „Wenn in einer Gesellschaft die religiösen Bindungen schwächer werden, gehen auch wichtige

Werte und Maßstäbe verloren"; nur 22 Prozent glaubten dies nicht. Tatsächlich sind internalisierte Glaubensüberzeugungen und Glaubenspraxis kein isolierter Ideen- und Lebensbereich, sondern durchwirken, bewusst oder unbewusst, die persönliche Existenz in all ihren Dimensionen: als Familienmensch, als Freund und Partnerin, Vater oder Mutter, als Berufstätiger, Vereinsmitglied und Nachbar, als Wirtschaftssubjekt und Staatsbürger. Religiöse Überzeugungen beeinflussen Denken, Fühlen und Handeln, Sitte und Moral, Wert- und Unwertbewusstsein, Konsum- und Wahlentscheidungen. Es ist daher naiv anzunehmen, man könne im Räderwerk einer modernen Gesellschaft gleichsam am „Schräubchen" Religion drehen, ohne dass sich damit auch andere Schrauben mitdrehten.

Der bekannteste staatsphilosophische Satz über die religiös begründeten Verfassungsvoraussetzungen stammt vom ehemaligen Bundesverfassungsrichter Ernst-Wolfgang Böckenförde: „Der freiheitliche, säkularisierte Staat lebt von Voraussetzungen, die er selbst nicht garantieren kann. Das ist das große Wagnis, das er, um der Freiheit willen, eingegangen ist" (1967). Der Ausgang dieses Wagnisses bleibt ungewiss. Schon 1986 warnte Bundespräsident von Weizsäcker vor dem Deutschen Juristentag, „nicht Schwarzmaler, sondern nüchterne Beobachter" äußerten den Verdacht, „die Demokratie lebe geistig von den Restbeständen vormoderner Werte und brauche diesen Vorrat allmählich auf".

## Aktuelle Krisensymptome und oberflächliche „Werte"-Rhetorik

Die Folgen lassen sich an der Agenda unserer drängenden und grundlegenden politischen, ökonomischen und sozialen Probleme ablesen. Gerade führt uns eine dramatische Wirtschafts- und Finanzkrise vor Augen, „dass die Befürchtungen der Kirche bezüglich der Fähigkeiten des rein technisch orientierten Menschen, sich realistische Ziele zu setzen und die zur Verfügung stehenden Mittel in angemessener Weise zu handhaben, begründet waren“, konstatierte Benedikt XVI. 2009 in seiner Sozialenzyklika „Caritas in Veritate“. Nicht übersehen sollte man wegen einer Fixierung auf die Ökonomie und die zunehmende Überforderung der Sozialsysteme die Vielfalt weiterer Krisensymptome: Umweltzerstörung, immer brutalere Gewalt- und Jugendkriminalität bis hin zu spektakulären Amokläufen, Mord- und Totschlagdelikte an Wehrlosen „just for fun“ und planmäßig-ritueller Vandalismus, Korruption, Wettbetrug und Doping im Sport, Drogenmissbrauch und „Komasaufen“, Bildungsmisere bis hin zur Ausbildungsunfähigkeit, verbreitetes Mobbing und Mitarbeiterbespitzelung, immer aggressivere Werbemethoden und dreistere Konsumententäuschung, die Heroisierung ethischer Minimalisten (Dieter Bohlen, Bushido), Verkehrsrowdytum und gewaltsamer Widerstand gegen Polizisten, zunehmend verfangende Sterbehilfe-Propaganda und längst akzeptierte Massenabtreibung, Beziehungsunfähigkeit, Promiskuität und gestiegene Scheidungsraten, Kindermangel und Pflegemissstände, Zunahme psychischer Krankheiten, Entsolidarisierung, bekennende Egozentrik („Unterm Strich zähl ich“) und Umwertung von Untugenden („Geiz ist geil“) in der Werbung, grassierende Politikverdrossenheit, Rechts- und Linksextremismus, Partizipationsmüdigkeit und Verantwortungsscheu.

Weder Sozialismus noch Liberalismus, weder Nationalismus noch Ökologismus, weder fernöstliche Religionen noch Esoterik halten ein Ethos bereit, welches Antworten, Maßstäbe und Handlungsorientierungen für diese Breite von Problemen geben könnte. Daher dürfte Benedikt XVI. mit seinem Anspruch recht haben, „dass die Zustimmung zu den Werten des Christentums ein nicht nur nützliches, sondern unverzichtbares Element für den Aufbau einer guten Gesellschaft und einer echten ganzheitlichen Entwicklung des Menschen ist" (Caritas in Veritate, 4).

Da sich diese Krisensymptome nur allmählich entwickeln und verstärken, sich gleichsam einschleichen in den privaten Lebens- und öffentlichen Nachrichtenalltag und dabei eine allmähliche Gewöhnung erlauben, fällt das Driften der Gesellschaft nur demjenigen auf, der besonders von einem oder mehreren Phänomenen empfindlich geschädigt wird oder dem, der sich innerlich in eine Distanz schaffende Vogelperspektive begibt und so der Betriebsblindheit des täglichen „Mittendrin" leichter entgeht. Der wohlfeile Einwand, Dekadenzklagen habe es schon zu allen Zeiten gegeben, übersieht, dass Artikel 3 des „Rheinischen Grundgesetzes": „Et hätt noch immer jot jejange" nur eine begrenzte Vergangenheit im Blick hat, die zudem nicht beliebig in die Zukunft verlängerbar sein muss. „Irgendwann ist immer das erste Mal": Die Geschichte kennt neben vielen Kontinuitäten auch katastrophale Brüche und untergehende Kulturen.

Als Antwort auf das Unbehagen in der Gesellschaft haben die deutschen Christdemokraten immer mal wieder eine „Werte-Offensive" (oder „geistig-moralische Wende") ausgerufen, besonders medienwirksam ausgerechnet unter Angela Merkels zweitem Generalsekretär, Laurenz Meyer, im Vorfeld des CDU-Bundesparteitags 2004. Wer geglaubt hatte, dabei werde die CDU ihr ureigenes Wertefundament thematisieren, wie es ihre Grundsatzprogramme entfalten, hatte sich getäuscht. Statt des „C" wurde, inspiriert durch den WM-Partypatriotismus, penetrant das „Vaterland" und der „Stolz auf Deutschland" beschworen, was sich in Zeitungsaufmachern wie: „CDU setzt aufs Vaterland" („Rheinische Post") und „CDU setzt auf die deutsche Karte" („Die Tagespost") spiegelte. Merkels Mannen – bei Frauen scheint solche Rhetorik weniger zu verfangen – überboten sich in Patriotismus-Beschwörungen. Diese irritierende thematische Engführung des Werthaltigen wurde dann operativ teilweise nochmals verengt, nämlich auf Ausländer gemünzt, denen Eide, „Bekenntnisse“, Einbürgerungsriten, bessere Sprachkenntnisse und ein frauenemanzipativeres Eheleben abverlangt werden sollten. Mal ehrlich: Können einem die Bekenntnisse deutscher Normalbürger in TV-Nachmittagsshows, die sprachliche, geistige und moralische Regression unserer „coolen“ RTL-Jugend oder die zunehmende Ehe- oder „Beziehungs“-Unfähigkeit hedonistischer deutscher Wohlstandsbürger nicht größere Sorgen machen? Manche Werte, Normen und Tugenden mit Verfassungsrang werden inzwischen von Ausländern in Deutschland sogar erkennbarer gelebt als von der „vaterländischen“ Stammbevölkerung: Ehrfurcht vor Gott, Familiensinn und Kinderfreundlichkeit, Geschäftstüchtigkeit, Nachbarschaftshilfe und Gastfreundschaft zum Beispiel.

Wolfgang Schäuble hat den Vorzug des Nationalen vor dem Christlichen in seiner programmatischen Schrift „Und der Zukunft zugewandt“ (1994) so begründet: Die „bedrückende Einsicht, dass die menschliche Existenz begrenzt ist, und zwar zeitlich wie qualitativ“, sei „in der Menschheitsgeschichte immer durch die religiöse Dimension (...) ein Stück weit wieder aufgehoben worden. Daraus entsteht Trost und Hoffnung, ohne die der Mensch nicht leben kann.“ Da es aber nun einmal bergab gehe mit der Religion, müsse das Element der Hoffnung für die wachsende Zahl derjenigen, die an deren transzendentes Heilsversprechen nicht zu glauben vermöchten, woandersher kommen: Sie könnten „die Ungewissheit über das Nachher nur durch die Gewissheit ertragen, dass die Gemeinschaft, die sie trägt, auch noch da sein und fortbestehen wird, wenn sie selbst nicht mehr leben (...). Hoffnung und Zuversicht als Grundnotwendigkeiten menschlicher Existenz können sich also aus zwei Elementen speisen: aus der religiösen Zuversicht und aus der Geborgenheit, dem Aufgehobensein in der Gemeinschaft." Dies leiste neben der Familie wesentlich die Nation.

Die Nation also als sinn- und troststiftender Ersatz für Religion? Hiermit bewegte man sich auf heikles Terrain. Vom Religionsersatz zur Ersatzreligion scheint der Weg nicht allzu weit. Und damit haben gerade die Deutschen katastrophale Erfahrungen gemacht. Vor allem aber: Stimmt überhaupt die Prämisse? Wie sehr tröstet es uns wirklich, dass wir nach unserem Tod in der deutschen Nation weiterleben? Und was das Gemeinschaftsgefühl betrifft: Hat das nicht jede Räuberbande? Für das Wertebewusstsein ist damit wenig gewonnen. Wohl kann ein nationales Zusammengehörigkeitsgefühl die Bereitschaft zum innerstaatlichen solidarischen Lastenausgleich fördern. Doch die sozialethischen Leistungen des Christentums gehen weit darüber hinaus.

## Gemeinwohldienste der christlichen Religion

### Begründung der Würde und des Lebensrechts jedes Menschen

Christen betrachten den Menschen als Geschöpf und Ebenbild Gottes und sind damit in besonderer Weise der Würde und dem Recht des Menschen verpflichtet. Dies erweist sich vor allem in den Fragen der Unantastbarkeit menschlichen Lebens, welches das Bundesverfassungsgericht in seinem Urteil über die Fristenlösung 1975 als „Höchstwert" der Verfassung bezeichnete. Eine „Gesellschaft ohne Gott“ würde hier die wohl einschneidendste Veränderung gegenüber heutigen Standards mit sich bringen. Stefan Rehder hat in seinen Büchern: „Gott spielen. Im Supermarkt der Gentechnik“ (2007) und „Die Todesengel. Euthanasie auf dem Vormarsch“ (2009) die beunruhigenden Aussichten auf eine solche Gesellschaft sachkundig und eindringlich beschrieben. Diese Zukunft hat schon begonnen.

Der Mensch ist nach biblischer Aussage wunderbar geschaffen und kein mehr oder minder zufälliges Produkt der Evolution. Er sei „nicht etwa ein verlorenes Atom in einem Zufalls-Universum“, betont Benedikt XVI. in „Caritas in Veritate“ (29). Psalm 139 preist den Schöpfer mit den Worten: „Du bist es, der meine Nieren schuf, mich webte im Leib meiner Mutter. Ich danke dir dafür, dass ich wunderbar gemacht bin ...“ Psalm 8 ist geradezu eine Hymne auf den Menschen als Aufgipfelung des Schöpfungswerks: „Du hast ihn nur wenig geringer gemacht als Gott“, „mit Herrlichkeit und Ehre gekrönt“. Als Geschaffener ist der Mensch aber zugleich keine absolute Größe. Er soll sich selbst, wie es bis 2007 im CDU-Grundsatzprogramm hieß, „nicht das letzte Maß aller Dinge“ sein. Er hat im Bewusstsein seines Fremdursprungs und als Beschenkter eine „Verantwortung vor Gott“ – so auch die Grundgesetz-Präambel – im Sinne einer unausweichlichen Verwiesenheit und Partnerschaft. Er ist deshalb auch nicht Herr über Leben und Tod seiner selbst. Er schuldet seinem Schöpfer Ehrfurcht, Dank und Gehorsam und erwartet nach dem Ende seines irdischen Lebens Gottes Gericht.

Die Gottesebenbildlichkeit des Menschen begründet seine Würde als Person. Der Mensch ist einzigartig und einmalig, von Gott bei seinem Namen gerufen (Jes 43,1). Er „ist nicht bloß etwas, sondern jemand“, bringt es der katholische Weltkatechismus (Ziff. 357) auf den Punkt. Die Würde der Person ist unverfügbar, unantastbar durch andere wie durch ihren Träger selbst: Sie ist, in der Sprache der Menschenrechte, unveräußerlich. Aus ihr ergibt sich die Pflicht zur Selbstachtung und zur Annahme seiner selbst. „Es ist schwer, sich selbst zu verachten, ohne Gott zu beleidigen" (Georges Bernanos). Der Mensch soll seinen Nächsten lieben *wie sich selbst*.

Die Gottesebenbildlichkeit begründet eine fundamentale Gleichheit: die gleiche Würde aller Menschen, unabhängig von Geschlecht, Rasse, Nationalität, Alter, Behinderung, von religiöser oder politischer Überzeugung, von Gesundheit und Leistungskraft, von Erfolg oder Misserfolg und vom Urteil anderer. Im Brief an die Kolosser (3,11) heißt es daher: „Da gilt nicht mehr Hellene und Jude, nicht Beschneidung und Unbeschnittensein, nicht Barbar, Skythe, Knecht, Freier, sondern alles und in allem Christus." Alle Menschen „stehen in ihrem Personsein als gleiche Gott gegenüber, nicht nur die Angehörigen eines auserwählten Volkes, sondern alle, die Menschenantlitz tragen, nicht nur die Gläubigen und Frommen, sondern auch Heiden und Weltkinder, nicht nur die Gerechten, sondern auch und ebenso die Sünder, die reuigen wie die verstockten. Im Christentum weitet sich der Horizont der Alten Welt ins Kosmopolitische" (Josef Isensee, 2006). Eine „Herrenrasse" kann es damit ebenso wenig geben wie „lebensunwertes" Leben. Das Lebensrecht ist Fundamentalkonsequenz der Menschenwürde. „Wir achten jeden Menschen als einmalige und unverfügbare Person in allen Lebensphasen. Würde und Leben des Menschen – auch des ungeborenen und des sterbenden – sind unantastbar", folgert das CDU-Grundsatzprogramm aus dem christlichen Menschenbild. Das Bundesverfassungsgericht hat die Menschenwürde aus Artikel 1 des Grundgesetzes ausdrücklich auch auf den Embryo bezogen. Die Ablehnung der vorgeburtlichen Kindstötung gehört in historischer Perspektive zu den frühesten Erkennungsmerkmalen der Christen im heidnischen Umfeld.

So überrascht es in der „empirischen Gegenprobe“ zur theoretischen Plausibilität nicht, dass religiöse Menschen Abtreibung, Euthanasie, embryonale Stammzellforschung und therapeutisches Klonen entschiedener ablehnen als nicht religiöse. Die „Eurobarometer“-Studie Nr. 225 aus dem Jahr 2005 ermittelte, dass der Schutz „jedes ungeborenen menschlichen Lebens“ von 59 Prozent der an Gott glaubenden EU-Europäer für „sehr wichtig“ gehalten wurde, jedoch nur von 43 Prozent der nicht Gläubigen. Niemals, unter keinen Umständen würden 27 Prozent der Gläubigen das Klonen für Organersatz kranker Menschen erlauben; von den nicht Gläubigen schlossen 18 Prozent dies aus. Da 52 Prozent der Europäer sich als gläubig bekannten – also weit mehr als die kirchlich „praktizierenden“, stark christlich geprägten –, dürften die Differenzen im moralischen Empfinden zwischen Mitgliedern christlicher Kerngemeinden und den Nichtgläubigen noch deutlich höher ausfallen. Auch im Ländervergleich fällt auf, dass das Ranking für „sehr wichtig“ beim Lebensschutz deutlich (wenn auch nicht durchgängig) mit dem der „gläubigsten“ Völker korreliert. An der Spitze stehen Malta (74 %), Griechenland und Irland (73 %), Österreich (68 %) und Zypern (67 %).

Eine repräsentative Telefonumfrage unter 2000 Bundesbürgern, die im Auftrag der Konrad-Adenauer-Stiftung vom Institut für Markt- und Politikforschung dimap durchgeführt wurde („Religion und Politik“, 2003), berücksichtigte bei der Differenzierung bioethischer Einstellungen neben der Konfessionszugehörigkeit auch die Häufigkeit des Kirchgangs in sieben Abstufungen. Der Meinung „An menschlichen Embryonen darf auf keinen Fall, auch nicht zu medizinischen Zwecken, geforscht werden“ stimmten 78 Prozent derer zu, die mehrmals pro Woche und 65 Prozent derer, die einmal pro Woche die Kirche besuchen, aber nur 47 Prozent derer, die nie zur Kirchen gehen. Nur unter Letzteren fand die Gegenmeinung („stimme nicht zu“) mit 50 Prozent eine Mehrheit. Auf allen anderen Häufigkeitsstufen der Gottesdienstteilnahme überwogen die Gegner einer „verzweckenden“ Embryonenforschung, und zwar mit zunehmendem Vorsprung:

*„An menschlichen Embryonen darf auf keinen Fall, auch nicht zu medizinischen Zwecken, geforscht werden.“*

| Kirchgangsfrequenz | „stimme zu“ | „stimme nicht zu“ | Differenz |
|---|---|---|---|
| nie | 47 % | 50 % | -3 % |
| seltener als 1x pro Jahr | 51 % | 47 % | 4 % |
| 1x im Jahr | 53 % | 42 % | 11 % |
| mehrmals im Jahr | 56 % | 41 % | 15 % |
| mind. 1x pro Monat | 59 % | 34 % | 25 % |
| 1x pro Woche | 65 % | 28 % | 37 % |
| mehrmals pro Woche | 78 % | 18 % | 60 % |

Die Erklärung für die Diskrepanz der moralischen Standpunkte je nach Nähe zur Kirche liefert eine andere Frage: Dass „der Mensch von Gott geschaffen“ sei, meinten 91 bzw. 87 Prozent der beiden Gruppen mit wöchentlichem Kirchgang und auch noch 81 Prozent derer, die mindestens einmal im Monat am Gottesdienst teilnehmen; unter den „nie“ oder „seltener als einmal im Jahr“ Teilnehmenden stimmten der Aussage nur 23 bzw. 38 Prozent zu. Die in CDU und CSU verbreitete Vorstellung, man könne ein „christliches Menschenbild“ auch unabhängig vom gelebten christlichen Glauben konservieren, erscheint damit unrealistisch. „Das christliche Menschenbild ist die direkte Konsequenz des christlichen Gottesbildes. Wem das nicht klar ist, dem ist auch das christliche Menschenbild nicht klar“, betont Joachim Kardinal Meisner in einem Interviewbuch mit Stefan Rehder (2000). Eine christliche Anthropologie ohne Gott mag theoretisch vielleicht noch zu denken sein, könnte aber praktisch keine Wirkungsmacht entfalten. Nicht einmal die Kirchenmitglieder tragen diese Grundannahme des Glaubens heute noch durchgehend mit: Der Aussage: „Der Mensch ist von Gott geschaffen“ stimmten 27 Prozent der Katholiken und 38 Prozent der Protestanten in Deutschland ausdrücklich nicht zu.

Wie am Beginn, so erodiert das Tötungstabu am Ende des Lebens zunehmend mit der Entfernung von der Kirche. Dass „aktive Sterbehilfe auch bei Todkranken nicht angewendet werden“ dürfe, meinten Deutsche mit regelmäßigem Kirchgang laut „dimap“ (Vogel 2003) doppelt bis dreimal so häufig wie jene, die nie zur Kirche gehen. Eine mehrheitliche Ablehnung der aktiven Sterbehilfe gab es allerdings nur bei den Befragten mit wöchentlich mehrmaligem Gottesdienstbesuch (57 zu 30 %). Während immerhin jeder dritte der regelmäßigen Sonntagsgottesdienstbesucher die ablehnende Position unterstützt, schmilzt das Tötungstabu bei sinkender Kirchgangsfrequenz wie Schnee unter der Sonne: Von den „mindestens einmal pro Monat“ zur Kirche Gehenden unterstützt es noch jeder fünfte, von der Gruppe „mehrmals im Jahr“ nur noch jeder siebente. Zu den noch seltener oder „nie“ am Gottesdienst Teilnehmenden besteht dann kein signifikanter Unterschied mehr. Eine ähnliche Kluft zwischen Kirchennahen, Kirchenfernen und Konfessionslosen hatte schon eine Allensbacher Zählung 2001 zutage gefördert. Die Meinung: „Über Leben und Tod darf nur Gott, man kann auch sagen, das Schicksal, entscheiden. Das Leben ist heilig und muss es auch bleiben. Keinesfalls darf das Leben vorzeitig beendet werden, auch wenn der Patient das ausdrücklich verlangt", unterstützten 28 Prozent der kirchennahen Katholiken, 23 Prozent der kirchennahen Protestanten, 12 Prozent der kirchenfernen Katholiken, 7 Prozent der kirchenfernen Protestanten und 4 Prozent der Konfessionslosen. Die Gegenmeinung, „dass Sterbehilfe für schwerkranke Menschen ein guter Weg ist, um sie nicht so leiden zu lassen", vertrat aber selbst die Hälfte der kirchennahen Christen. Besonders oft „unentschieden" antworteten Protestanten (kirchennahe 31, kirchenferne 23 Prozent).

Offenbar ist es jenseits einer wenigstens halbwegs regelmäßigen öffentlichen religiösen Praxis schwer möglich, christliche Gebote und Verbote zu verinnerlichen. Die tradierte christliche Morallehre zum Lebensschutz, wie sie vom Rat der EKD und der Deutschen Bischofskonferenz in der gemeinsamen Erklärung „Gott ist ein Freund des Lebens" 1989 vertreten wurde, findet bis in die Kerngemeinden hinein zumindest teilweise keine Unterstützung mehr. Entchristlichung ist eben auch in moralischer Hinsicht kein Prozess, der sich allein an der Kirchenschrumpfung ablesen lässt, also gleichsam an einer „Wählerwanderungsbilanz" zwischen der Partei der Kirchen-Kernmitglieder, der Partei der Randständigen und der Partei der Nichtmitglieder. Vielmehr zeigt sich die Entchristlichung am Sinken eines „geistlichen Grundwasserpegels" innerhalb der christlichen Gemeinden und an ihrer schwindenden Unterscheidbarkeit von der gesellschaftlichen Massenmoral. Aus einer Kirche als „Zeichen des Widerspruchs" wird eine „Kirche light". Das Salz wird nicht unsichtbar, aber es wird schal.

Was die Kirche selbst kaum noch „hoch und heilig" halten kann, hält der Rechtsstaat nimmermehr. Zwar hatte Gustav Radbruch, ein namhafter Rechtspositivist und sozialdemokratischer Reichsjustizminister der Weimarer Republik, im Jahr 1947 erklärt: „Die Rechtswissenschaft muss sich wieder auf die jahrtausendealte gemeinsame Weisheit der Antike, des christlichen Mittelalters und des Zeitalters der Aufklärung besinnen, dass es ein Gottesrecht, ein Vernunftsrecht, kurz, ein übergesetzliches Recht gibt, an dem gemessen Unrecht Unrecht bleibt, auch wenn es in die Form des Gesetzes gegossen ist." Doch die unfehlbare Erkenntnis eines „Gottesrechts" oder einer – wie das Bundesverfassungsgericht sagt – „objektiven Wertordnung" ist im säkularen Staat in keinem Amt zu verorten. Die praktische Geltung der Wertordnung ist letztlich dem Grundkonsens überantwortet. Zeitgeist und Recht stehen besonders bei der Verfassungsauslegung in einer Wechselbeziehung. Staatszielbestimmungen und Grundrechte lassen nun einmal einen weiteren Interpretationsspielraum zu als die Straßenverkehrsordnung, und der Regelungsgegenstand des Politischen und „Werthaften" macht es dem Interpreten schwer, sich dem Sog der Zeitströmungen, der konkurrierenden Ideen und Interessen zu entziehen. Durch ihr Verständnis und ihre Auslegung „arbeitet" die Verfassung gleichsam wie Holz. „Wenn die Interpretationsfolie wechselt, ändert sich, ohne Änderung des Verfassungstextes, die Verfassungssubstanz. Ein Philologe, der seinen Text falsch auslegt, verfehlt sein Objekt; der Jurist, der seinen Text falsch auslegt, verändert sein Objekt und schafft substanziell neues Recht, jedenfalls wenn sich seine Auslegung durchsetzt" (Josef Isensee, 1988). Gerichte existieren nicht in einem gesellschaftlichen Vakuum; auch Richter sind Kinder ihrer Zeit und in ihrer Einstellung spiegelt sich das Meinungsklima der Gesellschaft wider.

Das eindrücklichste Beispiel für den Zusammenhang von Wertewandel und Rechtswandel bietet die Abtreibung. Obwohl nach dem Urteil des Bundesverfassungsgerichts von 1975 gegen die „Fristenregelung" auch der ungeborene Mensch unter dem Schutz der Artikel 1 (Menschenwürde) und 2 (Recht auf Leben) steht, das menschliche Leben „innerhalb der grundgesetzlichen Ordnung einen Höchstwert" darstellt, die Schutzpflicht des Staates „umfassend" ist und das Lebensrecht „grundsätzlich für die gesamte Dauer der Schwangerschaft Vorrang vor dem Selbstbestimmungsrecht der Schwangeren" hat, billigte das Gericht kaum zwanzig Jahre später eine Fristenregelung mit Beratungspflicht, die das Kind gänzlich schutzlos lässt, wenn die Mutter (selbstbestimmt oder auf Druck anderer) zur Tötung entschlossen und zur Beratung nur bereit ist, um der Formpflicht Genüge zu tun. Das behinderte Ungeborene ist praktisch zur „pränatalen Euthanasie" (Lothar Roos) freigegeben. Aufschlussreich: In den fünf Jahren vor dem Urteilsspruch war die Befürwortung einer Fristenregelung in der westdeutschen Bevölkerung laut Allensbach von 18 auf 40 Prozent gestiegen, während die Unterstützung der bestehenden Gesetzeslage von 54 auf 38 Prozent abgefallen und die Forderung nach einem Abtreibungsverbot (außer bei Gefahr für das Leben der Mutter) von 21 auf 14 Prozent geschrumpft war; in Ostdeutschland optierte schon seit 1991 eine Zweidrittelmehrheit für die grundsätzliche Freigabe der Abtreibung. Gesetzgeber und Gericht lagen also voll im Trend der Zeit.

Bei der Sterbehilfe liegt der Fall insofern anders, als hier nicht Geborene über Ungeborene entscheiden, deren Los sie nicht mehr werden teilen müssen, sondern potenziell über sich selbst. Hier kann die Entscheider (Abgeordnete, Wahlbürger) eine Tötung, die sie heute anderen zudenken oder zubilligen, morgen selbst existenziell treffen. Das sollte eigentlich vorsichtiger machen, verleitet aber andererseits zu einem Selbstbestimmungsoptimismus, der die Rahmenbedingungen weitgehend ignoriert: die Überalterung der Bevölkerung und die hierdurch mit begründete Finanznot der

Kranken- und Pflegeversicherungen; die Schwächung der Familie (von der heute über zwei Drittel der Pflegebedürftigen betreut werden) durch Verkleinerung, verstärkte Mobilität und Wertewandel; die Unbeständigkeit des eigenen Willens in der völlig neuen Lage schwerer Krankheit.

Bezeichnenderweise lehnen gesunde Menschen künstliche Ernährung und Beatmung, Antibiotika- und Chemotherapie oder Dialyse stets signifikant häufiger ab als Patienten, bei denen ein Tumor diagnostiziert wurde. Von 21 vom Hals ab gelähmten Patienten gab in einer britischen Studie nur ein einziger an, es zu begrüßen, wenn die künstliche Beatmung eingestellt würde. Unter Ärzten und Pflegern, die am ehesten in der Lage sind, die Risiken einer Patientenverfügung zu ermessen, hatten noch deutlich weniger Personen eine Patientenverfügung als unter den Gesunden und den Tumorpatienten. „Wer für bare Münze zu nehmen wünscht, was Menschen im Vollbesitz ihrer geistigen und körperlichen Kräfte in Patientenverfügungen für den Fall vorsehen, dass sich an diesem Zustand einmal etwas radikal ändert, der kann genauso gut Blinden die Eignung zum Farbberater attestieren“, wendet Stefan Rehder (2009) gegen den verbreiteten Patientenverfügungseifer ein.

„Ich habe keine Angst vor dem Sterben. Ich möchte bloß nicht dabei sein, wenn es passiert.“ Woody Allens Bonmot charakterisiert den Eskapismus, der sich in unserer Gesellschaft gegenüber Leiden und Tod breitgemacht hat. Wenn man schon dabei sein muss, soll es möglichst „kurz und schmerzlos“ sein. Mit dieser Devise glaubt der Common Sense, das Thema Sterben auch schon richtig zu sehen. Der Geist der Zeit bietet mit seinem Vorrang der Ästhetik vor der Ethik, mit Missverständnissen von „Mitleid“ und „Würde“ sowie einem „heraufziehenden Sozialdarwinismus“ (Erzbischof Elio Sgreccia) den fruchtbaren Boden für eine schleichende Selbst- und Fremdentwertung. Die spektakulären Serientötungen in Pflegeheimen, die geschäftstüchtigen Umtriebe der „Todesengel“ von „Dignitas“, „Exit“ oder der – im Februar 2009 gerichtlich gestoppten – „Dr. Kusch Sterbehilfe e.V.“ könnten sich als Vorboten einer „Kultur des Todes“ erweisen, vor der Papst Johannes Paul II. ebenso frühzeitig warnte wie vor den Risiken eines entfesselten Kapitalismus. Doch: „Menschen haben Spätzündung: Sie begreifen alles erst in der nächsten Generation“ (Stanislaw Jerzy Lec).

Unter den Bedingungen des demografischen Wandels und des Kostendrucks im Gesundheitswesen bei einer wachsenden Überforderung von Ärzten und Pflegern würde „aus dem vermeintlichen Recht, selbst entscheiden zu können, wann man aus dem Leben scheidet, sehr schnell die Verpflichtung werden, dies genau dann ‚zu wollen‘, wenn andere dies für ökonomisch geboten halten“ (Rehder). Schon 2004 hat der Bonner Strafrechtler Günther Jakobs kühl prognostiziert: „Die Ärzte machen das schon. Eine Profession, die keine Probleme damit hat, jährlich rund 200.000 Embryos zu töten, wird auch mit der Tötung auf Verlangen keine unüberwindbaren Probleme haben – vorausgesetzt, die Gebührenordnung stimmt.“

Auch wenn man angesichts der Fülle und Macht von Faktoren, die einen Trend zum „sozialverträglichen Frühableben“ (Carsten Vilmar) begünstigen, zum Fatalismus neigen mag, gehört die längst in mehreren Staaten Europas virulente Frage der „Sterbehilfe“ oder „Tötung auf Verlangen“ zu jenen Situationen, „die unseren entschiedenen Widerspruch erfordern, ganz gleich, wie es um die Aussicht auf Erfolg bestellt sein mag“ (Rehder). In einer Debatte, die dominiert wird von Leidensängsten, Scheinplausibilitäten und Begriffsverwirrung – „Freitode“ entspringen meist der Bedrängnis, nicht der Freiheit –, stehen bekenntnistreue Christen trotz der Verunsicherung in den eigenen Reihen heute als einzige gesellschaftliche Gruppe mit genug Widerstandskraft da, um gegen den „stillen Hinweis: ‚Bitte, da ist der Ausgang'" (Robert Spaemann) immun zu bleiben. Das Fazit einer europäischen Wertestudie (Zulehner/Denz 1993) lautet: „Das Religiöse wirkt nachhaltig zum Schutz des Lebendigen." Eine Gesellschaft ohne Gott würde die Kostbarkeit des menschlichen Lebens, allen verfügbaren Indizien nach, weniger schätzen und liefe Gefahr, eine „Kultur des Todes" zu entwickeln. Wir haben schon damit begonnen.

## Normative Erziehung zu Rechtstreue und Moralität

Die in der jüdisch-christlichen Tradition enthaltene Ethik – Dekalog, Seligpreisungen, Tugendlehre – erzieht zur Beachtung von Geboten und Verboten nicht nur im kirchlichen, sondern auch im staatlichen Bereich. Christlich geprägte Menschen werden insofern im demokratischen Rechtsstaat mit größerer Wahrscheinlichkeit pflichtbewusste und gesetzestreue Bürger sein. Umgekehrt droht ein Verlust religiöser Normorientierung, auch das säkulare Rechtsbewusstsein in Mitleidenschaft zu ziehen.

Erste Hinweise auf signifikante Zusammenhänge fanden Andreas Heldrich und Gerhard Schmidtchen in ihrer Studie „Gerechtigkeit als Beruf" (1982) auf der Basis einer Repräsentativumfrage unter Jurastudenten, Rechtsreferendaren, jungen Anwälten und Richtern. Die Autorität der staatlichen Rechtsordnung wurde danach „von den Angehörigen der beiden christlichen Religionsgemeinschaften und von den Konfessionslosen unterschiedlich bewertet". Auf einer Skala der grundsätzlichen Akzeptanz zivilen Ungehorsams von 0 (Missbilligung) bis 6 (Billigung) positionierten sich Kirchenmitglieder durchschnittlich bei Stufe 3, Konfessionslose fast bei 4.

Konkret hielten zivilen Ungehorsam für gerechtfertigt (in Prozent):

*– um den Bau eines Atomkraftwerks zu verhindern:*

| Juristen | katholisch | evangelisch | konfessionslos |
|---|---|---|---|
| in der Ausbildung | 24 | 27 | 47 |
| im Beruf | 15 | 22 | 34 |

*– um ein unliebsames Gesetz zu verhindern:*

| Juristen | katholisch | evangelisch | konfessionslos |
|---|---|---|---|
| in der Ausbildung | 14 | 16 | 24 |
| im Beruf | 7 | 12 | 17 |

Dass „die Aufrechterhaltung von Recht und Ordnung“ zu den „wichtigsten Aufgaben der Juristen“ zähle, meinten 55 Prozent der christlichen und 40 Prozent der konfessionslosen jungen Anwälte und Richter; bei Jurastudenten und Referendaren war die Differenz noch etwas größer (Katholiken 56 %, Protestanten 49 %, Konfessionslose 35 %).

Das Fazit der Studie: Die Zusammenhänge zwischen dem religiösen Bekenntnis und den untersuchten Einstellungen seien „überraschend vielfältig“. „Katholiken zeigen ein ungebrocheneres Verhältnis zur Autorität der staatlichen Rechtsordnung als Protestanten.“ „Oft ganz aus dem Rahmen fallen demgegenüber die Antworten der konfessionslosen Juristen.“ „Besonders ausgeprägt ist die Neigung, ungesetzliche Aktionen einschließlich Gewaltanwendung zu rechtfertigen, bei Studenten ohne Konfession.“ Die Unterschiede „entziehen sich den nivellierenden Einflüssen von Studium, Referendariat und Berufspraxis“.

Ein Jahrzehnt später ergab eine Repräsentativbefragung deutscher Journalisten zum Einfluss historischer Ereignisse und persönlicher Erlebnisse auf ihr Selbstverständnis: „Journalisten, die aus der Kirche ausgetreten waren, missbilligten deutlich seltener Geldzuwendungen an Informanten (Scheckbuch-Journalismus) und verdeckte Recherchen in Betrieben (Wallraff-Methode). Auch die Publikation von geheimen Regierungsplänen missbilligten sie deutlich seltener und zwar auch dann, wenn dies nach Ansicht der Regierung den Interessen Deutschlands schaden würde. Damit wird deutlich, dass es sich beim Kirchenaustritt von Journalisten um publizistisch relevante Lebensentscheidungen handelt. Sie wurzeln nicht nur in der individuellen Biografie der Ausgetretenen, sondern beeinflussen aller Wahrscheinlichkeit nach auch ihr berufliches Handeln und damit die öffentliche Kommunikation“ (Kepplinger, 1998).

Emnid-Repräsentativbefragungen im Auftrag der Gewaltkommission der Bundesregierung (Kaase/Neidhardt 1990) lieferten dann auch Befunde für die Gesamtbevölkerung: Bürger mit häufigem Kirchgang zeigten eine geringere Rechtfertigungstendenz gegenüber politisch motivierter Anwendung von Gewalt und nötigenden Protestformen wie Sitz- und Traktorenblockaden, Werkssperrungen oder Hausbesetzungen. Das gesetzestreue Votum („Ist nicht in Ordnung“) liegt um bis zu 18 und durchschnittlich 10 Prozentpunkte höher als bei jenen, die selten oder nie den Gottesdienst besuchen. Kirchennahe Bürger bekunden auch mehr Vertrauen zu den staatlichen Ordnungskräften und erklären sich eher bereit, deren Einschreiten zu rechtfertigen und praktisch zu unterstützen. „Wenn es bei einer Demonstration zu gewaltsamen Auseinandersetzungen zwischen Demonstranten und der Polizei kommt, wer hat dann Ihrer Ansicht nach meistens die Schuld?“ Auf diese Frage antworteten 41 Prozent der Befragten mit häufigem Kirchgang: „Meistens die Demonstranten“, jedoch nur 24 Prozent derer, die selten oder nie am Gottesdienst teilnehmen. Diese bevorzugten zu zwei Dritteln die Antworten „Kommt darauf an“ (46 %) oder „Meistens beide Seiten“ (21 %). Im Fall einer gewaltsamen Auseinandersetzung würde jeder fünfte regelmäßige Kirchgänger die Polizisten unterstützen, jedoch nur jeder zwölfte derer, die selten oder nie den Gottesdienst besuchen. Das Endgutachten der Kommission ignorierte jedoch den religiösen Faktor, während Differenzierungen nach Geschlecht, Alter, Bildung oder Parteinähe erörtert wurden. Als ich mich damals des Themas für eine Examensarbeit annahm, lernte ich insofern nicht nur ein Forschungsdesiderat kennen, sondern auch, dass es im angeblich ganz rationalen Betrieb der Wissenschaft offenkundig Tabus gab.

Das Allensbacher Institut für Demoskopie, dessen leitende Wissenschaftler die gesellschaftliche Relevanz religiöser Überzeugungen immer im Blick hatten, gestattete mir für ein Dissertationsprojekt zum zivilen Ungehorsam (Püttmann, 1994) ab Ende der Achtzigerjahre spezielle Auszählungen von Umfragen zum Rechtsbewusstsein nach Konfession und Kirchennähe (gemäß Häufigkeit des Kirchgangs). Schon bei der Permissivität gegenüber Delikten der sogenannten Alltagskriminalität fiel in einer Umfrage unter 2034 repräsentativ ausgewählten Bundesbürgern ein Vorsprung kirchennaher Christen gegenüber konfessionslosen Bürgern (inklusive anderer Religionen) von durchschnittlich 20 Prozent auf:

*„Das darf man unter keinen Umständen tun“*
*(Stufe 1 einer Skala von 1 bis 10)*

| Delikt | Kirchennahe Christen | Konfessionslose/ andere |
|---|---|---|
| Krankengeld, Arbeitslosenunterstützung oder andere soziale Vergünstigungen, auf die man kein Recht hat, in Anspruch nehmen | 76 % | 52 % |
| Kein Fahrgeld in öffentlichen Verkehrsmitteln zahlen, Schwarzfahren | 65 % | 39 % |
| Steuern hinterziehen, wenn man die Möglichkeit hat | 58 % | 31 % |
| Schaden, den man an einem parkenden Auto verursacht hat, nicht melden | 78 % | 65 % |
| Ein Auto, das einem nicht gehört, öffnen und eine Spritztour machen | 93 % | 86 % |
| Geld behalten, das man gefunden hat | 58 % | 29 % |
| Durchschnitt | 70 % | 50 % |

(IfD-Umfrage Nr. 5008, Juli/August 1988)

Die kirchenfernen Christen (definiert durch Kirchgang „selten“ oder „nie“) lagen mit ihren Antworten jeweils zwischen beiden Gruppen, allerdings meist näher bei den Konfessionslosen. Im konfessionellen Vergleich erwiesen sich Protestanten bei diesen

Fragen übrigens als etwas gesetzestreuer gegenüber politisch motivierter Illegalität die Katholiken.

Nun konnte es sein, dass die signifikanten Einstellungsunterschiede nur das Rechtsbewusstsein und die Staatsgesinnung einer unter Gottesdienstbesuchern überrepräsentierten älteren Generation widerspiegelten, die noch nach dem Idealbild des „braven Bürgers" oder gar „Untertanen" erzogen wurde. Also wurde in ergänzenden Zählungen zu einer Reihe von Fragen der Altersfaktor neutralisiert. Doch bei Einsetzung eines Altersfilters (nur 16- bis 40-Jährige) änderte sich das Muster nicht: Sowohl die Delikte der sogenannten Alltagskriminalität als auch illegale Protestformen wurden mit wachsender Nähe zur Kirche entschiedener abgelehnt. „Dass alle die Gesetze achten, gehört unbedingt zur Demokratie", meinten zum Beispiel zwei Drittel der regelmäßig praktizierenden jungen Katholiken, aber nur die Hälfte der Konfessionslosen. „Grundsätzlich für das Gewaltmonopol des Staates" sprachen sich 52 Prozent der kirchennahen Katholiken aus, zehn Prozent mehr als von den Konfessionslosen. Die jüngeren Protestanten unterschieden sich in diesen beiden Fragen nicht wesentlich von den Konfessionslosen, wohl weil sie zu jener Zeit stärker nach links ideologisiert und in Aktionen zivilen Ungehorsams der Protestbewegungen involviert waren.

Dass „kein politisches Ziel Gewalt gegen Personen oder gegen Sachen rechtfertigen kann", meinten 71 Prozent der kirchennahen Christen gegenüber 57 Prozent der Konfessionslosen. „Kein Verständnis" für das Umsägen von Strommasten äußerten 85 Prozent der kirchennahen Christen, 63 Prozent der Konfessionslosen. Dass Demonstranten in einer Auseinandersetzung mit Polizisten „nicht zurückschlagen dürfen", meinten 71 Prozent der kirchennahen Christen, 49 Prozent der Konfessionslosen. Die Zerstörung von Baumaschinen auf dem Baugelände für ein Kernkraftwerk missbilligten 59 Prozent der kirchennahen Christen, 31 Prozent der Konfessionslosen. Einen von Gemeinderat und Gericht genehmigten Fabrikbau als demokratische Entscheidung zu akzeptieren und nicht gewaltsam zu verhindern, befürworteten 48 Prozent der kirchennahen Christen, 36 Prozent der Konfessionslosen. Der Meinung, es sei „eine Schande, dass man bei uns für eine Kasernenblockade bestraft wird“, widersprachen 85 Prozent der kirchennahen Christen, 73 Prozent der Konfessionslosen. Das Vermummungsverbot bei Demonstrationen unterstützten 65 Prozent der kirchennahen Christen, 45 Prozent der Konfessionslosen.

Bestätigung finden diese Befunde durch den Forschungsbericht Nr. 109 (2010) des Kriminologischen Forschungsinstituts Niedersachsen. Für christliche Schüler in Westdeutschland sei „das Ausmaß der religiösen Bindung (...) durchweg ein das Risiko delinquenten bzw. abweichenden Verhaltens reduzierender Faktor. Je stärker sich katholische und evangelische deutsche Jugendliche an ihren Glauben gebunden fühlen, umso seltener begehen sie Ladendiebstähle bzw. Sachbeschädigungen und umso seltener gehören sie zu den häufigen Alkoholkonsumenten“; auch hätten sie „signifikant seltener Kontakt mit deliquenten Freunden und einen deutlich geringeren Gewaltmedienkonsum (S. 111 f.).

Neben dem Rechtsbewusstsein, das sich nur auf ein „ethisches Minimum“ (Georg Jellinek) bezieht, sind soziale Tugenden und Moralgrundsätze im öffentlichen wie privaten Raum maßgeblich für das gesellschaftliche „Klima“. Auch hierüber geben empirische Erhebungen Aufschluss. Eine Studie des Sozialpsychologen Gerhard Schmidtchen (1992) fand deutliche Unterschiede in der Unterstützung von Handlungsmaximen wie „immer die Wahrheit sagen“, „bescheiden sein“, „höflich zu anderen sein“, „Dankbarkeit zeigen“, „auch mal verzichten können“, „anderen vergeben“: Kirchlich gebundene Jugendliche machen sich diese Grundsätze um durchschnittlich 16 Prozentpunkte häufiger zu eigen als Gleichaltrige ohne Kirchenbindung.

Haben diese Umfragen aus den Achtziger- und Neunzigerjahren noch Aussagekraft? Dieser Einwand würde verkennen, dass es sich hier um strukturelle Unterschiede handelt, die weit stabiler sind als die monatliche „Wasserstandsdemoskopie“ der Parteipräferenzen, politischen Stimmungen oder der Konsumbereitschaft. Leider werden Fragen jenseits der politischen Aktualität oder des ökonomisch Nutzbaren (Marketing, politische Planung) nicht Jahr für Jahr, sondern meistens nur in größeren Zeitabständen gestellt. Hinzu kommt, dass Merkmale wie Konfessionszugehörigkeit und religiöse Praxis (Kirchgang) zunehmend als irrelevant betrachtet und gar nicht mehr erhoben werden – außer bei der auf die Religiosität zielenden „Kirchendemoskopie“, die aber ein anderes Erkenntnisziel hat, als die Eigenschaften der Christen als Bürger zu eruieren.

Wo aber neuere Befunde vorliegen, bestätigen sie die Unterschiede in den normativen Einstellungen. Die Meinung: „Es gibt völlig klare Maßstäbe, was gut und was böse ist. Die gelten immer für jeden Menschen, egal, unter welchen Umständen“ wurde in einer Allensbacher Befragung vom Mai 2005 von der Hälfte der regelmäßigen Gottesdienstbesucher geteilt, aber nur von einem Drittel der kirchenfernen Christen und Konfessionslosen. Die relativistische Gegenposition: „Es kann nie völlig klare Maßstäbe über Gut und Böse geben. Was gut und was böse ist, hängt immer allein von den gegebenen Umständen ab“ fand die Zustimmung von nur 18 Prozent der katholischen und 29 Prozent der evangelischen Christen mit starker Kirchenbindung. Unter kirchenfernen Christen waren es jedoch 47, unter Konfessionslosen 49 Prozent.

Die Erklärung dieser stärkeren Normorientierung kirchlich gebundener Bürger liegt im Glauben an den transzendenten

Ausgleich von Sittlichkeit und Glückseligkeit für die unsterbliche Seele. Rein immanente Naturrechts- oder Vertragstheorien über gemeinsam anerkannte Werte und daraus folgende Normen und Tugenden stoßen neben dem philosophisch noch leidlich lösbaren Begründungsproblem in der menschlichen Wirklichkeit auf ein Motivations- und ein Kontrollproblem. Denn es gibt für den Einzelnen in der Fülle staatlich oder sozial unkontrollierbarer Situationen drei Handlungsoptionen: Er kann (1.) *unbedingt moralisch* handeln, also unabhängig von Vorteilen, die er haben könnte, wenn er jetzt die Situation ausnutzt. Er macht das allgemeine Interesse zu seinem Interesse und handelt unabhängig vom Verhalten der anderen den Regeln gemäß – eine unwahrscheinliche Handlungsweise, weil die innerweltlichen Anreize zu dieser „reinen Ethik" gering sind, die „pursuit of happiness" keineswegs deckungsgleich mit einem Leben in höchster Moralität ist. Er kann (2.) *bedingt moralisch* handeln und sich sagen: Ich bin bereit, mich an die ethischen Regeln zu halten, wenn alle anderen oder doch die meisten es auch tun. Ich breche aber die Regeln, wenn ich das Gefühl habe, allein der Dumme zu sein. Je größer und unübersichtlicher aber eine Gesellschaft ist, umso stärker wird die Unsicherheit über das Verhalten anderer, sodass selbst Bürger, die eigentlich bereit wären, den Verallgemeinerungsgrundsatz auf sich selbst anzuwenden, aus Furcht vor Übervorteilung dazu neigen können, es mit dem Regelgehorsam nicht so genau zu nehmen (Isolationsparadox). Er kann (3.) die Einsicht haben, dass dem Gemeinwohl am besten gedient ist, wenn sich alle regelgetreu verhalten; er findet aber, die beste Situation sei diejenige, in der sich alle anderen (bzw. die meisten), nur nicht er selbst, an die Regeln halten. Auch die Wahrscheinlichkeit dieser „Schwarzfahrer-Devise" steigt mit der Anonymität der großen Zahl.

Weder mit dem kalkulierten Egoismus dieser dritten Option noch mit dem Vernünfteln, was wohl die anderen tun werden, lässt sich ein gesellschaftliches Werte- und Regelsystem aufrechterhalten. Aber auch ein moralischer Heroismus der ersten Option, der den Regelgehorsam – Kants kategorischem Imperativ entsprechend – „aus reiner Achtung vor dem Gesetz“ ohne empirische Nutzenerwägungen leisten sollte, ist aller menschlichen Erfahrung nach als Garant eines ethischen Systems ungeeignet, weil angesichts der ambivalenten Menschennatur zu unwahrscheinlich. Die Lösung dieses Problems des „Ethikversagens“ liegt im religiösen Glauben an den transzendenten Ausgleich von Sittlichkeit und Glückseligkeit für die unsterbliche Seele. Erst der Gedanke einer überweltlichen Rechtfertigungspflicht stellt die Versicherungsinstanz dafür dar, dass die Ethik in Geltung ist, dass sogar der Zustand, selbst als Einziger sittlich zu handeln und dabei, innerweltlich betrachtet, hoffnungslos unterzugehen, immer noch jenem Zustand vorzuziehen wäre, in dem gar keiner sittlich handelte (vgl. Peter Koslowski 1993). Die letzte Konsequenz einer Auflösung dieser religiösen Ethikverankerung hat Dostojewski daher zu Recht in dem drastischen Satz zugespitzt: „Wenn es Gott nicht gibt, dann ist alles erlaubt“ *(Schuld und Sühne)*. Auch Max Horkheimer fragte: „Warum soll ich eigentlich gut sein, wenn es keinen Gott gibt?“

Übrigens übt der Glaube auch auf der zweiten Stufe des bedingt moralischen Handelns je nach der vermuteten „Vertragstreue“ der anderen eine stabilisierende Funktion aus. Mit der Nähe zur Kirche wächst nämlich die Bereitschaft, den Mitmenschen gleichsam einen Vertrauensvorschuss zu geben. Auf die Indikatorfragen: „Glauben Sie, dass es mehr böswillige als gutwillige Menschen gibt?“ und „Glauben Sie, dass man den meisten Menschen vertrauen kann, oder kann man da nicht vorsichtig genug sein?“ wählten kirchennahe Christen nach Allensbach-Umfragen zu zehn bis fünfzehn

Prozent häufiger als Kirchenferne die optimistische Antwort. Diese Neigung zum Vertrauen beeinflusst nicht nur das gesellschaftliche Klima als Summe unzähliger privater Beziehungen, sondern auch den Lebensbereich, der im öffentlichen Leben inzwischen – wie täglich die Nachrichten zeigen – alle anderen überragt und dominiert: die Wirtschaft.

## Beiträge zur Wirtschaftskraft und zur sozialen Integration

Ein religiöser Wertekonsens fördert Vertrauen, der Gedanke der Bewährung vor Gott unterstützt verantwortliche Leistungsbereitschaft. Solidarität, Gemeinwohldenken und soziale Integration werden von den Geboten der Nächstenliebe inspiriert.

Dass die christliche Grundhaltung einer positiven Hinwendung zum Irdischen bei gleichzeitiger „innerweltlicher Askese“ Auswirkungen auch auf den Menschen als *homo oeconomicus* hat, ist seit Max Webers Abhandlung: „Die protestantische Ethik und der Geist des Kapitalismus“ (1904/05), einer der einflussreichsten Schriften des 20. Jahrhunderts, nahezu Common Sense. Der US-amerikanische Kulturphilosoph, Sozialethiker und Diplomat Michael Novak hat Webers These in seiner Studie „Die katholische Ethik und der Geist des Kapitalismus“ (dt.: 1996) inzwischen auch auf den römischen Katholizismus bezogen. Tatsächlich waren die ersten großen Kapitalisten, die Medici, die Fugger und die Welser, Katholiken. Insgesamt dürfte wohl, von speziellen historischen Effekten der calvinistischen Gnadenlehre abgesehen, das christliche Moment hier entscheidender und unterscheidender sein als das konfessionelle.

Anders als die religiösen Einflüsse auf Staatsgesinnung und Rechtsbewusstsein, die, wenn überhaupt, eher negativ im Sinne einer „lutherisch-masochistischen Untertanenfrömmigkeit“ (Alexander Rüstow) Aufmerksamkeit fanden, wurden jene auf Ökonomie und Sozialstaat auch außerhalb der „Scientific Community“ positiv aufgegriffen und publizistisch popularisiert. Die „Wirtschaftswoche“ widmete 1997 (Nr. 23) globalen wie regionalen Zusammenhängen von Religion und Reichtum eine umfangreiche Titelgeschichte, in der die Entgöttlichung der Natur, die Förderung des Leistungswillens und die Begründung von Normen und stabilen Verhaltenserwartungen als wesentliche Beiträge des Christentums zu einer effizienten und zugleich humanen Marktorganisation gewürdigt wurden. Dabei verwiesen die Autoren darauf, dass Deutschlands ökonomisch erfolgreichste Landstriche heute im weniger entchristlichten Süden lägen und dass in den USA „die Staatsausgaben in solchen Bundesstaaten besonders niedrig sind, in denen der Anteil der Kirchenmitglieder an der Bevölkerung hoch ist“. Natürlich helfe das Gebot „Du sollst nicht stehlen“, ein wirksames System von Eigentumsrechten zu etablieren, „weil Regelverletzungen von einem als allgegenwärtig und allmächtig wahrgenommenen Gott oder auch durch Ächtung in der Glaubensgemeinschaft bestraft werden können. Auf diese Weise produzieren Religionen ‚eine Art öffentliches Gut‘, sagt der amerikanische Ökonom Robert Tollison: ein Gut, von dem alle Gesellschaftsmitglieder profitieren, auch wenn sie mangels Frömmigkeit selbst nicht an seiner Produktion beteiligt waren.“

Je stärker der Einfluss der Kirchen auf das Denken der Menschen, desto weniger staatlicher Zwang sei nötig, um in einer Gesellschaft erwünschtes soziales Verhalten herbeizuführen. Dabei sei die Religion „gegenüber dem Staat auch deutlich effizienter. Denn Religionen, die einen Wertekonsens unter den Gläubigen herstellen, produzieren Vertrauen – ein, so der amerikanische Ökonomie-Nobelpreisträger Kenneth Arrow, ‚bedeutsames Schmiermittel in einem sozialen System'. Vertrauen ist bares Geld wert: Geschäftspartner, die nicht ständig befürchten müssen, über den Tisch gezogen zu werden, brauchen nicht jede Unwägbarkeit vertraglich abzusichern. Arbeitgeber, die ihren Mitarbeitern vertrauen, müssen nicht jeden Arbeitsschritt überwachen." Volkswirtschaftlich gesprochen sinken Informations- und Transaktionskosten, wenn Menschen sich in Vertragsbeziehungen ein hohes Maß an Vertrauen entgegenbringen. Bei der Frage, woher ein Produkt stammt, wie es sich zusammensetzt oder wie lange es haltbar ist, muss sich der Käufer auf Fachkompetenz und Ehrlichkeit der Hersteller und Händler verlassen können. Andernfalls bricht der Markt zusammen. Wechselseitiges Vertrauen fördert das wirtschaftliche Wachstum.

Dass solche Vertrauensbereitschaft bei Christen auch eine gewisse Berechtigung hat, zeigt eine im Nachrichtenmagazin „Focus" (Nr. 12/1997) veröffentlichte US-Umfrage über das Verhalten am Arbeitsplatz: Danach gaben „sehr religiöse" Menschen seltener als bloß „schwach religiöse" an, „zu spät gekommen" zu sein (36 zu 45 %), „ein bisschen gelogen" (22:33), „Arbeitsplatzausrüstung für private Zwecke verwendet" (21:33) oder „während der Arbeitszeit Privates erledigt" zu haben (11:19). Auch für die Steuermoral ist das Vertrauen angesichts begrenzter staatlicher Kontrollmöglichkeiten ein förderlicher Faktor. Breitet sich hingegen der Eindruck aus, der Ehrliche sei auch hier der Dumme, mindert dies die Bereitschaft, die unangenehme Pflicht in ihrem sozialen Sinn zu verstehen und anzunehmen. „Was empfinden Sie dabei, wenn Sie Steuern zahlen?", fragte Allensbach vor einigen Jahren die Deutschen. Drei Antworten standen zur Auswahl: „Ich leiste einen Beitrag für die Allgemeinheit", „Ich muss auf etwas verzichten", „Man nimmt mir etwas weg". 51 Prozent der Katholiken, aber nur 38 Prozent der Konfessionslosen bekundeten die erstgenannte,

Gemeinwohl-orientierte Einstellung. Berücksichtigte man nur die regelmäßigen Kirchgänger, fiele der Unterschied zweifellos noch größer aus.

Dass das Vertrauen der Deutschen in ihre Wirtschaftsordnung schwindet, liegt wesentlich – direkt oder indirekt durch die Folge Wohlstandsverlust – in zunehmenden Verstößen gegen geschriebene und ungeschriebene Regeln begründet, wie zuletzt in der großen Finanzmarktkrise. Das religiös gestützte normative Denken fällt als Stabilitätsfaktor inzwischen weitgehend aus. Die Folge sind deutliche Legitimitätsdefizite des ökonomischen Systems: Nur noch 52 Prozent der Deutschen waren 2008 der Meinung, dass sich die soziale Marktwirtschaft bewährt habe, ergab eine repräsentative Umfrage des Bundesverbands Deutscher Banken. Acht Jahre zuvor waren noch 70 Prozent dieser Meinung.

Anlässlich des Papstbesuches in Bayern stellte die „Süddeutsche Zeitung" am 13. September 2006 unter der Überschrift „Glaube, Geld und Hoffnung" fest: „Oberbayern ist nicht nur eine der katholischsten Regionen in Deutschland. Das lässt vermuten, dass Religion und Reichtum etwas miteinander zu tun haben." Friedrich von Hayek, Wirtschafts-Nobelpreisträger von 1974, der für sich persönlich den Glauben an einen persönlichen Gott explizit ablehnte, habe die These vertreten, dass der Glaube an Gott die Menschen zu ökonomisch vernünftigem Verhalten anhalte, zum Beispiel zu Ehrlichkeit, Vertragstreue, Respekt vor dem Eigentum und der Familie. Selbst ein Agnostiker müsse laut Hayek daher „zugeben, dass wir unsere Moral und die Traditionen, die nicht nur unsere Zivilisation, sondern nachgerade unsere Existenz ermöglicht haben, dem Festhalten an wissenschaftlich so unannehmbaren Tatsachenbehauptungen verdanken". Während also demütige Christen darauf hoffen dürfen, dass der liebe Gott auf den krummen Zeilen ihrer (erb)sündigen Existenz gerade schreiben kann, sollten Atheisten hoffen, dass noch möglichst lange möglichst viele Christen auf den krummen Zeilen ihres religiösen „Aberglaubens“ zugunsten aller moralisch leben, erfolgreich wirtschaften und sich sozial engagieren.

Beispiele dafür aus dem deutschen Wirtschaftsleben führte die „Wirtschaftswoche“ vom 18. August 2005 an. Zahlreiche Manager fänden „in ihrem Glauben Halt, Inspiration und ein festes Wertegerüst, er ist für sie Ansporn zu besonderen Leistungen. Er lässt sie leichter mit Konflikten zurechtkommen, macht sie im Unternehmensalltag stabiler, gelassener, souveräner. Oft macht er sie sogar erfolgreicher. Wohl auch deshalb findet die christliche Heilslehre in den Führungsetagen viele Anhänger.“ So wachse auch der Verein Christen in der Wirtschaft (CIW) stetig; zusammen mit dem Bund Katholischer Unternehmer (BKU) und dem Arbeitskreis Evangelischer Unternehmer (AEU) seien rund 3000 Unternehmer, Freiberufler und Führungskräfte in diesen christlichen Wirtschaftsvereinigungen organisiert. Als Beispiele dezidiert religiös orientierter „Hochkaräter“ wurden Obi-Gründer Manfred Maus, Christiane Underberg, Ex-ThyssenKrupp-Chef Gerhard Cromme, „Europas erfolgreichster Schuhverkäufer“ Heinrich Deichmann, Deutsche-Bank-Chefvolkswirt Norbert Walter, der frühere Löwensenf-Chef Michael Bommers sowie der hessische Unternehmer Friedhelm Loh als „einer der 100 reichsten Deutschen“ aufgeführt. Die Autoren verwiesen auch auf viele Studien, die zeigten, „dass gläubige Menschen aktiver, gesünder, psychisch stabiler und glücklicher sind. Daraus folgt: Sie sind auch im Berufsleben leistungsfähiger, haben mehr Kraft, sind nicht so schnell frustriert. Und mit ihrem Gottvertrauen werden sie auch leichter mit Krisen fertig.“ Ein Chef, der religiöse Werte wie Bescheidenheit, Ehrlichkeit, Rücksichtnahme im Unternehmen verkörpere, werde von seinen Mitarbeitern eher respektiert, ganz gleich, ob sie nun seinen Glauben teilen oder nicht, sei der Unternehmensberater und Ex-BASF-Manager Siegfried Buchholz überzeugt. Fromme Wirtschaftslenker wüssten, dass es nicht nur auf Zahlen ankomme, erfassten den gesamten Kontext, „haben feine Antennen für Störgeräusche". Es sei daher kein Zufall, dass junge Theologen gern als „Personaler" eingestellt würden.

Ähnlich wie die „Wirtschaftswoche" argumentiert der Publizist Erik Händeler in seinem 2009 in siebenter Auflage erschienenen Bestseller: „Die Geschichte der Zukunft. Sozialverhalten heute und der Wohlstand von morgen. Kondratieffs Globalsicht". Die Menschen in der Wirtschaft litten „stark unter den ungelösten Konflikten, die hintenherum weiter geschürt werden, seelische Kraft binden und Synergien verhindern"; hier könnte das Christentum, als „eine Dialogkultur" im Sinne der Konfliktbewältigung etwa gemäß Matthäus 5,22 und 37 und 18,15-17 hilfreich wirken. „Für die Wirtschaft der Informationsgesellschaft ist es wichtig, dass sich gestörte Beziehungen heilen lassen"; der Übergang der strikt hierarchischen Führungskultur des Industriezeitalters in eine „dienende Führungskultur" korrespondiere mit der biblischen Botschaft von Lukas 22,25-26. „Das neue sozialökonomische Paradigma bewegt sich auf Verhaltensmuster zu, die exakt der christlichen Ethik entsprechen." Die zwischenmenschlichen Beziehungen als Produktivitätsressource könnten „zur wichtigsten Quelle der Wertschöpfung" werden, wenn es gelänge, destruktive Verhaltensweisen zurückzudrängen.

Religiöse Prägung wirkt sich in einer Breite von ökonomisch und sozial relevanten Eigenschaften aus, die man gar nicht unbedingt mit Frömmigkeit in Verbindung bringen würde. Wichtige Tugenden und Werte für die Funktionsfähigkeit und Innovationskraft einer modernen Wissens- und Dienstleistungsgesellschaft werden nach der Allensbacher Markt- und Werbeträgeranalyse (AWA) 2005 von religiösen jungen Deutschen viel häufiger für „wichtig im Leben“ gehalten als von nicht religiösen:

*„Was im Leben wichtig ist“ (14- bis 29-Jährige)*

| „Religion, feste Glaubensüberzeugung?“ | ja | nein |
|---|---|---|
| gute, vielseitige Bildung | 72 | 55 |
| immer Neues lernen | 69 | 54 |
| kreativ sein | 47 | 35 |
| soziale Gerechtigkeit | 69 | 42 |
| Menschen helfen, die in Not geraten | 69 | 46 |
| Verantwortung für andere übernehmen | 43 | 26 |

Im Blick auf die demografische Herausforderung unserer Volkswirtschaft und Sozialsysteme dürfte besonders zu beachten sein, dass „Kinder haben“ für 61 Prozent der religiösen jungen Deutschen erstrebenswert ist, aber nur für 42 Prozent der nicht religiösen. Dieser AWA-Befund deckt sich mit Erkenntnissen der Wiener Bevölkerungswissenschaftler Caroline Berghammer und Dimiter Philipov, über die „Welt online“ am 24. April 2008 berichtete. Das Fazit ihrer europaweiten Erhebung bei Frauen unter 40 Jahren ist, dass „Religiosität immer noch einen großen Einfluss auf das Geburtenverhalten hat. So liegt die als ideal angesehene Kinderzahl bei Frauen, die sich selbst als religiös einschätzen, in allen Ländern

– mit Ausnahme Bulgariens, Estlands und Lettlands – deutlich höher als bei jenen, die angeben, nicht religiös zu sein", nämlich um durchschnittlich 0.3 Kinder. Die tatsächliche Geburt eines zweiten Kindes korreliere dabei vor allem mit der Regelmäßigkeit des Gottesdienstbesuches. Die Erklärung dafür sei, dass Kirchgänger christliche Familienwerte und religiöse Lebenszuversicht besonders stark verinnerlichten. Zudem hätten Kirchengemeinden auch „die Funktion sozialer Netzwerke", wo man andere Kinderreiche nachahme und „bei Fragen rund um das Thema Kinder auf die Unterstützung anderer Mitglieder zählen könne". Niedrige Geburtenraten in einigen der traditionell „gläubigsten" Länder – Italien, Griechenland, Spanien – hingen vermutlich damit zusammen, dass hier inzwischen die Zahl der Gottesdienstbesucher stark zurückgegangen sei.

Übrigens sagten laut einer Infratest-Umfrage für den „Spiegel" (33/2005) 71 Prozent der Gläubigen, dass Kinder in einer Ehe groß werden sollten, während nur 39 Prozent der Nichtgläubigen meinten, man müsse für eine Familiengründung auch heiraten. Scheitere die Ehe, sollten die Eltern für 47 Prozent der Gläubigen um der Kinder willen dennoch zusammenbleiben; von den Nichtgläubigen meinten dies nur 27 Prozent.

Die Allensbacher Werbeträgeranalyse 2007 erhob erneut die Werte-Unterschiede zwischen jungen Leuten mit und ohne religiöse Orientierung, die hier vollständig aufgelistet sind (mit Hervorhebungen bei Differenzen ab 4 Prozent):

*„Was im Leben wichtig ist“ (junge Leute, 14 bis 29 Jahre)*

| „Religion, feste Glaubensüberzeugung?“ | ja (527) | nein (3889) |
|---|---|---|
| Gute Freunde haben, enge Beziehungen zu anderen Menschen | 94 | 91 |
| Sozialer Aufstieg | **42** | 36 |
| Viel leisten | **42** | 30 |
| Starke Erlebnisse haben, Abenteuer, Spannung | 47 | **55** |
| Gute, vielseitige Bildung | **72** | 55 |
| Immer Neues lernen | **66** | 55 |
| Soziale Gerechtigkeit | **67** | 52 |
| Hohes Einkommen, materieller Wohlstand | 42 | **46** |
| Menschen helfen, die in Not geraten | **72** | 44 |
| Für die Familie da sein, sich für die Familie einsetzen | **84** | 66 |

| | | |
|---|---|---|
| Gepflegtes Aussehen | 66 | 60 |
| Aktive Teilnahme am politischen Leben, politisch aktiv sein | **14** | 5 |
| Kunstverständnis, sich viel mit Kunst beschäftigen | **13** | 8 |
| Risikobereitschaft | 19 | **23** |
| Möglichst viel Eigenverantwortung, nicht mehr Staat als nötig | **39** | 31 |
| Verantwortung für andere übernehmen | **47** | 28 |
| Kinder haben | **67** | 44 |
| Erfolg im Beruf | 68 | 70 |
| Unabhängigkeit, sein Leben weitgehend bestimmen können | 68 | 67 |
| Naturerfahrungen, viel in der Natur sein | **38** | 22 |
| Sich um Tiere kümmern, viel mit Tieren zusammen sein | **33** | 28 |
| Kreativ sein | **48** | 34 |
| Viel über andere Kulturen lernen | **40** | 21 |

| | | |
|---|---|---|
| Auseinandersetzung mit Sinnfragen des Lebens | **42** | 18 |
| Ein abwechslungsreiches Leben, immer neue Erfahrungen machen | 64 | 61 |
| Viel Spaß haben, das Leben genießen | 75 | **81** |

Damit bestätigten sich die Unterschiede bei der Wertschätzung sozialer Gerechtigkeit, der Hilfsbereitschaft für Menschen in Not und der Bereitschaft zur Verantwortung für andere sowie bei den Idealen „gute, vielseitige Bildung“, „kreativ sein“ und „immer Neues lernen“. Zudem zeigten sich religiöse junge Leute erheblich familienfreundlicher, interkulturell interessierter, naturverbundener und tierlieber. Aber auch bei den „harten ökonomischen“ Wertorientierungen „viel leisten“, „möglichst viel Eigenverantwortung, nicht mehr Staat als nötig“ und „sozialer Aufstieg“ haben die Religiösen die Nase vorn. Befragte, die „Religion, feste Glaubensüberzeugung“ nicht zu ihren persönlichen Wertorientierungen zählen, machen sich dagegen etwas häufiger als Gläubige folgende Wertschätzungen zu eigen: „starke Erlebnisse haben, Abenteuer, Spannung“, „Risikobereitschaft“, „viel Spaß haben, das Leben genießen“ und „hohes Einkommen, materieller Wohlstand“.

Angesichts solcher Befunde wundert es nicht, dass sich auch andere Disziplinen als die Theologie zunehmend mit der Religion befassen. Gerade in den Wirtschaftswissenschaften erfreue sich das Thema einiger Aufmerksamkeit, legte Friedrich Heinemann, Wissenschaftler am Zentrum für Europäische Wirtschaftsforschung (ZEW) in Mannheim, in einem Beitrag für den „Rheinischen Merkur“ vom 1.10.2009 dar: „Inzwischen widmet sich sogar eine Teildisziplin dem Thema ‚Ökonomie der Religion‘. In internationalen Fachzeitschriften und auf eigenen Kongressen diskutieren Fachleute den Zusammenhang zwischen Religiosität und wirtschaftlichem Wohlergehen. Dabei kommen sie zu dem Ergebnis, dass Religiosität messbare positive Wirkungen haben kann, ob es um wirtschaftliche Entwicklung, Kriminalität oder den Gesundheitszustand geht." Insgesamt seien Verhaltensweisen religiöser Menschen „vergleichsweise stark durch Selbstdisziplin gekennzeichnet, längst nicht nur bei den gesundheitlich relevanten Aktivitäten. Die höhere Selbstdisziplin setzt sich bei wirtschaftlich relevanten Verhaltensweisen fort: So zeigt der italienische Ökonom Luigi Guiso, dass die Religiosität einen messbaren Einfluss auf die Sparsamkeit von Menschen hat. Die Fähigkeit, durch Ersparnis auf unmittelbaren Konsum zu verzichten, ist von großer Bedeutung für Entwicklungsländer, die auf Ersparnis und Investitionen angewiesen sind, um der Armut entwachsen zu können." Wer in der Lage sei, früh aus dem Bett zu kommen, um den Gottesdienst zu besuchen, werde auch mit dem pünktlichen Arbeits- oder Schulbeginn keine Probleme haben. „Und jemand, der in Fastenzeiten ohne Alkohol oder andere Genüsse auskommt, dürfte sich auch nicht schwer damit tun, Kapital für die Ausbildung seiner Kinder anzusparen. Persönlichkeitsmerkmale, die sich im Kontext der Religionsausübung herausbilden oder verstärken, können somit in ganz anderen Bereichen positive Folgen bewirken."

Eine frühere deutsche Studie von Ingrid und Wolfgang Lukatis (1989) stellte schon bei den Erziehungszielen signifikant höhere Werte für „gute Schulleistungen" und „Fleiß" unter Kirchenmitgliedern fest. „Ein Beruf, der einem viel Freizeit lässt", spielte in den Wunschvorstellungen der regelmäßigen Kirchgänger „eine vergleichsweise geringere Rolle als bei den übrigen Befragten", und der Anspruch, dass die eigene Arbeit interessant, selbstständig, verantwortungsvoll und anerkannt sein müsse, wurde von ihnen seltener als von Kirchenfernen und Konfessionslosen erhoben. Gleichwohl wurden in Jörns’ Studie (1997) „Arbeit und berufliche Zufriedenheit“ vom Glaubenstypus „Gottgläubige“ am seltensten (zu 11 %) und von den Atheisten am häufigsten (27 %) mit dem „Sinn des Lebens“ in Zusammenhang gebracht.

Zu den sozialethischen Schlussfolgerungen der Jugendstudie von Schmidtchen und Roos (1992) zählt auch die Einschätzung, „dass eine am christlichen Menschenbild orientierte Erziehung weniger den larmoyanten Typ hervorbringt, der lediglich über die Verhältnisse klagt, statt sein Leben selbst in die Hand zu nehmen und auch die eigenen Fehler und Versäumnisse einzugestehen. Die im Kontext der kirchlichen Soziallehre vertretene Theorie einer subsidiären Gesellschaft, die zunächst die Aktivierung der eigenen Kräfte verlangt, bevor man nach dem Staat ruft, zeigt sich hier als besonders wirksam“ (Roos). Tatsächlich wurde die anspruchsvolle Auffassung: „Ich will nicht fragen: Was tut der Staat für mich, sondern: Was tue ich für den Staat“ bei einer Allensbacher Umfrage im selben Jahr doppelt so häufig von jungen (unter 40-jährigen) kirchennahen Katholiken wie von Konfessionslosen geteilt (29 zu 15 %). Dementsprechend „bewerten kirchlich stärker Engagierte Rücksicht auf Gemeinwohl und öffentliche Ordnung höher“ (Lukatis) und finden es Gottgläubige mit 51 Prozent viel häufiger als Atheisten (35 %) „gut, dass wir Menschen aufeinander angewiesen sind und uns gegenseitig helfen können“; nach dem „Wichtigsten im Berufsleben“ gefragt, rangiert das Motiv: „Anderen Menschen mit meiner Arbeit zu helfen“ für Gläubige mit 35 Prozent höher als für Atheisten, die den Sinn ihrer Arbeit nur zu 26 Prozent auch darin sehen (Jörns).

Überdurchschnittliche Werte für Gläubige ergaben auch Umfragen zum sozialen Engagement in den USA, die im Juni 1994 von Bernhard Grom unter dem Titel: „Soziales Engagement und Konfessionsverbundenheit" in der FAZ vorgestellt wurden. Mitglieder von Glaubensgemeinden – Kirchen und Synagogen – gaben viel häufiger als Nichtmitglieder an, für wohltätige Zwecke Geld gespendet (80 zu 55 %) und ehrenamtliche Aufgaben übernommen zu haben (51 zu 33 %). Befragte, die einen tiefen religiösen Glauben bekundeten, meinten zu 89 Prozent, die Unterstützung von Notleidenden sei sehr wichtig; bei jenen, denen der Glaube wenig oder nichts bedeutete, waren es nur 52 Prozent. Vielleicht liegt es nicht nur an den geringeren finanziellen Möglichkeiten junger Menschen in Deutschland, sondern auch an ihrer größeren Kirchenferne, dass 1995 laut Allensbach nur jeder dritte unter 30-jährige Deutsche angab, in den letzten Jahren „etwas für einen guten Zweck gespendet" zu haben, während dies bei 63 Prozent der über 60-jährigen der Fall war.

Auch Daten aus dem Familiensurvey 2000 des Deutschen Jugendinstituts zeigen: Je häufiger die Befragten Gottesdienste besuchen oder je mehr Wichtigkeit sie „Gott in ihrem Leben" zusprechen, desto positiver stehen sie auch sozialem Engagement gegenüber. Zu der Aussage: „Ich bin bereit, mich in sozialen Organisationen für andere zu engagieren", konnte durch Positionierung auf einer Skala von 1 („trifft überhaupt nicht zu") bis 6 („trifft voll und ganz zu") persönlich Stellung bezogen werden. Befragte mit der Kirchgangsfrequenz „mehr als einmal in der Woche" erreichten dabei den Durchschnittswert 4.37 und jene mit „einmal pro Woche" 4.23; wer aber „nie" den Gottesdienst besuchte, positionierte sich durchschnittlich bei 3.30. Fast genauso differierten die Werte zwischen denen, die unabhängig vom Kirchengang Gott als „sehr" oder „ziemlich wichtig in ihrem Leben" erachten, und jenen, für die er „völlig unwichtig" ist.

Die gemeinsame Wurzel ökonomisch wie sozial förderlicher Haltungen thematisierte 1996 eine Allensbacher Umfrage zur Lebenseinstellung: „Zwei Menschen unterhalten sich über das Leben. Der Erste sagt: ‚Ich möchte mein Leben genießen und mich nicht mehr abmühen als nötig. Man lebt schließlich nur einmal, und die Hauptsache ist doch, dass man etwas von seinem Leben hat.‘ Der Zweite sagt: ‚Ich betrachte mein Leben als eine Aufgabe, für die ich da bin und für die ich alle Kräfte einsetze. Ich möchte in meinem Leben etwas leisten, auch wenn das oft schwer und mühsam ist.‘ Was meinen Sie: Welcher von diesen beiden macht es richtig, der Erste oder der Zweite?“ Die große Mehrheit der kirchennahen Christen (52 %) machte sich die Einstellung „Leben als eine Aufgabe“ zu eigen; nur 17 Prozent der katholischen und 27 Prozent der evangelischen Kirchgänger bevorzugten die hedonistische Antwort. Unter den Konfessionslosen wurden dagegen beide Positionen gleich oft vertreten (41 zu 40 %).

Neben einer auf Hilfsbereitschaft in Form von Spenden oder ehrenamtlichem Engagement fokussierten Perspektive des Sozialen sollte die sozialintegrative Funktion des christlichen Glaubens nicht übersehen werden. Konrad Adenauer hob sie auf dem CDU-Bundesparteitag 1962 in einer Kontroverse mit Eugen Gerstenmaier hervor, der das „C“ vor allem antitotalitär gedeutet hatte. Der greise Bundeskanzler hielt dem entgegen: „Sehen Sie, gegen den Nationalsozialismus waren doch auch eine ganze Reihe anderer Parteien, die damals auf den Plan traten. (...) Wo sind die Parteien geblieben, die nur Stände vertraten? Es hat eine Mittelstandspartei gegeben, es hat eine Bauernpartei gegeben und die Sozialdemokratie ist doch als Arbeiterpartei gegründet worden. (...) Wir haben uns gesagt: Wir können diese ganz auseinandergerissene Welt nur dann wieder in Ordnung bringen, wenn wir eine Partei gründen, die auf der dem großen Teil des Volkes gemeinsamen christlichen Weltanschauung steht. (...) Nur dieser gemeinsame Boden trägt unsere Mitglieder hinweg über Gegensätze, die aus ihren verschiedenen Ständen, aus ihren verschiedenen Berufen, aus ihrer Herkunft aus verschiedenen Gegenden unseres Vaterlandes ganz selbstverständlich kommen."

Auch wenn dieser Gedanke auf den ersten Blick in einer relativ nivellierten Gesellschaft heute so überholt wie der Begriff „Stände" anmuten mag, bleiben Herausforderungen an die soziale Integrationsfähigkeit gerade in Zeiten der Individualisierung und der Migration bestehen. Eine Studie von Richard Traumüller für das Deutsche Institut für Wirtschaftsforschung (DIW) gibt in diesem Kontext Aufschluss über das soziale Profil religiöser Bürger. Unter dem Titel: „Religion als Ressource sozialen Zusammenhalts? Eine empirische Analyse der religiösen Grundlagen sozialen Kapitals in Deutschland" (SOEPpapers Nr. 144, 2008) analysiert sie „das Potenzial der Religion, über Identitäts- und Statusgrenzen hinweg integrierend zu wirken und damit brückenbildendes Sozialkapital zu generieren". Der Befund: Vor allem eine „aktive und regelmäßige strukturelle Einbindung in Form des Gottesdienstbesuchs ist der Generierung und Aufrechterhaltung sozialer Beziehungsnetzwerke förderlich. Für alle betrachteten religiösen Gruppen gilt, dass öffentliche religiöse Praxis mit einem größeren Freundschaftsnetzwerk und einer regeren Soziabilität einhergeht und damit eine bedeutende Quelle sozialer Integration darstellt"; eine bloß „subjektive Religiosität ist demgegenüber von geringerer Bedeutung".

Während im konfessionellen Vergleich für Katholiken ein „ausgeprägter Familismus" mit häufigerem Austausch und vermehrten Treffen mit Familie und Verwandten charakteristisch sei (bei weniger Interaktion mit Freunden und Nachbarn), stellten evangelische Gemeinden „einen fruchtbareren Nährboden für soziales Engagement und Beteiligung dar", was durch „die horizontalere Organisation protestantischer Gemeinden" begünstigt werde. Insgesamt seien es „vor allem die beiden großen Konfessionen in Deutschland, welche es vermögen, ihre Mitglieder in zivilgesellschaftliche Strukturen zu integrieren“; damit käme der Religion „auch in Deutschland bedeutende integrierende Funktion zu“ – ein gar nicht hoch genug zu schätzender Gemeinwohldienst angesichts der im Jahr 2005 bei einer Infratest-Umfrage unter 2000 Personen zwischen 16 und 94 Jahren von fast 87 Prozent vertretenen Auffassung, „dass die Gesellschaft immer mehr auseinanderfällt“. Fast 83 Prozent verneinten, dass es „noch einen großen Zusammenhalt“ gebe, konstatiert der Bielefelder Pädagogikprofessor Wilhelm Heitmeyer im vierten Band (2006) seines Langzeitprojekts „Deutsche Zustände“ zu „Erscheinungsweisen, Ursachen und Entwicklungen von gruppenbezogener Menschenfeindlichkeit“ (GMF).

Selbst die Projektmitarbeiter Beate Küpper und Andreas Zick dieses der Kirchenapologie gänzlich unverdächtigen linken Konfliktforschers kommen in ihrem empirischen Kapitel „Riskanter Glaube. Religiosität und Abwertung“ nicht umhin, auf „höhere moralische Standards von religiösen Menschen“ und ihre „Hilfsbereitschaft“ hinzuweisen. Der GMF-Survey 2003 zeige, „dass sich Christen im Vergleich zu Konfessionslosen als empathischer einschätzen und meinen, eher die Perspektive von anderen zu übernehmen, bevor sie sich ein Urteil bilden. Sie betonen stärker Werte von Frieden und Harmonie.“ Auch erwiesen sich „sehr Religiöse – anders als die gemäßigt Religiösen – als vergleichsweise weniger islamfeindlich und beharren weniger auf Etabliertenvorrechten“ (als Indikatoren hierfür gelten die Aussagen: „Wer irgendwo neu ist, sollte sich erst mal mit weniger zufriedengeben“ und „Wer schon immer hier lebt, sollte mehr Rechte haben als die, die später zugezogen sind“). Wer als Protestant „antisäkular orientiert“ sei – was die Autoren schon aus der Auffassung ableiten, der Staat und die Gesetze sollten „mehr an christlichen Grundwerten ausgerichtet“ sein –, äußere sich „grundsätzlich feindseliger gegenüber schwachen Gruppen (nicht signifikant für Obdachlosenabwertung und Islamophobie). Für antisäkular orientierte Katholiken gilt dies nur eingeschränkt in Bezug auf rassistische, sexistische und homophobe Aussagen; gegenüber Obdachlosen erweisen sie sich sogar als weniger feindselig.“

Dieses nur teilweise gute Zeugnis für Christen erscheint jedoch in einem anderen Licht, wenn man die Indikatoraussagen betrachtet: Als „rassistisch“ gilt bereits die grundgesetzgemäße, am staatsbürgerrechtlichen „ius sanguinis“-Prinzip festhaltende Meinung: „Aussiedler sollten besser gestellt werden als Ausländer, da sie deutscher Abstammung sind“, als „sexistisch“ die Auffassung: „Frauen sollen sich wieder mehr auf die Rolle der Ehefrau und Mutter besinnen“, was man auch bloß als Plädoyer für ein Gleichgewicht von beruflicher und familiärer Rolle verstehen kann, und als „homophob“ ein Gefühl des Ekels „wenn Homosexuelle sich in der Öffentlichkeit küssen“, was angesichts des Assoziationshintergrundes demonstrativ obszöner TV-notorischer Selbstinszenierungen am „Christopher Street Day“ auch viele Homosexuelle ihren heterosexuellen Freunden wohl nicht sonderlich übel nehmen würden. Ob all diese Aussagen also jeweils schon auf generelle „Abwertung“ oder gar „Menschenfeindlichkeit“ schließen lassen, darf man bezweifeln.

Aussagekräftiger für die soziale Toleranzfähigkeit erscheint die zuletzt im März 2008 gestellte Allensbacher Frage:

*„Auf dieser Liste hier stehen eine Reihe ganz verschiedener Personengruppen. Können Sie einmal alle heraussuchen, die Sie nicht gern als Nachbarn hätten?"*

| Unter-50-Jährige (Basis: 958) | **Gottesdienstbesuch** | | |
|---|---|---|---|
| | (fast) jeden Sonntag/ ab und zu | selten/nie | Diff. (>2) |
| Rechtsextremisten | 85 | 83 | |
| Leute, die oft betrunken sind | 78 | 72 | -6 |
| Drogenabhängige | 78 | 77 | |
| Linksextremisten | 56 | 51 | -5 |
| Personen, die vorbestraft sind | 43 | 38 | -5 |
| Psychisch Kranke | 38 | 44 | 6 |
| Moslems | 17 | 29 | 12 |
| Leute, die Aids haben | 18 | 17 | |
| Homosexuelle | 8 | 11 | 3 |
| Ausländer/ Einwanderer | 5 | 13 | 8 |

| | | | |
|---|---|---|---|
| Leute mit vielen Kindern | 7 | 12 | 5 |
| Hindu | 6 | 10 | 4 |
| Juden | 2 | 7 | 5 |
| Menschen anderer Hautfarbe | 1 | 6 | 5 |

Kirchennahe zeigten hier insgesamt nicht mehr, sondern weniger Aversionen. Gegenüber den meisten – 8 von 14 – Gruppen sind sie toleranter (um durchschnittlich 6 Prozentpunkte), insbesondere gegenüber Menschen anderen Glaubens und Ausländern/Einwanderern, aber auch gegenüber Kinderreichen und psychisch Kranken. Selbst von „Homophobie" keine Spur, eher im Gegenteil. Nur bei drei Gruppen äußern sie sich ablehnender: häufig Betrunkene, Vorbestrafte, Linksextremisten.

Man erkennt am Beispiel des GMF-Projekts, wie anfällig empirische Sozialforschung für erkenntnisleitende Interessen im Sinne der Bestätigung persönlicher ideologischer Prämissen ist. Zugleich gewinnt man einen Vorgeschmack davon, in welchem pseudowissenschaftlichen Gewande die Denunziation des Christentums als menschen- und schließlich auch verfassungsfeindlich virulent werden kann. Bezeichnenderweise stützt sich der in Kapitel I erwähnte Professor Pfahl-Traughber von der Fachhochschule des Bundes in seinem antichristlichen „MUT"-Essay zur Konstruktion eines „Spannungsverhältnisses von Grundgesetz und Zehn Geboten" auf den Beitrag „Riskanter Glaube" von Küpper und Zick, wonach „Religiosität Vorurteile mehr fördere, als dass sie ihnen entgegenwirke". Die gegenteiligen Befunde nimmt er nicht zur Kenntnis. Wenn sich solche faktenresistenten, ideologisch gefärbten „Lesarten" christlicher (und jüdischer) Religiosität verbreiten – und damit ist, wie gezeigt, zu rechnen –, wird am Ende ein Toleranzverständnis stehen, das Christen allenfalls noch gewisse Freiheiten des Kults zugesteht, die moralischen, sozialethischen und politischen Haltungs- und Handlungsimpulse ihres Glaubens aber stigmatisiert und unterdrückt, jedenfalls wenn sie dem herrschenden Common Sense widerstreben. Eine „Gesellschaft ohne Gott" wird dazu neigen, das Christentum unter Ideologieverdacht zu stellen. Sie wird aber selbst ideologieanfällig sein.

## Immunisierung gegen Ideologien, Extremismus und Politikverdrossenheit

Der christliche Gedanke der Weltüberwindung durch Jesu Kreuzesopfer und der Geborgenheit im Letzten durch die Auferstehungshoffnung setzt Gelassenheit im „Vorletzten" frei, die zu unaufgeregtem Engagement und Widerstand gegen ideologische Heilsangebote und Radikalismus befähigt.

Mit ihrem größeren Grundvertrauen gegenüber den Mitmenschen (s. o.) verbindet sich bei Gläubigen eine ebenso größere Bescheidenheit und Skepsis gegenüber den Möglichkeiten einer besseren Welt. Nach der schon zitierten religionssoziologischen Studie: „Die neuen Gesichter Gottes" von Klaus-Peter Jörns (1997) meint fast jeder zweite Atheist, aber nicht einmal jeder dritte Gläubige: „Die Welt könnte wesentlich besser sein." Umgekehrt vertreten zwei Drittel der Gläubigen, aber nur die Hälfte der Atheisten die Meinung: „Die Welt ist eigentlich nicht schlecht, der Mensch ist das Problem". So ergibt sich das Paradox: Atheisten vertrauen den konkreten Menschen weniger, doch sie trauen dem Menschen an sich mehr zu. Ein Widerspruch? Nicht, wenn man die pessimistische Antwort auf die anderen und die optimistische mehr auf sich selbst bezieht: Wer nichts kennt, was den Menschen übersteigt, ist „in gewisser Weise darauf angewiesen (...), sich selbst vertrauenswürdig zu finden" (Jörns).

Zu einem übermäßig positiven Selbstbild – denn wer sich nicht durch göttliche Gnade „gerechtfertigt" weiß, wird dazu neigen, sich selbst zu rechtfertigen oder gar keinen Grund für irgendwelche Rechenschaft zu sehen – passt eine Suche der Verantwortung für das unabweisbar Böse in den Strukturen der Gesellschaft, also faktisch bei den anderen (Fremdattribution). „Was wir als böse erleben, ist das Ergebnis ungerechter Systeme, in denen wir leben", meinten nach Jörns' Erhebung 44 Prozent der Atheisten, aber nur 12 Prozent der Gottgläubigen. „Das sogenannte Böse sind in Wahrheit Aggressionen, die wir brauchen, um uns im Leben behaupten zu können", meint jeder dritte Atheist, aber nur jeder fünfte Gläubige. Durch diese beiden Formen der politisch-moralischen und psychologischen Selbstentschuldung (Exkulpation) ist der Weg in den Verdruss über andere, über Politiker, das „System" oder die Gesellschaft geebnet – und der Weg in großstrukturelle Weltverbesserungsentwürfe. Die Folgen sind bekannt: Beide verheerenden gesellschaftlichen Großversuche links- und rechtsradikaler Provenienz im 20. Jahrhundert gründeten auf einer dezidiert (wenn auch teilweise undeklariert) antichristlichen, antikirchlichen und atheistischen Ideologie und produzierten menschenverachtenden Terror, Rassen- und Klassenhass bis hin zum Massenmord.

So wurde die Verwüstung Deutschlands und großer Teile Europas durch die NS-Diktatur von maßgeblichen Persönlichkeiten des öffentlichen Lebens der Nachkriegsjahre geradezu metaphysisch als Folge eines Abfalls von der angestammten Religion gedeutet. Prototypisch dafür war Konrad Adenauers Aussage auf einer Veranstaltung der CDU in Wuppertal im Mai 1946: „Wir haben gesehen, wohin wir gekommen sind, da man die Grundsätze des Christentums verlassen hat: zu der Tiefe, in der wir uns jetzt befinden." Im

Februar 1948 schrieb er an den Westdeutschen Verband der katholischen Arbeiter- und Knappenvereine, nur „eine religiös-seelische Erneuerung“ könne „uns aus unserem Chaos heraushelfen“. Den Delegierten des 2. Bundesparteitages 1951 in Karlsruhe schärfte er ein, „die ethischen Ziele, die ethischen Gesetze“, die „allein den Menschen den inneren Halt und die innere Festigkeit geben“, wurzelten „auf religiösem Boden“. Welcher Unionspolitiker wagt, diesen Teil des geistigen Erbes Adenauers, in dessen Nimbus als „unser Bester“ (ZDF-Urabstimmung) man sich sonst gerne sonnt, heute noch zu vertreten? Wer außer, wie eingangs gezeigt, Jörg Schönbohm wagt es noch, den von Adenauer im September 1952 vor dem CDU-Bundesparteiausschuss proklamierten „Kampf um die Seele des deutschen Volkes und um die Seele Europas, die christliche Seele Europas, der uns und unsere Nachfahren noch lange beschäftigen wird“, aufzunehmen? Wer schließt sich des „Alten“ brandaktueller Überzeugung an: „Wir müssen gegenüber dem materialistischen Zeitgeist letzten Endes den Sieg davontragen“? Adenauers Nachfolgerin Merkel erklärt lieber wohlklingend die Toleranz zur Seele Europas und Kritik am (praktischen) Materialismus hörte man von ihr auch nicht.

Dagegen mahnte, ganz im Sinne Adenauers, der Dresdner Bischof Joachim Reinelt bei der Verleihung des Heinrich-Pesch-Preises 1992 in Bonn: „Wir möchten jeden warnen, der glaubt, die religiöse Basis für Recht und Gesetz ohne Schaden leugnen zu können. Wer den religiösen Grundbezug des Menschen zerstört, greift den Menschen selber an. Nach der schmerzlichen Erfahrung des braunen und roten Systems müsste doch eigentlich die Einsicht in Besseres jedem möglich sein. Wer Gott aus den Herzen der Menschen reißt, weckt die wölfischen Instinkte. Wer einmal miterlebt hat, was die Idee bewirken kann, dass am Anfang nicht der Logos, sondern die Materie steht, hat keine Lust, die Konsequenzen aus diesem Irrtum noch einmal zu tragen.“

Wer es religionsneutraler haben möchte, kann sich an den kritischen Rationalisten Karl Raimund Popper halten. Der warnt in seiner Schrift „Das Elend des Historismus“ zugleich drastisch und differenziert: „Die Hybris, die uns versuchen lässt, das Himmelreich auf Erden zu verwirklichen, verführt uns dazu, unsere gute Erde in eine Hölle zu verwandeln (...). Wenn wir die Welt nicht wieder ins Unglück stürzen wollen, müssen wir unsere Träume der Weltenbeglückung aufgeben. Dennoch können und sollen wir Weltverbesserer bleiben – aber bescheidene Weltverbesserer.“

Ist die Rolle des „bescheidenen Weltverbesserers“ nicht geradezu auf den Christen zugeschnitten? Besteht doch das Weltverhältnis des christlichen Glaubens „in jenem überaus differenzierten Verhalten, zu dem es gehört, die Welt sowohl zu fliehen als auch zu gestalten als auch sie als Gottes Schöpfung gegen die Kräfte der Zerstörung in Schutz zu nehmen, vor allem aber, sie zu ertragen“ (Bernhard Hanssler). Die christliche Sozialethik fördert, wie Gerhard Schmidtchen in seiner grundlegenden empirischen Studie: „Protestanten und Katholiken. Soziologische Analyse konfessioneller Kultur“ betont, einen „Typus der distanzierten Beteiligung“, der für den Bestand und die Funktionen der demokratischen Ordnung eine wichtige Aufgabe erfüllt: „In den neueren Anschauungen über das, was in der Demokratie wünschenswert sei, ist dem Staatsbürger, der dem politischen Geschehen mit distanzierter Aufmerksamkeit folgt, eine besondere Rolle zugedacht. Er soll die Veränderung ermöglichen, er soll bürgerkriegsähnliche Spaltungen der Nation verhindern und er hält im Ganzen das System für die Zukunft offen. Dieser Staatsbürger ist nicht der Mann der ideologischen Verhärtung.“

Der Christ wird die Verfassungsrealität zwar an übergeordneten Werten messen und daraus einen Impuls zur politischen Verbesserung bewusst ableiten oder unbewusst verspüren. Kraft seines Jenseitsglaubens sollte er aber zugleich immun gegen die Utopie der irdischen Paradiese sein. „Das Politische, in seiner Wichtigkeit reduziert, kann temperiert, diskutabel, pragmatisch, zweckrational werden. Der Gläubige mag in demokratischen Verfahren siegen, als siege er nicht, und verlieren, als verlöre er nicht. Er bringt die Grundgelassenheit in das staatliche Leben ein, auf die das moderierte und limitierte Verfassungssystem angewiesen ist. Er findet hier zwar den Ort seiner zeitlichen Bewährung, aber nicht den seiner endgültigen Erfüllung“, hebt Josef Isensee in einer Kritik kirchlicher Selbstsäkularisierung (1986) hervor. Die christliche Hoffnung fange die Weltunsicherheit auf durch das Vertrauen auf den, der die Welt überwunden habe, sie sei „gefeit gegen heilsutopischen Aktionismus wie gegen Aussteigertum aus Angst. Sie greift nicht zu hoch und schlägt deshalb nicht um in Enttäuschung oder Verzweiflung. Sie lässt sich nicht erschüttern durch das Scheitern der Entwürfe, weil sie das mögliche Scheitern von vornherein einkalkuliert. Sie akzeptiert die Unvollkommenheit dieser Welt und bietet ihr – das Bild einer besseren vor Augen – Widerstand. Sie fordert Bewährung im Dienst für die anvertrauten vergänglichen Güter. Sie entbindet das scheinbar Widersprüchliche: Hingabe und Distanz, Anstrengung und Gelassenheit. Sie gibt auch dem politischen Wirken fröhliche Tatkraft, weil sie die Perspektive der Zukunft, damit die Möglichkeit von Sinn, über die Grenzen der Zeitlichkeit hinaus offenhält. Der Christ bewährt sich auch als *homo politicus*, gemäß dem Lutherwort, dadurch, dass er, selbst dann, wenn er sicher wüsste, dass morgen die Welt unterginge, heute noch ein Bäumchen pflanzte.“

Damit entspräche der Christ auch dem Anforderungsprofil, das der Soziologe Max Weber in seinem berühmten Vortrag vom Oktober 1919 für all jene entwarf, die „Politik als Beruf“ betreiben. „Jede Art selbstständig leitender Tätigkeit“ – so seine Definition von Politik –, vor allem aber die Leitung oder Beeinflussung der Leitung eines politischen Verbandes, verlange vornehmlich die drei Qualitäten Leidenschaft, Verantwortungsgefühl und Augenmaß: Leidenschaft im Sinne der Hingabe an eine Sache, Verantwortlichkeit gegenüber dieser Sache als „entscheidenden Leitstern des Handelns“ und Augenmaß als „die Fähigkeit, die Realitäten mit innerer Sammlung und Ruhe auf sich wirken zu lassen“, als eine „Distanz zu den Dingen und Menschen“. Distanzlosigkeit sei eine „Todsünde jedes Politikers“ und das Problem, „wie heiße Leidenschaft und kühles Augenmaß miteinander in derselben Seele zusammengezwungen werden können“.

Der Christ, der sich in der streitigen Verwirklichung des Guten mit Tapferkeit und Beharrlichkeit vor Gott zu bewähren hat und zugleich durch die Geborgenheit im Letzten Distanz zum Vorletzten gewinnt; der im Wissen um seine eigene Schuld und Erlösungsbedürftigkeit statt moralischem Rigorismus jene Nachsicht walten lassen kann, die geduldig mit der Unzulänglichkeit der Welt umgeht, sollte eigentlich, wie Weber fordert, gewappnet sein „mit jener Festigkeit des Herzens, die auch dem Scheitern der Hoffnungen gewachsen ist. Nur wer sicher ist, dass er nicht daran zerbricht, wenn die Welt, von seinem Standpunkt aus gesehen, zu dumm oder zu gemein ist für das, was er ihr bieten will, dass er all dem gegenüber: ‚Dennoch!‘ zu sagen vermag, nur der hat den ‚Beruf‘ zur Politik“ – im engeren, auf den Staat bezogenen Sinn wie im weiteren Sinn jedweder Leitungsaufgabe im gesellschaftlichen Bereich.

Tatsächlich zeigte eine CDU-Mitgliederstudie der Konrad-Adenauer-Stiftung (Bürklin, 1997), dass religiös orientierte Mitglieder in der Partei „überdurchschnittlich stark zu ämterorientiertem Engagement bereit“ sind. Die Auszählung der Allensbacher Werbeträgeranalyse 2007 (vgl. S. 158 f.) ergab, dass die „aktive Teilnahme am politischen Leben, politisch aktiv sein“ von 14 Prozent der religiösen jungen Deutschen (14–29 Jahre) als für sie persönlich „wichtig im Leben“ betrachtet wird, unter den nicht religiösen jedoch nur von 5 Prozent. Bei der erklärten generellen Bereitschaft, „Verantwortung für andere (zu) übernehmen“, lagen die religiösen jungen Leute mit 47 zu 28 Prozent vorn.

In einer empirischen Studie über Nichtwähler (1994) fand Michael Eilfort heraus, dass aktive Christen in dieser Gruppe deutlich unterrepräsentiert waren. Auch pauschale Negativurteile über „die“ Politiker – etwa dass es diesen nur um persönliche Macht, Ehrgeiz, Prestige und Diäten ginge, nicht aber um die Interessen der Bevölkerung – unterstützten sie in Umfragen seltener und Protestparteien fanden bei ihnen geringere Resonanz. Als Mitte der Neunzigerjahre in Hamburg eine Zeit lang die „Statt-Partei“ florierte, erklärten bundesweit knapp 40 Prozent der Konfessionslosen, sie würden die Gründung „solcher Parteien wie der ‚Statt-Partei‘ auch in anderen Bundesländern“ begrüßen; unter katholischen Christen waren es nur 27 Prozent, unter evangelischen 35 Prozent. Bei Berücksichtigung der Kirchennähe fiele die Differenz sicher noch größer aus. Die Strenge des Urteils über Politiker bei Konfessionslosen steht dabei im Kontrast zu ihrer oben aufgezeigten größeren Permissivität gegenüber Normverstößen im rechtlichen und moralischen Sinn.

Auch unter Sympathisanten radikaler Parteien von links und rechts sind Konfessionslose über- und kirchennahe Christen unterrepräsentiert. Dass Christen eine geringere Neigung zur postkommunistischen PDS aufweisen, mag kaum überraschen. „Nie an den sozialistischen Staat geglaubt“ zu haben, erklärte in einer Allensbach-Umfrage nach dem Ende der DDR übrigens jeder zweite ostdeutsche Katholik, jeder dritte Protestant, aber nur jeder fünfte Konfessionslose. Dass aber auch die „Republikaner“ mit ihrem Appell an rechtskonservative Motive bei den kirchennahen Christen in Umfragen und Wahlen nur weit unterdurchschnittliche Zustimmung fanden, wird wohl manchem Klischee – jedenfalls von katholischer Kirche – zuwiderlaufen. Während die rechtsnationale Partei 1992 laut „Politbarometer"-Umfragen in Westdeutschland auf durchschnittlich 5 Prozent kam – bei der Landtagswahl in Baden-Württemberg erreichte sie sogar fast 11 Prozent –, lag ihr Sympathiewert bei kirchennahen Katholiken (Gottesdienstbesuch „jeden Sonntag") bei nur 1.8 Prozent; bei kirchennahen Protestanten waren es ebenfalls weit unterdurchschnittliche 2.3 Prozent. Eine interne Studie (Nr. 34/1992) der Konrad-Adenauer-Stiftung stellte fest: „Signifikant unterscheiden sich die ‚Republikaner'-Anhänger von der Gesamtbevölkerung in ihrer Bindung an die Kirchen. Deutlich überrepräsentiert sind sie bei den Konfessionslosen"; 17 Prozent gehörten keiner Kirche an, während es im westdeutschen Bevölkerungsdurchschnitt nur 7 Prozent waren. 52 Prozent der „Republikaner"-Sympathisanten gaben an, „überhaupt keine Kirchenbindung" zu haben (CDU: 20 %, SPD: 39 %), und 54 Prozent, „kein religiöser Mensch" zu sein (CDU: 26 %, SPD: 42 %). Auch bei Landtagswahlen erreichten Rechtsradikale unter Konfessionslosen den zwei- bis dreifach höheren Prozentsatz als bei Christen, so zum Beispiel die ausländerfeindliche DVU 1998 bei der Landtagswahl in Sachsen-Anhalt unter Konfessionslosen 17, bei den Christen (ohne Berücksichtigung der Kirchennähe) 7 Prozent.

Der stärkeren Ablehnung radikaler Parteien entspricht die in mehreren Allensbacher Umfragen eruierte Überzeugung einer Dreiviertelmehrheit der kirchennahen Christen, dass „unsere Gesellschaftsordnung, so wie sie jetzt (in der Bundesrepublik) ist, wert ist, verteidigt zu werden". Die Konfessionslosen meinten dies stets zu 10 bis 20 Prozent weniger, seit der Wiedervereinigung aufgrund der generell niedrigeren Werte in Ostdeutschland sogar zu 30 Prozent weniger. 1995 äußerten 42 Prozent der Konfessionslosen ausdrücklich: „Habe Zweifel", weitere 13 Prozent erklärten sich „unentschieden". Unter kirchennahen Christen war der Anteil der Zweifler und Unentschiedenen nicht einmal halb so hoch: Nur jeder fünfte

Katholik und jeder vierte Protestant bezweifelte den Wert unserer Gesellschaftsordnung ausdrücklich oder durch Unentschiedenheit.

Im Osten Deutschlands waren es insbesondere katholische Bischöfe, die frühzeitig und uneingeschränkt zur Annahme und Identifikation mit der grundgesetzlichen Ordnung aufriefen. Während evangelische Geistliche manchmal „mit geradezu depressiver Larmoyanz und rückwärtsgewandtem Weltschmerz“ – so Heike Schmoll in der FAZ (16.8.90) – „Ehrenerklärungen“ für die Idee des Sozialismus abgaben und über soziale Verwerfungen der Marktwirtschaft klagten, betonte der Dresdner Bischof Joachim Reinelt, im Grundgesetz sei die Würde des Menschen „in wunderbarer Weise“ verankert; darin erkenne er „verwirklichten Glauben“; es sei nur natürlich, dass „Feinde des Glaubens“ vieles von dem, was im Grundgesetz stehe, nicht ertragen könnten (KNA vom 16.9.1991). Vor der Währungsunion erklärte er (laut KNA vom 11.5.90): „Auch bei einem Umtausch von 1 zu 2 oder 1 zu 3 hätten wir noch allen Grund, für die errungene Freiheit, Demokratie, Gerechtigkeit und eine wirtschaftliche Perspektive überaus dankbar und glücklich zu sein“; die aktuellen sozialen Probleme stünden in keinem Verhältnis zu den Härten der Unfreiheit und Misswirtschaft unter dem alten Regime.

Bei der Besetzung politischer Ämter und Mandate in den neuen Bundesländern rückten katholische Christen denn auch weit überproportional zu ihrem Bevölkerungsanteil (rund 5 %) in Führungsverantwortung ein. In Sachsen stellten sie ein Drittel der Abgeordneten sowie den Ministerpräsidenten, den Landtagspräsidenten und den Oberbürgermeister der Landeshauptstadt Dresden. Zeitweise waren vier von fünf Ministerpräsidenten der neuen Länder Katholiken (Gomolka, Münch, Duchac/Vogel, Biedenkopf). Diesbezügliche protestantische Klagen über eine „katholische Machtübernahme“ (Ehrhart Neubert) waren widersinnig. Große Teile der bisherigen evangelischen „Kirche im Sozialismus“ beraubten sich in der Wendezeit durch „Anschluss"-resistente und ideologisch irrlichternde Politikoptionen eines reformierten Sozialismus oder „dritten Weges" selbst ihrer Einflussmöglichkeiten und riefen dann: „Haltet den Dieb!" Insgesamt entscheidend für unser Thema ist aber: Die christliche Minderheit in Ostdeutschland nahm nicht nur in der friedlichen Revolution, sondern auch beim anschließenden politischen Systemwechsel eine historische Führungsaufgabe wahr.

Eine höhere Systemidentifikation unter der Ordnung des Grundgesetzes und geringere Politikverdrossenheit der Christen kann angesichts der christlichen Anthropologie nicht verwundern. Denn wenn der Gläubige einerseits auf das ursprünglich und potenziell Gute im Menschen vertrauen darf und soll, dann aber enttäuscht wird, kann seine Reaktion dennoch maßvoll ausfallen, weil ihn das Böse nicht unerwartet, unerklärbar und ungetröstet trifft; und den Übeltäter kann er schon deshalb nicht allzu rigoros verurteilen, weil er die Erkenntnis, dass „alle zumal Sünder und Böse" (Luther) sind, stets auch auf sich selbst beziehen muss. Das lässt vorsichtiger urteilen, auch gegenüber Politikern, die ihre Fehltritte im Flutlicht der demokratischen Öffentlichkeit nur schwer verbergen können. Um es mit einem „altmodischen" Wort auszudrücken: Christlicher Demut ist selbstgerechtes Schwarz-Weiß-Denken fremd. Sie hat davon auszugehen, dass wir alle „Zebras" sind (Joachim Kardinal Meisner).

Theologisch gesprochen liegt die höhere Frustrationstoleranz der Gläubigen also begründet in der christlichen Erbsündenlehre, die Max Horkheimer in einem Interview 1970 unter der Überschrift: „Die Sehnsucht nach dem ganz anderen" kurz vor seinem Tod als „die großartigste Lehre in beiden Religionen, der jüdischen wie der christlichen" bezeichnete. Nach ihr ist der Mensch in seiner Gottesebenbildlichkeit gut geschaffen, aber – seit dem Sündenfall, sein zu wollen wie Gott – auch fähig zum Schlimmsten. Zu den düstersten Worten Jesu gehört die Warnung: „Nehmt euch aber vor den

Menschen in Acht!“ (Mt 10,17). Die politische Relevanz christlich-anthropologischer Skepsis formuliert das Hamburger CDU-Grundsatzprogramm von 1994 so: „Jeder Mensch ist Irrtum und Schuld ausgesetzt. Die Unvollkommenheit und Endlichkeit des Menschen, die Begrenztheit seiner Planungs- und Gestaltungsfähigkeit setzen auch der Politik Grenzen. Die Einsicht in diese Begrenztheit bewahrt uns vor ideologischen Heilslehren und einem totalitären Politikverständnis und schafft Bereitschaft zur Versöhnung. Bei allem Engagement können wir die vollkommene Welt nicht schaffen“ (Ziff. 10). Leider sind die Begriffe „Unvollkommenheit“, „Endlichkeit“ und „Begrenztheit“ im neuen CDU-Programm von Hannover 2007 einer Kürzung dieses Passus zum Opfer gefallen.

Gegen den – bei oberflächlicher Betrachtung möglichen – Eindruck, mit ihrer Anthropologie beschreibe die christliche Religion doch nur Selbstverständliches, betont Josef Isensee (2006) in einer Abhandlung zur Menschenwürde: „Das Menschenbild des Christentums spiegelt die *conditio humana* in ihren Widersprüchen, in Glanz und Elend. Darin unterscheidet es sich von den zahllosen Bildern, die die Menschen im Laufe der Geschichte von sich selber gemacht haben. Es deckt sich nicht mit dem Schönheitsideal der Renaissance und nicht mit dem Gelehrtheitsideal des Humanismus. In ihm manifestiert sich nicht lediglich der Vernunftstolz der Aufklärung, auch wenn sich in ihm die Vernunft als edelste Eigenschaft spiegelt. Die Schattenseiten sind nicht wegretuschiert wie aus dem Gutmensch-Bild des Liberalismus. Vielmehr gehören die hässlichen, die unerleuchteten, die zum Bösen geneigten Züge hinzu, das Erbärmliche einer dem Verfall und dem Tod ausgelieferten Kreatur. *Ecce homo:* das ist der seiner Kleider und seines Ansehens beraubte, mit Geißeln und Dornen gequälte, zur Spottfigur erniedrigte, in seiner Würde zutiefst beleidigte Mensch. Dieser Mensch ist aber Sohn Gottes, und dieser hat die gefallene Menschheit, damit auch seine

Ankläger, Spötter, Folterknechte und Richter, erlöst und damit das Tor zum jenseitigen Heil, zu dem alle berufen sind, aufgetan."

So konnten auch die Jünger und die oft verfolgten christlichen Gemeinden bis heute dem Vorbild Jesu gemäß für ihre Feinde und Verfolger beten. Gerade mit seinem Aufruf zur Versöhnlichkeit, zu Selbstkritik, Sanftmut und Barmherzigkeit trägt der christliche Glaube dazu bei, dass politische Auseinandersetzungen nicht den Siedepunkt eines Hasses erreichen. Dieser könnte innenpolitisch dazu verleiten, den politischen Gegner nicht nur überzeugen oder in Wahlen besiegen zu wollen, sondern auszuschalten, mundtot zu machen oder gar physisch zu vernichten. Aber auch im internationalen Maßstab können die genannten christlichen Tugenden eine segensreiche Wirkung entfalten durch die Befähigung zu Kooperation, Verständigungsbereitschaft und Friedenssicherung.

## Motivation zu übernationalem Gemeinwohldenken und Völkerverständigung

Christlichem Patriotismus bleibt gegenüber einem immer wieder entflammbaren Nationalismus gewahr: Es gibt wesentlichere Bande zwischen den Menschen als die der Nation.

Nicht, dass Christen „vaterlandslose Gesellen" wären. Zwar heißt es im Philipperbrief (3,20) durchaus provozierend: „Unsere Heimat aber ist im Himmel", womit alle irdischen Bindungen und Behausungen relativiert wären. Doch auf die Allensbacher Frage: „Würden Sie sagen, dass Sie alles in allem Ihr Land – Deutschland – lieben, oder würden Sie das nicht sagen?" wählten über 80 Prozent der Protestanten und Katholiken die patriotische Antwort, zehn Prozent mehr als von den Konfessionslosen. Die Kirchen haben auch die europäische Integration in Richtung Westen und Osten stets aufgeschlossen begleitet und mit eigenen Initiativen gefördert. Und sie müssen über das nationale Gemeinwohl hinaus auch ein europäisches Gemeinwohl und ein Weltgemeinwohl annehmen und anstreben, denn für den Christen ist der Nächste eben nicht der Volksgenosse, sondern der ihm jeweils begegnende, von Gott anvertraute Mitmensch, zuvörderst freilich der christliche Bruder und der Notleidende diesseits *und jenseits* politischer Grenzen. Gerade von den Kirchen und engagierten christlichen Gruppen und Einzelpersonen ist daher zum Beispiel die deutsch-polnische Versöhnung wesentlich unterstützt worden. Was auf kirchenpolitischer Ebene durch Initiativen mit großer Öffentlichkeitswirkung – etwa den Briefwechsel deutscher und polnischer Bischöfe 1965 – geschah, wurde durch unzählige Hilfs- und Besuchsaktionen an der Gemeindebasis, im geistig-moralischen Sinn auch auf publizistischer Ebene vorbereitet, mit Leben gefüllt und so zukunftsfest gemacht.

Ein Beispiel: Schon 1963, lange vor den Ostverträgen, der Entspannungspolitik und der Anerkennung der Oder-Neiße-Grenze, als Schmerz, Empörung und Bitterkeit unter den deutschen Heimatvertriebenen trotz ihres erklärten Verzichts auf Rache und Vergeltung in der „Charta“ 1950 noch verbreitet waren und konfrontative Rückgabeforderungen erhoben wurden, hieß es höchst differenziert im „Evangelischen Soziallexikon“: „Die Heimat als der Ort unseres seelisch-geistigen wie körperlichen Lebens gehört zu den Gaben des Schöpfers, für die wir dankbar zu sein haben.“ Zwar sei es „Frevel, wenn dem Menschen seine Heimat geraubt und er in die Fremde verstoßen wird“; doch gehe der Mensch, „obgleich mit seiner Heimat zunächst verbunden und verwurzelt, doch nie so in ihr auf, dass er sein Wesen und Dasein verlieren müsste, wenn er aus ihr herausgenommen wird. Es gehört zur Freiheit des Menschen, dass er sich besser als jedes andere Lebewesen von seiner ursprünglichen Umwelt loslösen und eine neue finden oder schaffen kann.

Sowenig Gott ein an Blut und Boden gebundener Gott ist, ebenso wenig ist es der Christenmensch." Im Schicksal der Heimatlosigkeit könne „die Hand Gottes gesehen werden, der in seiner Freiheit Menschen (Abraham) und Völker (Israel) aus ihrer Heimat gerufen hat und immer wieder rufen kann, um seinen Plan mit ihnen zum Ziel zu führen. Er kann eine neue Heimat schenken, wo und wie es ihm gefällt, ohne dass dadurch die ewige Bestimmung des Menschen zunichtewird. Zugleich offenbart sich in diesem Schicksal aber auch die menschliche Sünde, denn das gegenwärtige Los der Heimatvertriebenen hängt damit zusammen, dass seit Langem die Völker aneinander schuldig geworden sind durch übertriebenes Nationalbewusstsein, falsche Herrschaftsansprüche und die unselige Idee des geschlossenen Volksstaates, die in den komplizierten völkischen Verhältnissen Osteuropas zur Katastrophe führen musste. Was sich hier am Einzelnen vollzieht, ist nicht die Folge persönlicher Schuld, sondern das stellvertretende Tragen einer Gesamtschuld, die über Generationen und Nationen hinwegreicht."

Dann versucht das im Auftrag des Deutschen Evangelischen Kirchentages herausgegebene Lexikon, das Leidensproblem theologisch aufzulösen: „Als stellvertretendes Leiden kann dieses Los aber nur getragen werden, wenn es im Glauben an das Urbild des stellvertretenden Leidens, Jesus Christus, getragen wird. Nur aus der Einsicht in diese Zusammenhänge kann die Verbitterung überwunden werden, die zur Anklage gegen Gott und zum Hass gegen Menschen wie zur unstillbaren Racheforderung führt." Damit ist Menschen eine gute Wegweisung gegeben, die Schrecken und unwiederbringlichen Verluste der Vertreibung zu verarbeiten. Neben moralischer Klugheit tritt hier eine tröstliche, befriedende und heilsame Wirkung des christlichen Glaubens hervor, die dieser auch millionenfach im privaten Leben entfaltet.

## Lebenszufriedenheit, Gesundheit, Beziehungsstabilität und Familiensinn

Die Frohe Botschaft des Christentums, ihre befreiende, die irdische Endlichkeit überschreitende Hoffnung, begründet eine zufriedenere und optimistischere Lebenseinstellung.

Nicht zu Unrecht gilt der Christ im Vergleich zum Atheisten in der Bevölkerung als fröhlicherer, zufriedenerer Mensch. Entgegen manchen Klischees fühlen sich Christen nach einer Allensbacher Umfrage (1996) in ihrem Leben freier und selbstbestimmter als Konfessionslose. Insbesondere in Westdeutschland, aber auch in Ostdeutschland fühlen sich Christen demnach freier und selbstbestimmter in ihrem Leben.

*„Einige Leute haben das Gefühl, dass sie völlig frei ihr Leben selbst bestimmen, andere meinen, dass sie nur wenig Einfluss darauf haben, wie ihr weiteres Leben abläuft. Bitte sagen Sie es mir nach dieser Leiter hier:"*

| Westdeutschland | Katholiken | Protestanten | Konfessionslose |
|---|---|---|---|
| „vollkommen frei" oder „ziemlich frei" (Stufen 7–10) | 64 % | 54 % | 47 % |
| „überhaupt nicht frei" oder „nicht sehr frei" (Stufen 1–6) | 35 % | 44 % | 53 % |
| Im Durchschnitt bei Stufe | 7,1 | 6,6 | 6,2 |

(Allensbacher Jahrbuch der Demoskopie, Bd. 10, S. 89)

In Ostdeutschland stufen sich die Hälfte der Christen und 40 Prozent der Konfessionslosen als „vollkommen“ oder „ziemlich“ frei ein; eher oder gänzlich unfrei fühlen sich 38 Prozent der Katholiken, 40 Prozent der Protestanten und 58 Prozent der Konfessionslosen. Eine Allensbacher Umfrage für den MDG-Trendmonitor „Religiöse Kommunikation 2010“ (Bd I, S. 51) ergab: „Der Kirche eng verbundene Gläubige bezeichnen sich im höchsten Anteil als glückliche Menschen.“ „Bin sehr glücklich“, erklärten 45 Prozent der „gläubigen Kirchennahen“, 37 Prozent der „kritischen Kirchenverbundenen“, 31 Prozent der „kirchlich distanzierten Christen“ und „Nichtreligiösen“ und 24 Prozent der „Glaubensunsicheren“ (gefragt waren nur katholische Kirchenmitglieder). Dass ihnen ihr Leben „manchmal“ oder „oft so sinnlos vorkommt“, kannten die kirchennahen zu 38 Prozent, die anderen Gruppen jeweils etwa zur Hälfte (S. 51).

Von einem angeblich (insbesondere im Katholizismus) durch kirchliche Gebote und Verbote belasteten Lebensgefühl keine demoskopische Spur.

Nach Gerhard Schmidtchens Jugendstudie „Ethik und Protest“ ist auch „das persönliche Zukunftsvertrauen der aktiven Christen im Durchschnitt etwas größer. (...) Dass die Arbeit interessant sei, ist von ihnen etwas überdurchschnittlich zu hören. Das Lebensgefühl tendiert stärker zum Positiven als das der Übrigen und aktive junge Christen beschreiben ihren Gesundheitszustand tendenziell positiver.“ Da christliche Familien eine „größere emotionale Stabilität und Kultur“ hätten, seien bei den Jugendlichen „Brüche in der Sozialisation seltener“. Dazu zählten Konflikte mit Lehrern und Mitschülern, Probleme bei einem Schulwechsel und ein Abbruch der Schul- oder Berufsausbildung. „Auch Vor- und Jugendstrafen sind wesentlich seltener in den aktiven christlichen Familien. Wenn es um Geldfragen geht oder um Genussmittel wie Rauchen, haben die Jugendlichen weniger Konflikte mit ihren Eltern. Die Normenkonformität ist im Ganzen größer.“ In der Sexualität seien die Kirchenbesucher und Gläubigen „etwas zurückhaltender“, ihre ersten sexuellen Erfahrungen machten sie später, obwohl die Zahl fester Partnerschaften kaum geringer sei. „Wohl aber tritt Liebeskummer nicht so häufig auf, das heißt, die Partnerschaften werden behutsamer und wahrscheinlich mit größerer Treue geführt.“

Dies setzt sich fort in niedrigeren Scheidungsraten, die unter kirchennahen US-Amerikanern 18 Prozent gegenüber 34 Prozent bei kirchenfernen betragen. In Deutschland zeigte Jörns' Studie „Die neuen Gesichter Gottes“ in einer Glaubenstypologie, dass „Gottgläubige“ die Scheidung stärker ablehnen und „das Ende einer Liebe“ seltener als die anderen Gruppen („Transzendenzgläubige“, „Unentschiedene“, „Atheisten“) zu den prägendsten eigenen Lebenserfahrungen zählen. Ursachen hierfür erhellt auch ein Befund des Allensbacher „Generationen-Barometers“ 2006. Danach bewirkt „besonders die religiöse Erziehung offenbar eine deutlichere Hinwendung zu familienfreundlichen Einstellungen“:

| 30- bis 44-jährige Eltern: | Ich wurde religiös erzogen und bin heute religiös | Ich wurde religiös erzogen und bin heute nicht religiös | keine religiöse Erziehung |
|---|---|---|---|
| „Gemeinsame Mahlzeiten sind uns wichtig.“ | 86 % | 77 % | 70 % |
| Familienleben: „Wir sprechen viel miteinander.“ | 77 % | 69 % | 64 % |

| | | | |
|---|---|---|---|
| „Wenn es Streit gegeben hat, gelingt es uns meist recht schnell wieder, uns zu versöhnen." | 77 % | 67 % | 64 % |
| „In unserer Familie gibt es viel Wärme und Geborgenheit." | 75 % | 67 % | 64 % |
| „Man nimmt sich viel Zeit füreinander." | 54 % | 51 % | 45 % |

Einen positiven Zusammenhang von Glaube und Gesundheit bestätigen Daten, die Angus Deaton, Ökonom an der amerikanischen Eliteuniversität Princeton, in den Jahren 2006 bis 2008 durch eine Umfrage in 145 Staaten erhob. Dabei wurden Faktoren wie Einkommen, Alter und Geschlecht berücksichtigt. Deatons Fazit: „Religiöse Menschen schneiden bei einer Reihe von Gesundheitsindikatoren besser ab." Eine 2009 erschienene Arbeit von Michael McCullough von der Universität Miami, die Hunderte von Studien auswertete, weist zur Erklärung dieses Phänomens „auf einen mentalen Effekt hin. So können religiöse Menschen belastende Lebenssituationen besser verarbeiten und zeigen weniger häufig depressive Symptome. Nicht unerheblich dürfte hier sein, dass die Ehen von religiösen Menschen sich als stabiler erweisen und diese Menschen in ihren Ehen eine höhere Zufriedenheit offenbaren. Offensichtlich hilft der Glaube, mit Stress und Schicksalsschlägen besser fertigzuwerden und stabile Beziehungen zu pflegen", berichtete Friedrich Heinemann vom Zentrum für Europäische Wirtschaftsforschung im „Rheinischen

Merkur“ (1.10.2009). Dass regelmäßige Gottesdienstbesucher länger lebten – nach Angaben des US-Medizinprofessors Dale Matthews im Schnitt sieben Jahre –, begründet McCullough aber auch damit, dass „sie weniger häufig riskante Verhaltensweisen an den Tag legen“: Trinken, Rauchen, Drogenkonsum, auch die Weigerung, beim Fahren im Auto einen Sicherheitsgurt anzulegen, sowie sexuelle Promiskuität seien bei religiösen Jugendlichen wie Erwachsenen seltener. Dafür spielten sowohl eine „Überwachung“ durch die Glaubensgemeinschaft als auch die Förderung der Selbstreflexion des Einzelnen eine Rolle. Viele religiöse Riten – wie die im Gottesdienst oder in der Beichte abzulegenden Schuldbekenntnisse – „beinhalten die Besinnung auf Abweichungen des Verhaltens von den sich selber gesetzten Maßstäben“; zudem förderten Gebet, Meditation oder Fasten die Selbstbeherrschung. „Die so entwickelte Fähigkeit zur Selbstregulierung steht dann auch im Hinblick auf andere Ziele zur Verfügung.“

Dass über 200 Studien in den USA für Menschen mit einer intrinsischen, also innerer Überzeugung folgenden Religiosität überdurchschnittliche „Psychohygiene-Werte“ ermittelten, machte in Deutschland die Zeitschrift „Psychologie Heute“ (6/1997) publik. Entgegen verbreiteten psychotherapeutischen Topoi, wonach streng religiös erzogene Menschen durch „ekklesiogene Neurosen“ (Eberhard Schaetzing) oder „Gottesvergiftung“ (Tilmann Moser) seelisch Schaden zu nehmen und speziell Sexualstörungen zu entwickeln drohten, bestehe zwischen der Anfälligkeit für Neurosen und Psychosen und der Religiosität keine bzw. eine signifikant negative Beziehung. Der Glaube an einen gütigen Gott gehe mit einem höheren Grad an seelischer Gesundheit einher, erleichtere die Bewältigung von Stress, Kummer, Verlust und Lebenskrisen und beschleunige Genesungsprozesse. „Die Gläubigen konsumieren weitaus weniger Drogen und Alkohol als die Nichtgläubigen, begehen weniger Selbstmorde, haben niedrigere Scheidungsraten und – vielleicht überraschend – sie haben besseren Sex", berichtete die populäre Psychologie-Zeitschrift. Das ließ sich die Boulevardpresse nicht entgehen. Die Münchener „Abendzeitung" (11.6.1997) wählte für ihren Aufmacher gleich den Superlativ: „Göttlich! Gläubige haben den besten Sex. Wissenschaftler beweisen unglaubliche Zusammenhänge."

Die heilsamen, Lebensglück begünstigenden Wirkungen des Glaubens mögen in erster Linie der privaten Sphäre zuzurechnen sein. Doch haben sie, psychologisch vermittelt, auch eine politische Wirkung, da „persönliche Frustrationen auf eine geradezu unwahrscheinliche Weise generalisiert werden", betont Gerhard Schmidtchen. Sie beeinflussten die Art der politischen Nachfrage und die Formen ihrer Durchsetzung. Diejenigen, die ihre biografische Unzufriedenheit und ihr Veränderungsstreben auf die Politik übertragen, seien ungeduldig und „bevorzugen in einem erheblichen Umfang nonkonforme Änderungsstrategien. (...) In der politischen Partizipation, in den Formen, die Verfassung und Recht vorgesehen haben, tun sich die biografisch frustrierten Jugendlichen nicht besonders hervor, seien es Wahlen, parteiorientierte Verhaltensweisen oder problemspezifische Aktionen. Bei zivilem Ungehorsam dagegen und der Empfehlung, politische Gewalt anzuwenden, sieht man sie vorn." Da aber in solchen Verhaltensformen keine Kontinuität der Verantwortung etabliert und die Diskrepanz zwischen Motivationsstärke und politischer Kompetenz nicht abgebaut werden könne, sei die weitere politische Frustration vorgezeichnet: „Die Enttäuschten wählen Wege, die wiederum zur Enttäuschung führen."

Demnach sind es „nicht primär die Makrostrukturen der Gesellschaft, sondern die Mikrostrukturen der persönlichen Lebensverhältnisse in Familie, Schule und Arbeitswelt, die junge Menschen – um in der Terminologie der 68er-Revolution zu bleiben – gegebenenfalls kaputt machen" (Lothar Roos) und politisch radikalisieren. Im Lichte dieser Erkenntnis ist der christliche Glaube mit seinen sinn- und identitätsstiftenden, Hoffnung, Trost und Stabilität vermittelnden Inhalten und seinem in allen Sozialbeziehungen hilfreichen Orientierungswissen ein Faktor der persönlichen Daseinsbewältigung und dadurch auch der politischen Befriedung.

## Einwände und Schlussfolgerungen

### „Licht der Welt"? – Denken und Handeln

Es scheint also im Leben etwas spürbar zu werden vom Glauben der Christen und ihrer biblischen Bestimmung als „Salz der Erde" und „Licht der Welt", und zwar auch jenseits institutionalisierter „Werke" der Armenhilfe, Krankenpflege, Kinderbetreuung, Jugendarbeit, Bildung, internationalen Verständigung und Entwicklungshilfe. Über solches Sichtbare mit „Nachrichtenwert" hinaus zeichnen sich in den Umfragen Beiträge zum Gemeinwohl ab, die durchaus den Ermahnungen der Heiligen Schrift entsprechen – wie etwa der bei allen drei Synoptikern fast gleichlautend überlieferten Forderung Jesu: „Gebt dem Kaiser, was des Kaisers ist" oder der paulinischen im Brief an die Römer (13,1–7), wo der schuldige Gehorsam und die bürgerliche Rechtschaffenheit ausgerechnet an der verhassten Steuerpflicht exemplifiziert werden. Im Lichte der Befunde zum Rechtsbewusstsein bewahrheitet sich auch das Wort des Psalmisten: „Im Reiche dieses Königs hat man das Recht lieb" (Ps 99,4) und in der Breite segensreicher Wirkungen die allgemeine alttestamentarische Weisung: „Suchet der Stadt Bestes, dahin ich euch habe wegführen lassen, und betet für sie zum Herrn; denn wenn's ihr wohlgeht, so geht's auch euch wohl" (Jer 29,7; Luther). Freilich wird man dieses Wort nach dem hier Dargelegten auch umkehren dürfen. Die säkulare Gesellschaft und die verantwortlichen Eliten der „Res Publica", seien sie selbst gläubig oder nicht, sind gut beraten, der Devise zu folgen: „Suchet der Christengemeinde Bestes, denn wenn's ihr wohl geht, so geht's auch euch wohl."

Nun ließen sich allerlei Einwände erheben, von denen die häufigsten kurz aufgegriffen werden sollen:

1. Die meisten der hier dargestellten Befunde vermögen nur indirekt Aufschluss über die tatsächlichen Gemeinwohlbeiträge der Christen zu geben, da sie meistens Einstellungen beschreiben, die nicht notwendigerweise ein entsprechendes Verhalten nach sich ziehen. Ist die Erforschung von Einstellungen deshalb müßig?

Dagegen ist zunächst auf die historische Wirkungsmacht von Ideen und Überzeugungen zu verweisen, die im Blick auf das zwanzigste Jahrhundert offenkundiger erscheint denn je. Wenn schon weltliche Ideologien so dramatische Folgen im Verhalten von Millionen von Menschen zeitigten, warum sollte dann ausgerechnet die Religion mit ihrem hohen ideellen Wert für den Gläubigen nicht auch verhaltensrelevant sein?

Aus der Sicht der empirischen Sozialpsychologie besteht zwischen Einstellungen und Verhalten ein enger Zusammenhang: In der Regel ist „die Modellierung einer Handlung in Gedanken (...) Voraussetzung dafür, dass überhaupt diese Handlung stattfinden kann. Das heißt nicht, dass jedes Gedankenmodell zur Handlung führt, aber das heißt umgekehrt, dass keine Handlung denkbar ist, die nicht von einer auch kognitiv geordneten Motivation begleitet ist" (Schmidtchen/Uehlinger). Einfacher gesagt: Die richtige Einstellung garantiert zwar noch nicht das entsprechende Verhalten; fehlt sie aber von vornherein, ist die Wahrscheinlichkeit eines entsprechenden – sozial verträglichen und förderlichen – Lebens noch geringer. Laut einer „Untersuchung über die Ursachen politischen Protests“ (Opp/Roehl) gilt etwa für das Rechtsbewusstsein: „Je stärker sich Personen verpflichtet fühlen, sich in legaler Weise zu engagieren (in je stärkerem Maße sie also Protestnormen akzeptieren), desto eher werden sie sich in legaler Weise engagieren; in je höherem Maße Rechtfertigungen für Gewalt akzeptiert werden oder eine Bereitschaft für Gewalt besteht (...), desto eher wird illegaler Protest ausgeführt.“ Außerdem schaffen auch passive Billigung oder augenblinzelndes Verständnis jener, die selbst nicht zur Tat schreiten, eine Atmosphäre, in der die Grenzen zwischen Legalität und Illegalität verschwimmen und zumindest anderen der Tabubruch illegalen Handelns oder der Übertretung ungeschriebener gesellschaftlicher Regeln erleichtert wird.

Selbst wo Unterschiede im Ethos von Christen und Nichtchristen heute geringfügig erscheinen, ist zu beachten, dass die Wirkung von Einstellungen auf das Verhalten Langzeiteffekten folgt: Verliert sich ein über Jahrhunderte tradierter Glaube, so wirken dessen ethische Implikationen, kulturell vermittelt durch Erziehung, Mentalität, Norm und Sitte, noch Generationen nach. So prägt das Christentum heute in gewissem Umfang auch noch das Denken und moralische Empfinden von Konfessionslosen oder bloß nominellen Christen. Diese moralische „Nachwirkung“ kann dieselbe Illusion nähren wie ein Baum, dessen Wurzeln abgeschnitten sind: Er steht auch noch eine Weile grün da. Ebenso könnten die heute behauptete „Evidenz“ moralischer Normen und der „kulturelle Konsens“ mit der Zeit schließlich doch vergehen und ihre verborgene religiöse Bedingtheit offenbaren.

Die Säkularisierung ist jedenfalls längst nicht mehr „als ‚Subtraktionsgeschichte‘ zu erzählen – als eine Geschichte des gewinnbringenden Wenigerwerdens von Glaube, Metaphysik und Spiritualität, bis endlich der strahlende Kern des Aufgeklärt-Säkularen hervortritt“. Das säkulare Zeitalter ist bereits vor dem heutigen Erfahrungshorizont „kein goldenes Zeitalter, in das wir nach einer Epoche der Finsternis Einzug hielten. Den Rationalitätsgewinnen stehen vielmehr Verlustgeschäfte gegenüber, die mit dem Ausklammern der Gottesidee zu tun haben", bilanziert Christian Geyer in einer Besprechung des monumentalen Werks: „Ein säkulares Zeitalter" von Charles Taylor (FAZ, 14.10.09). Dieser neben Jürgen Habermas vielleicht einflussreiche Sozialphilosoph der Gegenwart distanziert sich von einer „Selbstverständlichkeit der abgeschlossenen Perspektive", die „für das Vertikale oder Transzendente keinen Platz" lässt. Er steht exemplarisch für ein gewisses Umdenken gegenüber der Religion im intellektuellen Milieu – ein Umdenken, welches das pseudointellektuelle Milieu mancher Magazine freilich substanziell noch unzureichend erfasst hat, auch wenn das Intelligenzblatt „Die Zeit" zu Ostern 2010 ein neues Ressort „Glauben und zweifeln" eröffnet hat.

## „Aber die historischen Verbrechen ..."

2. Wenn das Christentum so heilsame, lebensfreundliche Wirkungen hat, wie war es dann möglich, dass die Kirchen in der Geschichte zahlreiche Verbrechen begangen, begünstigt oder geduldet haben? Darüber ließe sich mit einem eigenen Buch antworten. Hier können nur stichwortartig einige Antwortelemente für ein mehrstufiges „Clearing" aufgelistet werden: Zunächst sind die üblicherweise angeführten „Sünden" der Kirche(n) viel genauer und differenzierter zu überprüfen, als es heute oft geschieht. Nur so kann man historisch gesicherte Fakten von Klischees unterscheiden, die offenkundig von ideologischen oder persönlichen (die eigene Kirchenabstinenz rechtfertigenden) Interessen inspiriert sind. Pauschalierende, lernresistente „Vorstellungen" wie jene vom „Versagen der Kirche im Nationalsozialismus" haben sich im Common Sense eingerichtet und werden wie „Selbstläufer" immer neu reproduziert. Legen-

denbildung – derer man die Religion gern überführt – gibt es leider auch in der Geschichte zuhauf. Und „selektive Wahrnehmung“ durch die Vermeidungs- und Verdrängungsstrategien „kognitiver Dissonanz“ ist nicht nur ein individualpsychologisches, sondern auch ein gesellschaftliches Problem.

In einer Zeit, in der man es sich angewöhnt hat, auch mit einer gediegenen Halbbildung meinungsfreudig draufloszudozieren oder ohne viel Reflexion an TV-inszenierten emotionalen Schnellgerichten teilzunehmen, ist bei der Urteilsbildung äußerste Vorsicht geboten. In einem FAZ-Leitartikel fragte Heinz-Joachim Fischer unter der Überschrift „Öffentlicher Unsinn und geistige Müllabfuhr“: „In der Freude über Maschinen und Motoren, über weiß machende Waschpulver und zischende Sprays übersah man, welche Abfälle mit ihrer Herstellung, welche Nachlasten mit ihrem Gebrauch verbunden sind. Nun weist uns ein geschärftes Umweltbewusstsein darauf hin, dass die Natur der Produktionskraft des Menschen nicht mehr gewachsen ist, dass Abwasser, Abfälle, Verpackungen oder Wracks beseitigt werden müssen. Wer aber entsorgt den Wissensmüll, den Wust von Widersprüchlichem und Falschem, der die Halb- und Viertelwahrheiten des öffentlichen Geschwätzes umgibt?“

In einem zweiten Schritt müssen die gesicherten Fakten dann in ihrem Zeitkontext gerecht bewertet werden. Das soll zu keiner Auflösung moralischer Maßstäbe in apologetischer Relativierung führen. Man hat aber zu berücksichtigen, dass die Kirche als Gemeinschaft fehlbarer Menschen natürlich auch Anteil an Zeitirrtümern und als gesellschaftliche Institution an strukturellem Unrecht hat. Vor einem Urteil über historische Fehleinschätzungen oder gar Verbrechen ist zu fragen: Was konnten die zeitgenössischen Akteure wissen, sowohl bezüglich der Fakten als auch der moralischen Kriterien? Gibt es „mildernde Umstände“ wie Unkenntnis, kollektiven Affekt, Druck oder Erpressung durch andere Kräfte?

Auch der Kirche ist ein historischer Prozess des Erkenntnisfortschritts aus Erfahrung und durch die Rezeption wissenschaftlicher Erträge zuzubilligen. Würde man einem Menschen sein in einer früheren Lebensphase begangenes Unrecht, soweit er es erkannt, bereut, eingestanden und nach Möglichkeit wieder gutgemacht hat, immer neu vorhalten? Die römisch-katholische Kirche hat im Jahr 2000 ein feierliches Schuldbekenntnis abgelegt, die deutsche evangelische Kirche nach dem Dritten Reich 1945 das „Stuttgarter Schuldbekenntnis". Das sollte anerkannt werden. Die in diesem Buch gemachten Aussagen über Kirche und Christsein beziehen sich jedenfalls auf die christliche Religion nach der Aufklärung – und speziell der Gegenwart in Deutschland. Nur ihre Wirkungen auf die Gesellschaft waren sozialethisch zu prüfen.

Weiterhin ist stets zu beachten, dass die Kirche bei fast allen ihr heute vorgehaltenen moralischen Versäumnissen der Vergangenheit aus „solchen und solchen" bestand, etwa aus Betreibern und Gegnern der Sklaverei oder der „Hexen"-Verfolgung. In der Stunde der Not wuchs das Rettende auch: Reformbewegungen und mutige Einzelne hielten kirchlichen Autoritäten ebenso wie einem bequemen und verweltlichten Kirchenvolk immer wieder den Spiegel des Evangeliums vor und bekehrten sie zu den Forderungen ihrer ureigenen Glaubensbotschaft. Nur die Fähigkeit zur Selbstreinigung hat das zweitausendjährige Überleben der Kirche ermöglicht.

Zudem darf nicht übersehen werden, dass nie die ganze Wirklichkeit der Christenheit einer Epoche in die Geschichtsbücher eingegangen ist. Auch Kirchenfürsten, die hurten, aufhetzten, intrigierten, unterdrückten, foltern und morden ließen, regierten eine Glaubensgemeinschaft, in der millionenfach Hungrige gespeist, Obdachlose beherbergt, Waisen und Witwen beschützt, Kranke besucht, Sterbende gepflegt und Ehepartner treu geliebt wurden. Es gibt nicht „die dunkle" Zeit der Kirche im Gegensatz zu jener, in der „wir's dann zuletzt so herrlich weit gebracht" hätten. Es ist zum Beispiel keineswegs sicher, dass über den heutigen deutschen Episkopat in künftigen Geschichtsbüchern ein freundlicheres Urteil ergehen wird als über den Episkopat der Dreißigerjahre. Insbesondere gläubige Menschen dürfen im Blick auf die ihnen vorangegangenen Generationen durchaus auch einmal mit Leopold von Ranke „jede Epoche unmittelbar zu Gott" sein lassen.

Schließlich darf man „Christliches" nicht einfach im Kirchlichen aufgehen lassen. So verfehlt sich die Parole „Jesus ja, Kirche nein" in der empirischen Überprüfung erweist – christliche Religiosität und Kirchgangsfrequenz korrelieren hochgradig –, so wirken andererseits christliche Ideen keineswegs nur in der und durch die Kirche. Manchmal nehmen sie ganz säkulare Wege und suchen die Kirche gleichsam erst „durch die Hintertüre" (wieder) heim. Dem 1997 in der Kathedrale von Notre Dame de Paris durch Papst Johannes Paul II. heiliggesprochenen Literaturprofessor und Gründer einer studentischen karitativen Konferenz (später „Vinzenz-Konferenz"), Antoine-Frédéric Ozanam (1813–1853), erschienen die Prinzipien der Französischen Revolution – Freiheit, Gleichheit, Brüderlichkeit – als der vollendete Ausdruck der Forderungen des Evangeliums.

Josef Isensee deutet die in der Epoche der Aufklärung geprägten Menschenrechte „als säkulare Derivate des Christentums". Dieses habe für „die Leitgedanken von der Einheit des Menschengeschlechts und von der Gleichheit seiner Glieder, von der Einmaligkeit und der Würde eines jeden Menschen als Person, unverfügbar den anderen und ihm selbst, berufen zu Eigenverantwortung, zu Nächstenliebe und zur Bewährung in dieser Welt" in besonderem Maße „den Boden bereitet, obwohl seine Wirkungen sich auf indirekten, verborgenen Wegen vollzogen haben, zunächst sogar wider Willen, durch säkulare Brechungen hindurch" (Handbuch des Staatsrechts, §115). Somit könnten die Menschenrechte gleichsam als „Kinder des Christentums, freilich illegitime, lange verleugnete Kinder“ bezeichnet werden. „Spät hat die Kirche sich zu ihnen bekannt. Heute aber bekennt sie sich offen zu ihnen. Sie setzt sich mit ganzer Kraft für sie ein. Mit ihrer vormaligen Widersacherin, der Aufklärung, hat sie sich nunmehr verbündet. Sie stabilisiert deren Werk dadurch, dass sie ihre freiheitlichen Hervorbringungen schützt gegen den Zugriff der Totalitarismen“ (Isensee, 1991). Wer demnach ein sachgerechtes Urteil über das Christentum und mögliche Konsequenzen seines Niedergangs in Deutschland und Europa treffen will, darf nicht nur auf kirchliches Handeln in Geschichte und Gegenwart schauen, sondern hat die mannigfachen Wirkungen christlicher Ideen zu berücksichtigen.

## Und die Missstände in „christlicheren“ Ländern?

3. Gegen die oben dargelegten empirischen Befunde wird auch immer gern eingewandt, Missstände wie eine höhere Kriminalität oder Armut in Ländern mit einer doch sehr viel „christlicheren“ Bevölkerung (z. B. USA, Polen, Südamerika) widerlegten die positive soziale Relevanz von Glauben und Kirche. So präsentierte die „Welt online“ (14.8.2009) nach einem Gespräch mit dem Forschungsleiter der europäischen Wertestudie 2009, Wolfgang Jagodzinski, als „die unbestritten positive Überraschung der Studie: Wachsende Gottlosigkeit führt nicht zu einem Verfall von Sitte und Moral. Im Gegenteil: Im Osten Deutschlands, wo sich mehr als drei Viertel der Bevölkerung nicht als religiös bezeichnen, ist die Zahl der ‚Moralapostel‘ eher noch größer als im Westen.“

Abgesehen von der inadäquat flapsigen Diktion liegt hier ein logischer Kurzschluss vor: Auch zwanzig Jahre nach dem Zusammenbruch der SED-Diktatur werden zwei noch sehr unterschiedlich geprägte Gesellschaften verglichen und auf ihre religiöse Differenz reduziert. Selbstverständlich ist aber der Faktor „Glaube" nur einer in einer Gleichung mit mehreren Variablen, der zudem von Thema zu Thema mehr oder weniger zentral sein kann. Fast sechzig Jahre unter totalitärer Herrschaft, deren kollektivistische Zwangsmoral Abweichungen und Regelverletzungen meist stärker tabuisierte und drakonischer bestrafte als der westdeutsche liberale Rechtsstaat, dürften in manchen Fragen des Rechtsgehorsams noch nachwirken, und zwar kompensatorisch für die hier weitgehend ausfallende religiös motivierte Moralreflexion und Selbstdisziplin. Auch hinterlässt eine Erziehungsdiktatur, die den Menschen von Kindesbeinen an sozialkonforme und positive Selbstbeschreibungen antrainierte, wahrscheinlich gewisse Spuren in den Antworten auf Umfragen. So wundert es dann gar nicht mehr so sehr, wenn Ostdeutsche sich bei Drogenmissbrauch, Korruption und Steuerhinterziehung restriktiver eingestellt zeigen, bei der Unantastbarkeit menschlichen Lebens – Abtreibung, Suizid, Todesstrafe – aber ganz im Gegenteil.

„Permissivität in den großen Fragen des Lebens und ‚Spießigkeit' in den kleinen (‚Betreten des Rasens verboten' ...) sind typisch für kleinbürgerlich-säkulare Milieus", bringt Stefan Fuchs, wissenschaftlicher Mitarbeiter beim „Institut für Demografie, Allgemeinwohl und Familie" (IDAF), die notwendige Differenzierung zwischen verschiedenen Arten von „Moralaposteln" auf den Punkt. Ralf Schuler, Leiter des Politikressorts der „Märkischen Allgemeinen", konstatiert, „dass es in der DDR tatsächlich weitgehend gelungen ist, Religion als unmodernen Mummenschanz zu diskreditieren. Da die Ersatzangebote – bis hin zu den eher lächerlichen ‚10 Geboten der sozialistischen Moral' – nie wirklich angenommen wurden, stößt man im Osten etwa in ethischen Debatten mitunter auf eine befremdliche Leere. (...) Wo scharfkantiger Pragmatismus waltet, fehlt nicht selten selbst der kleinste Anflug von Bedenklichkeit, warum etwa Abtreibung oder Sterbehilfe nicht nach Maßgabe alltäglicher Nützlichkeit praktiziert werden sollten und warum überhaupt eine Debatte dazu nötig sei"; Jörg Schönbohms Frustration über die Entchristlichung Ostdeutschlands teilten daher auch viele kirchlich geprägte Bürgerrechtler aus der ehemaligen DDR (Welt online, 2.2.2010).

Im Blick auf die oben angesprochenen Langzeiteffekte ist übrigens zu beachten, dass ein großer Teil der Konfessionslosen in Ostdeutschland noch aus (mehr oder minder) christlichen Elternhäusern stammt. Jedenfalls muss, wer den Einfluss des religiösen Faktors messen will, in der Gleichung möglichst viele andere Faktoren „ceteris paribus" setzen. Man sollte deshalb möglichst nur Gläubige und Nichtgläubige aus derselben Gesellschaft vergleichen.

## Aussagen über alle sind keine Aussagen über jeden

4. Wer darlegt, dass mit zunehmender Entfernung zur Kirche insgesamt eine Reihe von wünschenswerten Einstellungen und Voraussetzungen gelingenden individuellen und sozialen Lebens brüchiger werden, zieht leicht den Vorwurf der „Beleidigung" nicht christlicher Menschen oder des religiösen Dünkels auf sich. Dem liegt ein Missverständnis zugrunde. Denn aus dem Befund folgt ja keineswegs, dass ein Mensch ohne Gottesglauben kein rechtschaffener Bürger oder vorbildlicher Mitmensch sein könnte. Demoskopie macht Aussagen über *alle*, nicht über *jeden*. Auch der Autor dieses Buches hat die bittersten und erschütterndsten Enttäuschungen durch gläubige und teilweise sehr kirchennahe, sogar die Kirche repräsentierende Christen erlitten. Weder dürfen solche individuellen Erfahrungen aber verallgemeinert noch umgekehrt Allgemeinbefunde in jedes Individuum „hineingelesen" werden. Fraglich ist angesichts der Vielzahl von Umfrageergebnissen jedoch sehr wohl, wohin eine ganze Gesellschaft driftet, wenn sie den An-

ker lichtet, den das Grundgesetz in seiner Präambel mit der „Verantwortung vor Gott“ geworfen hat.

Politisch ist daraus zu folgern: Es muss im Interesse des demokratischen Verfassungsstaates liegen, jene Sozialisationskräfte zu stützen und zu stärken, die imstande sind, das seiner Wertordnung entsprechende Ethos zu begründen und zu vermitteln. Es besteht „nicht der geringste Anlass, die in der Geschichte der deutschen Demokratie in langer historischer Erfahrung in ihren vielfältigen Formen praktizierte Kooperation zwischen Staat und Kirche bei grundsätzlicher völliger Wahrung der Eigenständigkeit beider Größen grundlegend zu verändern“ – so das Fazit einer den Titel dieses Buches anregenden Schrift von Lothar Roos (1994). Das betrifft etwa den Religionsunterricht, die Militärseelsorge, die kirchliche Mitwirkung in Rundfunkgremien und die theologischen Fakultäten an staatlichen Hochschulen, die Finanzierung christlicher Schulen und Entwicklungshilfeprojekte, die Denkmalpflege und das System der Kirchensteuer. Der Staat hat heute mehr Grund als die Kirchen, am deutschen Staatskirchenrecht festzuhalten.

5. Irreführend wäre es, Christen generell als „Die besseren Bürger“ (so eine Überschrift im „Rheinischen Merkur“ vom 2.7.1993) zu bezeichnen. Eine erhebliche Unterscheidung von den Konfessionslosen weisen meistens nur die regelmäßigen Kirchgänger auf, nicht aber die kirchenfernen Christen (siehe auch 6.). „Wird Gott nicht mehr im lebendigen Zusammenhang einer kirchlichen Gemeinde erfahren, verschwindet auch das Bewusstsein, ihm sittliche Rechenschaft zu schulden, in einem Dämmerlicht. Auch wer an den Lehren des Christentums, etwa den Zehn Geboten, als den für unsere Kultur prägenden sittlichen Weisungen festhalten möchte, fühlt sich überfordert, wenn er sie als Einzelner in den betrieblichen Alltag übersetzen und dort verwirklichen soll“ – dieser Aussage einer Studie über Ethos und Religion bei Führungskräften in der Wirtschaft (Kaufmann/Ker-

ber/Zulehner) kommt sicher generelle Geltung zu. Die heute gängige Differenzierung zwischen (weniger bedeutsamer) Kirchlichkeit und (davon unabhängiger, wesentlicher) Religiosität und Moral, die auf eine Abwertung des regelmäßigen Gottesdienstbesuchs hinausläuft, ist aus sozialwissenschaftlicher Sicht ein Trugschluss. Die durch die Teilnahme am Gemeindeleben beeinflusste Nähe oder Distanz zur Kirche scheint vielmehr die „Schlüsselfrage" (Lukatis) unterscheidbar christlichen Lebens zu sein. Auch die Studie des Kriminologischen Forschungsinstituts Hannover (vgl. S. 146) kam zu dem Schluss, „dass häufig erst die Einbettung in eine christliche Gemeinschaft den Glauben verhaltensrelevant werden lässt"; aus der bloßen Religionszugehörigkeit erwachse nur „ein geringer Effekt" (S. 110).

Übrigens erklärt sich ein Teil der Profildifferenzen zwischen Katholiken und Protestanten deshalb aus den unterschiedlichen Anteilen regelmäßiger Gottesdienstbesucher in den beiden Konfessionen. Nicht mehr die Einbindung in ein bestimmtes konfessionelles Milieu als solches ist heute wesentlicher Einflussfaktor für religiöse und alltagsethische Orientierungsmuster, sondern die Stärke der Einbindung in das kirchliche Milieu: „Wer sich mit seiner jeweiligen Kirche – sei sie protestantisch oder katholisch – in relativ hohem Maße verbunden weiß und dies praktiziert, steht von seinen Orientierungsmustern her gesehen dem jeweils konfessionell anderen, zugleich aber ebenfalls Kirchenverbundenen näher als dem Kirchendistanzierteren, und erst recht als demjenigen, der religiös-kirchlich nicht organisiert ist" (Karl-Fritz Daiber).

## Eine unchristliche, utilitaristische Perspektive?

6. Zu den aus fundamental-kirchlichen Milieus erhobenen Vorwürfen gegen die hier gewählte Perspektive auf das Christliche gehört

der „Utilitarimus“. Daher sei klargestellt: Vorrangiges Ziel der Kirchen ist nicht die Anerkennung ihrer gesellschaftlichen Nützlichkeit, sondern die Annahme ihrer spirituellen Wahrheit durch möglichst viele Menschen. Vor allem aber ist Erstere ohne die Letztere nicht zu haben: „Die Instrumentalisierung der christlichen Botschaft zugunsten eines friedlichen, spannungsfreien Zusammenlebens innerhalb der Gesellschaft ist jedenfalls nur vorübergehend möglich. Vermag ihr Wahrheitsanspruch nicht mehr zu überzeugen, verflüchtigen sich auch ihre sozial erwünschten Wirkungen“ (Walter Kerber). Bei einer weiteren Selbstsäkularisierung der Kirchen würden daher die hier gezeigten Zusammenhänge ihre Signifikanz und Relevanz verlieren. Das Salz würde schal und zu Recht „weggeworfen und von den Leuten zertreten“ (Mt 5,13).

Anpassungstrends der Christen an hedonistische Orientierungen sind im Zeitvergleich schon erkennbar, konzedierte Edgar Piel vom Allensbacher Institut auf der „Internationalen Theologischen Sommerakademie 1996“ in Aigen. Dies zeigt sich etwa bei der Permissivität: Zwischen 1981 und 2001 verlor die entschieden ablehnende Position: „Das ist nie gerechtfertigt“ (Stufen 1 und 2 auf einer Skala von 1 bis 10) unter kirchennahen Katholiken bei der Abtreibung von 72 auf 63 Prozent, bei der aktiven Sterbehilfe („Wenn man das Leben unheilbar Kranker beendet“) von 60 auf 47, beim Suizid von 72 auf 54 und bei der Fundunterschlagung („Geld behalten, das man gefunden hat“) von 73 auf 66 Prozent.

Allerdings sind die entsprechenden Rückgänge bei den Kirchenfernen insgesamt noch größer, sodass die Kirchennahen nach zwanzig Jahren eher noch „deutlicher exponiert“ (Wilhelm Haumann) gegenüber Kirchenfernen und Konfessionslosen erscheinen. Die Haltungen dieser beiden Bevölkerungsgruppen haben sich aufgrund einer nur mäßig gewachsenen Permissivität bei den Konfessionslosen erheblich angenähert. Die Christen insgesamt passen sich damit permissiveren moralischen Einstellungen allmählich an und verlieren an Unterscheidbarkeit, vor allem aufgrund einer stärkeren Anpassungstendenz jener Konfessionsmitglieder, die den Kontakt zu ihrer Kirche gelockert oder ganz verloren haben. Sollte sich die Kluft zwischen den Einstellungen von Christen und Nichtchristen im Laufe der Zeit weiter schließen, widerlegt das jedoch noch nicht die im Anschluss an Gregor Gysis und Jörg Schönbohms Befürchtungen formulierte These eines Zusammenhangs von Religion und Moral, Glaubensvitalität und Gemeinwohl. Es wäre nur ein Indiz für die zunehmende Dekadenz einer sich verweltlichenden Kirche – im Sinne der biblischen Metapher vom Salz, das schal wird. Der Niedergang christlicher Religiosität ist insofern nicht nur gleichsam am „Grenzverlauf" zwischen kirchlichem und nicht kirchlichem Terrain zu messen, ja nicht einmal ganz zuverlässig an der Kirchgangsfrequenz, denn auch eine sich noch regelmäßig treffende Christengemeinde kann geistlich dekadent sein und ihre Unterscheidbarkeit vom säkularen Umfeld mehr oder minder eingebüßt haben. Je später die innere Fäulnis zum Abfall führt, desto weniger schmackhaft ist die Gesamtheit der Früchte am Baum. Geht aber der Kirchenexodus so schnell oder schneller voran, als der geistliche Grundwasserpegel sinkt, bleibt die Unterscheidbarkeit der Christen erhalten. Insofern sind für den Beleg der Buchthese gerade Umfrage-Auszählungen aus früheren Jahrzehnten aufschlussreich, als sich die Kirche noch weniger „selbstsäkularisiert" hatte.

## Das Licht „auf den Leuchter stellen" – in Demut

Trotz der hier gemachten Einschränkungen dürfen Christen – vor allem jene, die sich als Erzieher, Seelsorger, Katecheten, Lehrer und Ausbilder besonders um die Weitergabe des Glaubens und seines

Ethos bemühen – durchaus stolz darauf sein, dass sie einen unersetzlichen Beitrag zum gelingenden Leben vieler einzelner Menschen und zur Grundwertebindung unserer Gesellschaft leisten. Dass die Gottgläubigen insgesamt „dem Gutsein ein größeres Gewicht beimessen als die anderen Typgruppen“ (Klaus-Peter Jörns), ist dabei keineswegs entscheidend durch die Hoffnung auf „Belohnung“ im Jenseits motiviert, die nur jeder sechste hegt. „Gut zu sein ist trotzdem nötig, weil wir Menschen Vorbilder brauchen und dem Guten gedient werden muss“, meinen 58 Prozent der Gottgläubigen, die anderen Typen durchschnittlich zu 41 Prozent.

Die besondere Bemühung, vorbildlich zu leben, wie es schon Origines für die Christen behauptete, ist also erkennbar, der biblische Anspruch, „Licht der Welt“ zu sein, welches „auf den Leuchter“ gestellt werden solle, mindestens ansatzweise eingelöst. Scheitern Christen aber immer wieder selbst am hohen Anspruch des Evangeliums, brauchen sie deswegen nicht auf dessen Verkündigung an andere zu verzichten, jedenfalls nicht dann, wenn sie zugleich in Demut mit Gregor dem Großen bekennen: „Ich habe den Guten Hirten beschrieben, aber ich bin keiner; ich habe das Ufer der Vollkommenheit gezeigt, aber ich kämpfe noch gegen die Sturzwellen meiner Fehler und Nachlässigkeiten; darum werft mir euer Gebet als Rettungsring zu, damit ich nicht untergehe.“

# III. Therapie: Regeneration der zentralen Vitalfunktionen

*„Getrennt von mir könnt ihr nichts vollbringen."*

(Joh 15,5)

*„Wir klagen uns an, dass wir nicht mutiger bekannt, nicht treuer gebetet, nicht fröhlicher geglaubt und nicht brennender geliebt haben."*

(Stuttgarter Schuldbekenntnis des Rates der EKD vom Oktober 1945)

Was nun? Was tun, wenn man erkennt, dass Deutschland und weite Teile Europas in beträchtlicher Geschwindigkeit an christlicher Substanz einbüßen und damit nicht bloß ein religiöses Vakuum entsteht, sondern auch das politische, ökonomische, soziale und kulturelle Fundament der westlichen Zivilisation zu erodieren droht? Dass sich ganze Gesellschaften faktisch von einer so wichtigen Humanitätsressource lossagen, kann einem schon Furcht einflößen, auch dem, der normalerweise von Alarmismus und den in Deutschland seit den 80er-Jahren beliebten „Angst"- und „Betroffenheits"-Bekenntnissen nichts hält. Sich damit zu trösten, dass der morgige Tag schon nicht viel anders sein werde als der heutige und dass auch für die kommenden Wochen und Monate, vielleicht Jahre unsere Lebensbedingungen mit großer Wahrscheinlichkeit keine ganz anderen sein werden, verleitet zur Verdrängung. Gelassenheit, in Abschnitt II als christliche Tugend *sub specie aeternitatis* vorgestellt und in gleich mehreren Artikeln des „Rheinischen Grundgesetzes" angeraten – „Et kütt, wie et kütt",

„Et hätt noch immer jot jejange", „Wat fott es, es fott", „Et bliev nix, wie et wor", „Wat wellste maache?" –, findet immer mehr Beifall als Kassandra-Rufe. Falsch verstanden eignet sie sich wunderbar, unserer Bequemlichkeit ein gutes Gewissen zu verschaffen.

Doch Jesu „Sorgt euch nicht!" (Mt 6,25) steht eine Fülle von biblischen Ermahnungen gegenüber, wachsam zu sein, die Welt und die anderen Menschen nicht sich selbst zu überlassen, die Dinge nicht einfach treiben zu lassen, sondern beherzt zu gestalten. Vor allem an den eindringlichen Forderungen zur Zeugnisgabe und am Missionsbefehl: „Geht zu allen Völkern und macht alle Menschen zu meinen Jüngern" (Mt 28,19) kommt man nicht vorbei, wenn man das „langsame Verwehen eines ausgetrockneten christlichen Glaubens" zur Kenntnis nimmt, „dem die Entfernung von der Institution Kirche dann nur noch nachfolgt", so Allensbach-Religionsexperte Wilhelm Haumann. Die allzu „Gelassenen" und „Gewohnheitschristen" täten gut daran, sich auch das Wort zu vergegenwärtigen: „Weil du aber lau bist, weder heiß noch kalt, will ich dich aus meinem Mund ausspeien" (Offb 3,16).

## Therapieversager

### Irrweg Selbstsäkularisierung: Anpassung und Politisierung der Kirche

Freilich ist es nicht nur diese Fehlhaltung, die Christen heute strukturell missionsunfähig macht. In seiner geistreichen und kurzweiligen Schrift: „Zehn Argumente für den Zölibat. Ein Schwarzbuch" (1997) hat der Journalist Hans Conrad Zander zwei Reaktionen auf die prekäre Minderheitensituation der Christen in unserer säkularisierten Gesellschaft diagnostiziert: Eine kognitive Minderheit tendiere dazu, „sich, angstvoll und verkrampft, nicht an den eigenen Maßstäben, sondern an den Maßstäben der Majorität“ zu messen. Die Mehrheit, die sich aufgrund ihrer kognitiven Macht und kulturellen Hegemonie selber nicht infrage stelle, neige zu Dummheit und Selbstbewusstsein: „An ihren eigenen Begriffen misst sie, souverän und selbstverständlich, die kognitiven Minoritäten, zum Beispiel heute die katholische Kirche.“ Solchermaßen fremdbetrachtet und fremdbewertet unterliege die Minderheit „den Gesetzen des Zerrspiegels und wirkt, auch auf sich selber, notwendig komisch“, meint Zander und stellt fest: „Je tiefer wir absinken in die kognitive Minorität, desto mehr gerät unsere Kirche in eine spastische Bewegung. Angstvoll starrend auf das, was die Welt, was die kognitive Mehrheit von ihr hält, versucht sie abwechselnd, sich in ihre abseitig und komisch gewordene Identität trotzig einzubunkern, dann wieder versucht sie, ihrer Komik zu entfliehen, indem sie sich, mit enormem theologischem Wortgeklingel, ‚liberalisiert‘.“

Konkret: So habe das Erste Vatikanische Konzil beschlossen, „diesen ganzen komisch gewordenen katholischen Hokuspokus im kulturellen Getto integral zu restaurieren“, während das Zweite den Ausweg im „aggiornamento“ gesucht habe: „Wie eine Eidechse auf der Flucht vor einem Mächtigeren plötzlich ihren Schwanz fallen lässt, so ließen wir jetzt alle jene Teile unseres komisch gewordenen Erscheinungsbildes, die uns zuvor unentbehrlich schienen, plötzlich fallen: Latein? Komisch, weg damit. Der Teufel? Komisch, weg damit. Weihrauch? Komisch, weg damit. Beichtstuhl? Komisch, weg damit. Rosenkranz? Komisch, weg damit. Kreuzweg? Komisch, weg damit. Thomas von Aquin? Komisch, weg damit. Kutten und Soutanen? Alles komisch, weg damit. Die Gregorianik? Ganz, ganz komisch, sofort weg damit. Und nachdem wir so viel Komik so übereilig abgeschafft haben, wundern wir uns maßlos darüber, dass die Welt uns nicht nur unverändert komisch findet, sondern sogar, eindeutig, noch komischer als zuvor. Woran könnte das liegen? Nur an einem: Noch haben wir das Allerkomischste nicht abgeschafft. Noch haben wir den Zölibat. Den müssen wir abschaffen. Ganz, ganz schnell. Dann, ja dann sind wir endgültig raus aus unserer unerträglichen Komik."

Die evangelische Kirche, die weniger derartigen Ballast abzuwerfen hatte, suchte ihre „Modernisierung" vor allem in einem Perspektivenwechsel vom Seelenheil zum Sozialheil und verlor sich, jedenfalls in großen Teilen ihrer jüngeren Geistlichkeit und kirchlichen Jugend, transzendenzvergessen in einer „Mischung aus Dritte-Welt-Laden, Aktion Sühnezeichen und ‚Glockenläuten gegen Rechts'" (Thorsten Hinz). Diese jüngste Wendung eines „merkwürdigen politischen Zickzackkurses der Protestanten, vom Absolutismus zum liberalen Bürgertum, vom Konservatismus zu den ideologischen Naziparvenüs und dann, teils von dort, teils von bürgerlichen Gesinnungen herkommend, schließlich zur Sozialdemokratie" (Gerhard Schmidtchen), erklärt der Historiker Thomas Nipperdey (1986) aus einer „Haltung der Weltandacht und des weltlichen Gottesdienstes"; der evangelische „Zug zur innerweltlichen Transzendenz begünstigt wie das Fehlen eines festen Systems von Normen und Institutionen den metaphysischen Opportunismus der Protestanten, den Überzeugungshunger, die Neigung, sich dem Geist der Zeit anzupassen, von dem kaisertreuen Nationalprotestantismus über die Deutschen Christen (und die „Kirche im Sozialismus"; Verf.) bis zu Grünen und Pazifisten".

Der Soziologe Schmidtchen, selbst evangelisch und Ehrendoktor der Theologischen Fakultät Erlangen-Nürnberg, spitzte die historische Beobachtung provozierend zu in der Bezeichnung des Protestanten als „im Grunde geborenen Mitläufer, der aber nur dann mitläuft, wenn er es in avantgardistischer Gebärde tun kann" (1969). Eine eindrucksvolle Illustration lieferte der bremische Pfarrer Jens

Motschmann in einem Artikel der „Welt" (13.5.89): „Die Gabe der ‚Unterscheidung der Geister' ist offensichtlich in der Kirche der Reformation nicht gefragt. Darum ist in ihr fast alles möglich geworden. Der ökologische Zeitgeist bescherte den Hamburgern in einer Innenstadtkirche einen Gottesdienst, in dem die Ausgießung des ‚Kräutergeistes' gefeiert wurde. (...) Der sozialistische Zeitgeist sorgte dafür, dass eine Gemeinde in Kiel einen ‚Gottesdienst über Rosa Luxemburg' verabreicht bekam. Der feministische Zeitgeist veranstaltete in einer Frankfurter Kirche ein Happening besonderer Art: ein Bild mit einer nackten, gebärenden Frau auf der Kanzel, Altar und Taufe mit blutbefleckten Laken verdeckt, um den Altar herum Reisigbesen, an der Wand ein Plakat mit vier ‚Thesen': ‚Endlich den Apfel essen, das Lied der Sirenen hören, in das Angesicht der Medusa schauen, sich umdrehen nach Sodom und Gomorrha'. Diese ‚künstlerische Umgestaltung' der Kirche geschah mit dem Einverständnis der Leitung der hessen-nassauischen Kirche."

Alles Schnee von gestern? Leider nicht. Am 4. Februar 2010 berichtete die FAZ über Abituraufgaben im Fach Evangelische Religion. Darin finde man nicht nur falsche Bibelzitate und die Herleitung des „Protestanten" aus einem lateinischen „protestare" (korrekt: protestari). Zum Text einer praktischen Theologin: „Nicht Mann noch Frau" lautete die Arbeitsanweisung: „Überprüfen Sie kritisch an einem Beispiel Ihrer Wahl, inwiefern Frausein und Mannsein aus ihren Engführungen und Stereotypisierungen befreit werden können" – eine rein gesellschaftspolitische Fragestellung, die nicht zum vorgelegten Bibeltext Galater 3 passe, kritisierte Heike Schmoll: „Der Text bezieht sich auf das Rollenverständnis zwischen Jesus und den Menschen, hat also mit enggeführten Genderproblemen überhaupt nichts zu tun." In anderen Abituraufgaben scheine sich „der Hang zur politischen Theologie fortzusetzen: Die Aufgaben sind so gut wie nie analytisch und entwickelnd, sondern reproduktiv parolenhaltig gehalten." Ein Artikel der „Weltwoche" (50/2009) konstatierte, der reformierte Züricher „Kirchenbote" lese sich „wie ein rot-grüner Katechismus. Auf der aktuellen Titelseite wird ausgiebig dem Klimagott gehuldigt (‚Gärtnern gegen den Klimakollaps') und der Leitartikel denunziert in geübter Selbstanprangerung kirchliche Gebäude als ‚regelrechte Energieschleudern'." In den Schulen gebe es statt konfessionellem Religionsunterricht „ein diffuses Multi-Ethik-Blabla, wie es die herrschende Political Correctness einfordert". Während die Kirche „die üblichen Kniebeugen vor dem Zeitgeist" mache und „den Glauben an sich selbst verloren" habe, entfremdeten sich die Menschen weiter vom Christentum.

Auf dem Kirchentag 2007 war eine unkritische Sympathie für die sogenannten „Globalisierungsgegner" von Heiligendamm mit Händen zu greifen. Kirchentagspräsident Höppner suggerierte sie bis in die sprachliche Parallelisierung von „Protestierenden" und „Protestanten" hinein als selbstverständliche Allianz. Die Generalsekretärin des Kirchentags, Ellen Überschär, stilisierte den Sicherheitszaun zum Schutz des G8-Treffens zum „Symbol für die Spaltung der Weltgesellschaft". Nach den schweren Krawallen in Rostock und dem kollektiven „Räuber und Gendarm"-Spiel von Tausenden rund um das Tagungsgelände war die Notwendigkeit dieser Sicherheitsvorkehrungen jedoch offensichtlich. Statt wohlfeiler Ermahnungen an die Politiker hätte es den Spitzen-Protestanten gut angestanden, von den Demonstranten die Achtung des hohen Wertes von Recht und Ordnung einzufordern. Ordnungswidrigkeiten wie Sitzblockaden sind nämlich keineswegs „friedlich", sondern eine Nötigung der Mitmenschen, die dem eigenen Standpunkt eine privilegierte Aufmerksamkeit in den Medien sichern soll. Dafür wurden skrupellos Anwohner als Geiseln genommen, in ihrer Bewegungsfreiheit eingeschränkt, Getreidefelder niedergetrampelt, Polizisten teilweise zu 16-Stunden-Diensten gezwungen und die öffentlichen Kassen um Millionenbeträge gebracht.

Gesinnungsegozentrik, Gesinnungsdilettantismus und Gesinnungstäterschaft, Rechtsbruch mit dem selbstverständlichen Anspruch auf Strafverschonung sollten bei Christen eigentlich auf Widerspruch stoßen. Solche Akte zivilen Ungehorsams sind im demokratischen Rechtsstaat eine Art moralischer Ausbeutung derer, die sich an die Regeln halten, durch jene, welche die Regeln brechen. Anders gesagt: „Friedlich" sind in Wirklichkeit nicht die Blockierer, sondern ihre Mitbürger, die sich die Störung gefallen lassen, statt sich zu wehren. Dies zu erklären, wäre eine Aufgabe christlicher Sozialethik. Stattdessen wird nicht explizit, aber de facto einer Ethik das Wort geredet, wonach der angeblich gute Zweck des Protestes seine Mittel heiligt, über die Grenze der Legalität hinaus.

Die Anlässe mögen sich also geändert haben, die Muster nicht. In den Achtzigerjahren demonstrierten Pastoren zum Teil sogar in Talar und Beffchen vor Raketendepots oder zivilen Atomanlagen. Wolfgang Huber propagierte in seinem Buch „Protestantismus und Protest" (1987) unter Hinweis auf die „Weiterrüstung mit Massenvernichtungsmitteln" (gemeint: die NATO-Nachrüstung) und die „Ausdehnung der Abschreckung auf den Weltraum" (gemeint: das geplante Raketenabwehrsystem SDI) eine bürgerliche „Pflicht zur selbstständigen Prüfung des Gesetzes und gegebenenfalls zur Resistenz gegenüber Maßnahmen, die nicht als allgemeines Gesetz gelten können" – reichlich erkenntnisoptimistisch, zumal wenn man bedenkt, dass die Staatsrechtslehre nicht einmal dem von einem hoch qualifizierten Beraterstab unterstützten Bundespräsidenten ein umfassendes materielles Prüfungsrecht zugesteht. Natürlich darf jeder Bürger sich ein Urteil bilden zu Gesetzen und politischen Maßnahmen – und soll es aus christlicher Sicht sogar, wenn diese über die bloße Zweckmäßigkeit hinaus moralische Fragen aufwerfen. Doch grundsätzlich gilt: Solange die staatliche Ordnung im Großen und Ganzen eine im ethischen Sinne „gute" ist, besteht zunächst auch für jede Rechtsnorm die Vermutung, dass sie als einzelne „gut" oder zumindest hinnehmbar ist. Selbst ungerecht erscheinende Gesetze sind pflichtgemäß zu befolgen; der Gehorsam gilt dann nicht in erster Linie dem konkreten ungerechten Gesetz, sondern der in den Gesetzen grundsätzlich verkörperten Ordnungsidee. Es sei denn, „dass der Widerspruch des konkreten Gesetzes zur Gerechtigkeit ein so unerträgliches Maß erreicht, dass das Gesetz als ‚unrichtiges Recht' der Gerechtigkeit zu weichen hat" (Gustav Radbruch, 1949). Die Trennlinie dafür ist schwer zu bestimmen und sollte jedenfalls nicht einfach dem „Dafürhalten" Einzelner überlassen werden, sondern für christliche Bürger einem an der kirchlichen Verkündigung orientierten Gewissen. Gerade Christen haben bei ihrem Urteil immer zu berücksichtigen, dass es in einer „gefallenen Welt" menschlichen Institutionen versagt ist, die Vollkommenheit und damit das Gerechtigkeitsideal zu erreichen – und dass auch ihre persönliche Erkenntnisfähigkeit und moralische Kompetenz unvollkommen sind. Der große Sozialethiker Joseph Kardinal Höffner lehnte die Aufkündigung des staatsbürgerlichen Gehorsams sowohl im Falle der Nachrüstung als auch am Beispiel des § 218 ab: Die katholische Kirche habe die weitgehende strafrechtliche Freigabe der Tötung ungeborener Kinder mit aller Entschiedenheit bekämpft und werde die bestehende Regelung auch weiterhin ablehnen. „Das bedeutet aber nicht, dass sie den Widerstandsfall gegen das Parlament oder gegen die politische Ordnung insgesamt als gegeben ansieht"; die Kirche vertraue hier, obwohl es sich um evidentes Unrecht handele, auf die Schärfung des Gewissens in der öffentlichen Diskussion und die Möglichkeiten in der demokratischen Ordnung, Entscheidungen zu korrigieren (in: Liedtke, 1984).

Ganz anders das Moderamen des Reformierten Bundes: Es rief 1982 gegen die Nachrüstung – in einem abstrusen Vergleich mit der „Judenfrage" im Kirchenkampf der Dreißigerjahre – sogar den „Status Confessionis" aus, also den Bekenntnisfall, in dem es gelte,

Gott mehr zu gehorchen als den Menschen (Apg 5,29), weil diese rüstungspolitische Maßnahme zu befürworten, unmittelbar einer Leugnung des Evangeliums gleichkomme. Der weitere Gang der Geschichte widerlegte den Alarmismus: NATO-Doppelbeschluss und SDI förderten die Verständigungsbereitschaft der Sowjets und die beidseitige Abrüstung. Sie zählen insofern selbst nach der Einschätzung Michail Gorbatschows und Eduard Schewardnadses zur Vorgeschichte der Befreiung Mittel- und Osteuropas und der Wiedervereinigung Deutschlands. An diesem Beispiel zeigt sich, wie leicht ein gesinnungsdilettantisch politisierter Glaube sich blamieren und das Evangelium, dem Geltung zu verschaffen er vorgibt, der Unglaubwürdigkeit aussetzen kann.

Während Wolfgang Huber sich in seinen Ämtern als Bischof und EKD-Ratsvorsitzender von mancher erratischen Position der Achtzigerjahre entfernte, kam es unter seiner kurzzeitigen Nachfolgerin im Ratsamt zu einem spektakulären Rückfall in die alten Muster polit-protestantischen Gesinnungsdilettantismus. In Interviews und Predigten zu Weihnachten und zum neuen Jahr machte Bischöfin Margot Käßmann Stimmung gegen den Afghanistan-Einsatz der Bundeswehr und beklagte in radikal pazifistischer Manier, „dass Soldaten nun einmal Waffen benutzen und eben auch Zivilisten getötet werden" – als ob nach dem Sündenfall eine Welt ohne Gewalt möglich wäre oder ein Krieg denkbar, der zivile Opfer gänzlich vermeiden könnte. Ausgerechnet in dem Moment, wo nach einer Umfrage der Fernsehsender ABC, ARD und BBC erstmals seit Jahren eine große Mehrheit von 70 Prozent der Afghanen die Entwicklung ihres Landes „in die richtige Richtung" gehen sah, 60 Prozent eine Verstärkung der US-/NATO-Truppen begrüßten und nur 22 Prozent einen schnellen Abzug, „früher als in 18 Monaten", befürworteten, forderte Käßmann in wirklichkeitsfremder Rhetorik einen schnellen Truppenabzug und „eine zivile Lösungsstrategie".

Aus christlicher Sicht sei, was in Afghanistan geschehe, „in keiner Weise zu rechtfertigen"; Krieg setze ein Gewaltpotenzial frei, für das es keine Rechtfertigung gebe.

Für die Medien, deren Berichterstattung über Festtagspredigten oder kirchliche Veranstaltungen generell auf politische Botschaften fokussiert ist, waren diese Einlassungen ein „gefundenes Fressen". Während linke Kommentatoren erwartungsgemäß kaum Anstoß nahmen, kritisierte die FAZ Käßmanns Argumentation, die „in ihrem Eskapismus in der Tat Parallelen zur Linkspartei aufweist". Ein Augsburger Dekan im Ruhestand aus den solideren Zeiten der evangelischen Kirche erinnerte in derselben Zeitung (13.1.2010) daran, dass wir „jenseits von Eden" leben und es nach Artikel 16 des Augsburgischen Bekenntnisses von 1530 zu den durch Gottes Mandat gesetzten Rechten und Pflichten des Staates gehöre, „Kriege um gemeinen Friedens willen zu führen"; weiterhin gelte auch Artikel 5 der Barmer Theologischen Erklärung von 1934, des anderen verbindlichen Bekenntnisses der evangelischen Kirche: „(...) Die Schrift sagt uns, dass der Staat nach göttlicher Ordnung die Aufgabe hat, in der noch nicht erlösten Welt, in der auch die Kirche steht, nach dem Maß menschlicher Einsicht und menschlichen Vermögens unter Androhung und Ausübung von Gewalt für Recht und Frieden zu sorgen (...)."

Zuhörern der ganzen Predigt mag es angesichts ihres „Echos" zwar wie Kardinal Lehmann gegangen sein, der einmal bedauerte, „dass eine Nachricht am Rande einer Bischofskonferenz zur einzigen Hauptsache wird und die Relationen und Proportionen der einzelnen Themen einer Veranstaltung verzerrt. Nicht selten kommt einem als Teilnehmer einer solchen Veranstaltung (z. B. auch Katholikentage, Kirchentage) der Eindruck, man sei bei der so in der Berichterstattung gespiegelten Veranstaltung gar nicht gewesen." Von einer öffentlichkeitserfahrenen Bischöfin darf man allerdings erwarten, dass sie derartige Medieneffekte berücksichtigt und ihre Worte klug wählt und wägt. Tut sie es nicht, setzt sie sich dem Verdacht aus, den Effekt vielleicht sogar erheischt zu haben, jedenfalls dann, wenn die Aussage synchron zur Entwicklung der *vox populi* erfolgt (die den Afghanistan-Einsatz inzwischen erheblich skeptischer sieht als noch vor Jahren).

Wie verführerisch die mediale Aufmerksamkeitsgratifikation für Geistliche beider Konfessionen ist, die „so reden, wie man eben so redet im politischen Tagesgeschäft", hat der Kulturjournalist Alexander Kissler in seinem geistreichen Buch: „Der aufgeklärte Gott. Wie die Religion zur Vernunft kam" (2008) aufgespießt: „Sie freuen sich, dass man sich für ihre Meinung interessiert, und übersehen, dass man sich eben nur für ihre Meinung, nicht für ihren Glauben interessiert. Die Mikrofone sind geöffnet, wenn Kardinäle und Bischöfinnen die Asylpolitik kommentieren, den Klimawandel, die Fußballweltmeisterschaft. Jovial geben sie Auskunft und freuen sich nach jedem Lacher, den sie provozieren, dass sie endlich in der Mitte der Gesellschaft angekommen sind, auf Augenhöhe mit den Staatsministern und Generalsekretären. Verloren gegangen ist das Bewusstsein, dass sie ein Anstoß sein sollten, ein Stachel im Fleisch der Selbstzufriedenen und nicht deren Pausenclown." Entsprechend kritisch auf die politischen Predigtpassagen fokussiert ordnete Kissler denn auch Käßmanns Forderungen ein, die Bundeswehr aus Afghanistan abzuziehen, das Betreuungsgeld nicht einzuführen, die staatliche Ganztagsbetreuung auszubauen und den Castingshows im Fernsehen den Boden zu entziehen: „Es war also eine weltliche Predigt, ein *säkulares Sinnieren*, das die Ratsvorsitzende am Hochfest der Geburt Christi massenmedial übermittelte. Der Cantus firmus war strikt politisch und sehr deutsch. Weder der wahrlich internationale Charakter des Festes noch dessen Heilsbedeutung, von der doch Christen überzeugt sein müssten, fand sich wieder im Politjargon der Fachfrau. War es nicht der urevangelische Glaubenszeuge Johann Sebastian Bach, der im Oratorium zu Weihnachten dessen Aussage ganz anders und sehr prägnant verdichtete? ‚Denn Christus hat zerbrochen, was euch zuwider war. Tod, Teufel, Sünd' und Hölle sind ganz und gar geschwächt. Bei Gott hat seine Stelle das menschliche Geschlecht.'"

Vom Schaden einer politisierenden Selbstsäkularisierung der Kirche für die Säkularität des Staates einmal abgesehen kostet die kirchliche Energieverschwendung im rein Horizontalen nicht nur Zeit und Aufmerksamkeit zulasten der vertikalen Dimension des Glaubens. Sie setzt das Evangelium auch der Banalisierung und Unglaubwürdigkeit aus. „Wenn von der Kanzel nur das erklingt, was auch in den Zeitungen steht oder in Psychologiekursen der Volkshochschulen gehört werden kann, warum soll man dann noch zur Kirche gehen?", fragt Wolfhart Pannenberg. Politisierende Pastoren kämpfen gleichsam mit den falschen Waffen an der falschen Front. Dort wird unausweichlich Inkompetenz offenbar, sie irren, sie desavouieren das Ethos des Sachverstandes und setzen Gottes Wort der Unglaubwürdigkeit aus. Dies einerseits dadurch, dass sie ihre geistliche Autorität als Verkündiger des Evangeliums bei politisch Andersdenkenden und besser Informierten schwächen; andererseits, indem sie das Evangelium aussagen lassen, was auch ohne es in den politischen Auseinandersetzungen ständig gesagt wird. Wer betet, dass er davor bewahrt werden möge, je zu vergessen, „dass jeder religiöse Satz zugleich ein politischer sein muss", wie Dorothee Sölle (1969), betet in Wahrheit für das Verschwinden der Religion, solange er keine politischen Sätze vorzuführen vermag, auf die man außerhalb des religiösen Orientierungszusammenhangs gar nicht kommen könnte. Inzwischen ist dieses Verschwinden der christlichen Hochreligion weit fortgeschritten, aber dessen Verursachung durch Denaturierungen kirchlicher Verkündigung wird vielerorts immer noch nicht begriffen.

Dabei mangelte es nie an Ermahnungen auch aus dem geistlichen Raum. Eine zugleich verständnisvolle und kritische Erklärung für die effektheischende Neigung von Geistlichen zu „gewissensknirschender politischer Kannegießerei“ (Isensee) äußerte etwa Gottfried Sprondel, Landessuperintendent für den Sprengel Osnabrück und Vorsitzender des Ausschusses für Schrift und Verkündigung der EKD-Synode, beim „Bad Bramstedter Gespräch“ 1985: „Gemeindeglieder stehen oft unter dem Eindruck, dass die Theologen, wenn sie in ihrer eigenen Sache nicht mehr recht viel zu sagen wissen, sich dann auf Felder begeben, auf denen die öffentliche Wirkung leichter zu finden ist als im eigenen Kirchenraum. In Wirklichkeit ist ihnen diese Wirkung das viel Wichtigere; denn kein Mensch, besonders wenn er einen so extremen Beruf hat wie den eines Predigers des Evangeliums, hält es auf die Dauer aus, ohne greifbare Wirkung dessen zu leben, wofür er nun einsteht. Er sucht sich dann, da er nun einmal auf das Gewinnen von Menschen ausgerichtet ist, irgendeine andere Stelle, wo ihm das gelingt“; man könne aber „Glauben nur auf dem Feld, das ihm gehört, auf die Reihe kriegen, nicht auf Ersatzfeldern“.

## Irrweg Sexualfixation: Das falsche „Thema Nr. 1“

„Zeitgemäßer“ und liberaler als ihre katholische Schwester zieht die evangelische Kirche zwar weniger Unmut auf sich. Das nützt ihrer Bindekraft aber keineswegs, vielleicht sogar im Gegenteil. Matthias Horx warnte die Kirchen in seinem „Trendbuch“ 1995 vor einer Anpassung an Zeitströmungen und überraschte mit der Einschätzung: „Wenn wir von den Amtskirchen um ein professionelles Trend-Consulting gebeten würden – wie müsste der Ratschlag für die evangelische und katholische Kirche aussehen? (...) Kaum jemand, der den Kirchen nicht Modernisierung, Öffnung, Liberalisierung empfehlen würde. (...) Doch so einfach ist die Sache nicht. (...) Der Katholizismus dürfte seine ‚brand values‘ genau aus dem beziehen, was die Heerscharen seiner Kritiker an ihm bemängeln: dem Dogma. Gerade das Unumstößliche, das Störrische, das ‚Unmoderne' an ihm macht seine Faszination aus. Sein barockes Element, seine beharrliche, ja dickköpfige Dogmatik, sein Hang zum Ornament, zum Prunk, zur Verschwendung und Doppelmoral ist gewissermaßen sein ‚Markenkern'."

Durch die Anerkennung derartiger „Wettbewerbsvorteile" mag sich die katholische Kirche nicht gerade geschmeichelt fühlen. Und neben der Ermutigung, ruhig selbstbewusst „unzeitgemäß" zu bleiben, wird hier als „Doppelmoral" auch ihr „wunder Punkt" angesprochen. Die politisch-opportunistische Moralisierung des Glaubens evangelischerseits – der man in „light-katholischen" Biotopen nacheifert – findet ihr Pendant auf ultrakatholischer Seite in einer sexualfixierten Moralisierung des Glaubens, die paradoxerweise ihrerseits nicht frei von Opportunismus ist. Denn statt auf die massenhaften Normverstöße wie vor- und außerehelichen Geschlechtsverkehr oder Prostitution – darüber hört man in Kundgebungen und Medien des Milieus weniger – hat man sich in jüngster Zeit auf die homosexuelle Minderheit eingeschossen. Das erklärt sich teilweise damit, dass deren militante Exponenten mit Maximalforderungen (Adoptionsrecht) provozieren und ihrerseits intolerant gegen Kirche und Christen (s. Teil I) vorgehen. Ein anderer Teil der Motivation dürfte damit zusammenhängen, dass sich konservative Christen hier bündnisfähiger mit dem „gesunden Volksempfinden" kirchenferner Milieus wähnen als bei den oben genannten Sexualsünden. Dabei entspricht weder die oft herabsetzende Diktion noch die einseitige Betonung des hinlänglich bekannten Verbots homosexueller Handlungen der viel differenzierteren Lehre des römischen Katechismus: Zu ihr gehört auch eine Anerkennung der Schicksalhaftigkeit („nicht selbst gewählt"), ein Diskriminierungsverbot („Man hüte sich ..."), die Aufforderung zu „Achtung, Mitleid und Takt" und die Lebensoption „einer selbstlosen Freundschaft" (in Keuschheit). Doch die mehr

Rechts- als Rechtgläubigen bezeugen statt der christlichen Liebesethik bei diesem Thema allzu oft ressentimentgeladene Ideologie.

Beispiel: Ein Leserbrief an die Kölner Kirchenzeitung im August 2009, der auch per Rundmail verbreitet wurde, schmähte den homosexuellen CDU-Oberbürgermeisterkandidaten und praktizierenden Katholiken Peter Kurth als „in Teilen schizophrene Persönlichkeit" mit „hedonistischem" Menschenbild, die „geflissentlich" an der Wahrheit vorbeisehe. Zu solchen eifernden Tiraden, die nicht wenigstens durch Scham für das homosexuellen Menschen in der Vergangenheit zugefügte Unrecht und Leid gezügelt sind, passt auch die Stilisierung „eingetragener Lebenspartnerschaften" im Promillebereich der Gesellschaft zu einer Gefahr für die Ehe. Übersehen wird dabei, dass der deutsche Gesetzgeber weder (wie etwa der spanische) die Ehe für gleichgeschlechtliche Verbindungen „öffnete" noch (wie der französische) eine Art alternativer „Ehe light" mit geringerer Verbindlichkeit für homo- wie heterosexuelle Paare einrichtete. Übersehen wird auch, dass der Staat hier eine andere Aufgabe und legitime Perspektive hat als die Kirche. Dass die gemäßigte deutsche Regelung, die aus gutem Grund bisher nicht „gleichstellt" (Steuerrecht!), einer „Diffamierung der Ehe" gleichkomme – wie ein Papier „engagierter Katholiken" (AEK) im Januar 2010 behauptete –, ist abwegig. Gemeint ist wohl eine Relativierung, aber selbst die ist zweifelhaft, wo keine wirkliche Konkurrenz zwischen beiden Rechtsinstituten besteht. Die größten Gefahren für die Ehe dürften in Deutschland immer noch von Heterosexuellen ausgehen. Insgesamt nährt die eigentümliche Disproportionalität und Nervosität bei diesem Thema eher den Verdacht, die katholische Kirche könne hier selbst im Glashaus sitzen. Im Blick auf Art und Umfang von Kleriker-Skandalen der letzten Jahre kann dieser Eindruck ja durchaus aufkommen.

Um gar kein Missverständnis aufkommen zu lassen: Die Kirche soll auch ihre moralische Botschaft, unter Berücksichtigung wissenschaftlichen Erkenntnisfortschritts, unerschrocken und unverkürzt verkünden, komme es gelegen oder ungelegen. Gesellschaftliche Missstände im Bereich der Sexualität sind unabweisbar, vor allem die von Bernd Siggelkow und Wolfgang Büscher („Deutschlands sexuelle Tragödie", 2008) erschütternd beschriebene Frühsexualisierung und sexuelle Verwahrlosung Jugendlicher, aber auch die „Normalisierung" der Prostitution, die Destruktion der Geschlechteridentität durch die „Gender"-Ideologie sowie die öffentlich zur Schau getragene und propagierte Abkoppelung der Sexualität von der Liebe. Sie betreffen das Zentrum der Person und können zerstörerisch wirken. Ein kräftiger Kontrapunkt der Kirche dagegen ist – vor allem angesichts mächtiger Medieneinflüsse – vonnöten. Neben der Tapferkeit des Zeugnisses sind dabei aber auch die anderen Kardinaltugenden: Klugheit, Gerechtigkeit und Mäßigung gefragt. Wenn man zum Beispiel weiß, das sexualfixierte Medien alle diesbezüglichen Kirchenäußerungen mit einem gewaltigen Verstärkereffekt und meist vergröbert bekannt machen, kann man dies a priori bei der Gewichtung der eigenen Kommunikation ins Kalkül ziehen, um die rechten Proportionen von Glaubensbotschaft und Morallehre (und innerhalb der Morallehre von Fragen größerer oder geringerer Zentralität und Dringlichkeit) nicht vollends entgleiten zu lassen. Insofern kann unter Umständen auch manchmal „weniger mehr" sein.

Die „Hierarchie der Wahrheiten" entspricht heute bei Weitem nicht ihrer empirischen Bekanntheit und Akzeptanz unter den Menschen. Wenn die Bedeutung des Pfingstfestes unbekannter geworden ist als die (katholische) Haltung zur Empfängnisverhütung, ist etwas aus dem Lot geraten, das wieder ins Lot muss. Und dass Neid, Geiz, Raffgier, Verlogenheit oder Egomanie individuelles Glück und soziales Wohl ebenso zerstören können wie ein ungezügelter Sexualtrieb, müsste manchem „guten Katholiken" (und Protestanten) vielleicht auch deutlicher ins Bewusstsein gerufen werden. Zur Gerechtigkeit im moralischen Zeugnis gehört zum Beispiel, dass man sich nicht einseitig informiert, konträre Positionen oder Lebensweisen zumindest zu verstehen sucht, bevor man sie verdammt, und dass man von anderen nicht fordert, wovon man sich selbst dispensiert. Zur Sachgerechtigkeit gehört zudem, dass man nicht einzelne Bibelworte selektiv aus dem Kontext der gesamten Frohen Botschaft herausbricht und/oder kurzschlüssig auf eine Lebensrealität anwendet, die sich im Erkenntnishorizont unserer Zeit vielleicht anders oder komplexer darstellt als den biblischen Autoren in ihrer Zeit.

Mit diesem Vorbehalt muss man noch lange nicht einem bibeltheologischen Historizismus und Relativismus das Wort reden, vor dem Papst Benedikt XVI. in seinem Jesus-Buch eindringlich warnt: „Aus scheinbaren Ergebnissen der wissenschaftlichen Exegese sind die schlimmsten Bücher der Zerstörung der Gestalt Jesu, der Demontage des Glaubens geflochten worden." Sein Hinweis, dass der Teufel in der Versuchungsgeschichte „als Schriftkenner" auftrete, ist aber nicht nur als Warnung an Theologen sinnvoll zu verstehen. Mehr Demut und Disziplin im Umgang mit Gottes Wort wünschte man sich auch bei manchem fanatischen Glaubens- und Sittenwächter. Mit dem Gebot der Mäßigung verträgt es sich nicht, wenn moralische Belehrungen oder Verurteilungen wirklich oder scheinbar unchristlichen Lebens lieblos, hämisch oder unbarmherzig daherkommen oder wenn selbst dem einsichtigen oder reuigen Sünder seine Verfehlung nicht nachgesehen wird.

## Mehr als Sozialagentur oder Moralanstalt: Glaube, Trost und Glück

Sowohl die „Hypertrophie des Sechsten Gebots" (Josef Isensee) als auch die jenseitsvergessene Politisierung und Banalisierung des

Glaubens dürften zur Rufschädigung des Christentums erheblich beigetragen haben. Umfragen zeigen, dass die deutsche Bevölkerung die Kirche in beiden Rollen ablehnt. 64 Prozent stimmten laut Allensbach (1998) der Ansicht zu, die „Kirchen sollten sich aus der Politik heraushalten", und in Fragen der Sexualität erklärten sich selbst unter Katholiken (2002) nur 15 Prozent „mit der offiziellen Haltung der katholischen Kirche einverstanden". Breite Akzeptanz bei der Bevölkerung finden laut der dimap-Umfrage für die Adenauer-Stiftung (2003) kirchliche Stellungnahmen etwa zur Achtung der Menschenrechte („sollen Stellung nehmen": 92 %), zur Sterbehilfe (85 %), zum Schutz von Ehe und Familie (72 %), zum Zusammenleben mit hier lebenden Ausländern (67 %) oder zur Zulässigkeit von Abtreibung (61 %); dagegen werden Stellungnahmen „zur Sozialgesetzgebung, etwa der Sozialhilfe, der Renten- oder der Gesundheitsgesetzgebung" mehrheitlich ebenso abgelehnt (42 zu 57 %) wie solche zur „Wirtschaftsordnung, etwa zur Mitbestimmung, dem Verhältnis von Arbeitgebern zu Arbeitnehmern oder zur Globalisierung" (34 zu 64 %).

Gravierender als das Zuviel oder „Auf falsche Weise" in diesen Bereichen ist jedoch eine Sprachlosigkeit bei zentralen Glaubenswahrheiten, die das medienverzerrte Image der Kirche als bloße Sozialagentur oder Moralanstalt noch verstärkt. Zu viele Prediger in den vergangenen Jahrzehnten machten um die Themen Kreuzesopfer, Auferstehung und ewiges Leben – womit der christliche Glaube nach Paulus steht und fällt (1 Kor 15,14) –, aber auch um Heilungswunder, die Kraft des Gebets und Gottes Handlungsmacht in der Geschichte einen weiten Bogen. Das war umso dümmer, als Umfragen längst eine Empfänglichkeit und Glaubensbereitschaft der Menschen in diesen Fragen zeigen, die weit größer sind, als der Mut und die Kompetenz der Verkündiger des Evangeliums zu sein scheinen. Der Glaube an ein Leben nach dem Tod „in irgendeiner Form", der bis Mitte der Siebzigerjahre gesunken war, ist laut Allensbach seitdem gestiegen und seit 1980 verbreiteter als die nicht gläubige Gegenposition. Zwar habe dieser Glaube, räumt Wilhelm Haumann ein, „nur am Rande mit der christlichen Vorstellung von Auferstehung und Jenseits zu tun. Wichtiger ist bei den meisten wohl der Wunsch, ein im Großen und Ganzen angenehmes Leben, das wenig von Leid und Schuld bedrängt wird, in alle Ewigkeit fortzusetzen. Gleichwohl kann ein solcher verweltlichter Ewigkeitsglaube für die christliche Verkündigung im nachchristlichen Umfeld ein Anknüpfungspunkt sein. Gerade an dieser Stelle spürt auch der ansprechbare Fernstehende die menschliche Wahrheit des christlichen Glaubens und hier werden ihm auch die diesseitigen Gratifikationen des Glaubens (Trost und Zuversicht) am leichtesten begreiflich."

Von einer durchaus beständigen Empfänglichkeit für übernatürliche Glaubensvorstellungen zeugen auch andere Befunde: „Dass ein Schutzengel, eine höhere Macht einen beschützt", wird von jedem Zweiten für möglich gehalten („da glaube ich, dass es das gibt"). 56 Prozent glauben an Wunder, und 30 Prozent meinen, „selbst schon mal etwas erlebt" zu haben, was für sie „wie ein Wunder war". 39 Prozent gehen davon aus, „dass es Engel gibt", und fast jeder Vierte sogar davon, „dass es Marien- und Heiligenerscheinungen gibt". All das mag modernen Theologen ein Gräuel sein, blieb aber im sonst gern von ihnen gegen das (katholische) Lehramt in Stellung gebrachten „sensus fidelium", im Glaubenssinn des Volkes Gottes vital und erlebte in den letzten Jahren eine gewisse Renaissance, wenn auch nicht immer im christlich-theologischen Sinne recht verstanden. Auffallend an einer Allensbacher Abfrage von Glaubensinhalten 2006 ist, dass die jüngere Generation (unter 30-Jährige), die dabei generell weniger zustimmend antwortet als die Bevölkerung insgesamt, in einem Punkt überdurchschnittlich (zu 25 gegenüber 21 %) glaubt, nämlich: „an mystische Erfahrungen, an Begegnungen mit dem Geheimnisvollen". Das erinnert an Karl Rahners berühmtes Diktum: „Die Kirche der Zukunft wird mystisch sein, oder sie wird nicht mehr sein."

Wie sehr die kirchliche Verkündigung des „Glaubenskerns" hinter der Glaubensfähigkeit und Glaubensaspiration eines zeitweise viel zu rationalistisch „verkopft" geglaubten modernen Menschen zurückblieb, ließ schon eine Allensbacher Credo-Umfrage in den Achtzigerjahren erahnen. In der ersten Version wurde danach gefragt, welchen der einzelnen Glaubenssätze man glaube („oder ob Sie nicht daran glauben oder ob Sie da nicht so sicher sind"), in der zweiten, welche Sätze „für Sie wichtig sind, an die Sie glauben". In der Regel lag der Prozentsatz für die Antwort: „Daran glaube ich" (Version 1) bei den einzelnen Glaubenssätzen höher als für die Antwort: „Ist für mich wichtig" (Version 2). Dies überrascht nicht, denn es ist einfacher, etwas zu glauben, ohne es persönlich besonders wichtig zu finden, als etwas nicht glauben zu können, aber es trotzdem für sich als wichtig zu bezeichnen. Doch bei zwei von zwanzig im Credo enthaltenen Glaubensaussagen übertrifft die persönlich empfundene „Wichtigkeit" die einfache Glaubensaussage deutlich: bei der „Auferstehung der Toten", die 56 Prozent „für mich wichtig" nannten, aber nur 46 Prozent glaubten, und beim „ewigen Leben" (62 gegenüber 50 %). Hinter diesem „Ausreißer" darf man eine unerfüllte Glaubensaspiration hinsichtlich dessen vermuten, was Paulus als den Dreh- und Angelpunkt des Christentums einschärft.

Doch statt „Worten des ewigen Lebens" (Joh 6,68) gaben viele Theologen und Prediger den Menschen jahrzehntelang vornehmlich moralinsaure Verhaltensmaßregeln, psychologische Binsenweisheiten und klampfenschlagende Polit-Romantik auf den Weg. Motto:

*Manchmal feiern wir mitten am Tag ein Fest der Auferstehung/*
*Stunden werden eingeschmolzen und ein Glück ist da.*
*Manchmal feiern wir mitten im Wort ein Fest der Auferstehung/*
*Sätze werden aufgebrochen und ein Lied ist da.*
*Manchmal feiern wir mitten im Streit ein Fest der Auferstehung/*
*Waffen werden umgeschmiedet und ein Friede ist da.*

Oder:

*Die Waffen verrotten zu Staub/*
*die Bomben werden taub/*
*unser Zählen reicht nicht bis zehn/*
*wir werden auferstehn/*
*Al-le al-le lu-ja wir werden auferstehn*

Durch solche (im günstigen Fall nur) Jugendmessen-Lyrik sollte das neben Schöpfung und Inkarnation größte Geheimnis des christlichen Glaubens, die Auferstehung, auf das menschlich Erfahrbare „heruntergebrochen" und mit etwas gutem Willen „im Hier und Jetzt" machbar werden. Mit der dogmatischen Substanz verkam – hier nur nebenbei vermerkt – auch die liturgische Form. Theologen warnten vor einem „jenseitigen Missverständnis" des Christentums als „Vertröstungsideologie" und gaben dessen existenziellste Tröstungen preis. Wahrhaft Auferstehungs-frohe Lieder gerieten in den Verdacht des „Triumphalismus". An Christi Himmelfahrt konnte man schon auf die geistigen Verrenkungen und rhetorischen Kunstgriffe gespannt sein, mit denen der Prediger das Fest noch irgendwie „glaubbar" und „lebensrelevant" zu machen gedachte. Mit der Banalisierung und Aufgabe des übernatürlichen, menschliche Horizonte überschreitenden und weitenden Glaubensgutes verschwand ein guter Teil Geborgenheit, Zuversicht und Freude aus dem Glauben. Während, katholisch gesehen, immer weniger Weihrauch den Kirchenraum vernebelte, wurde es trotzdem stickig unter der Käseglocke reiner Diesseitigkeit. Der Kirche ging ihr transzendenter Atem aus. Parallel dazu verschwanden, um an ein Bild des Erfurter Bischofs Joachim Wanke anzuknüpfen, die „Goldklumpen des Evangeliums“ unter einem Schutt von Streitigkeiten über allerlei politische „Optionen“, Geschlechter- und Sexualfragen, die innerkirchliche Machtverteilung und Quisquilien der Kirchenordnung.

Die atmosphärischen Folgen spiegeln sich etwa in einer Äußerung des schwer krebskranken, inzwischen verstorbenen Theaterregisseurs und Autors Christoph Schlingensief. Er bedauerte in einem „Cicero“-Interview (Januar 2010): „In den Gemeinden gibt es unzählige wunderbare Mitglieder und Hilfsprojekte, die gut sind, keine Frage. Im Großen und Ganzen habe ich aber das Gefühl, dass die Kirche mir keine Freude vermittelt. Sie vermittelt mir nicht das Gefühl, dass es wichtig und eine Freude sein kann, sich einer Minderheit anzuschließen, Andersdenkende und Andersliebende kennenzulernen. Mir scheint, als habe sich die katholische und auch die protestantische Kirche auf eine Art Abgesang eingelassen. Alles kommt mit einem Wimmerton daher.“

In Zeiten körperlicher Auszehrung konzentriert sich der Organismus auf seine wesentlichen Funktionen: Herz, Lunge, Gehirn. Die Kirchen müssen sich in einer Zeit geistlicher Auszehrung dringend überlegen, was ihre Kernfunktionen sind. Zugleich dürfen sie kirchlich Randständigen und Konfessionslosen ein durchaus auch schon diesseitiges Glücksangebot machen: Auf die im Jahr 2003 gestellte Allensbacher Frage „Wenn jemand von Ihnen sagen würde: ‚Dieser Mensch ist sehr glücklich!‘, hätte er damit recht oder nicht recht?“, antworteten in der Altersgruppe der 30- bis 50-Jährigen 41 Prozent der kirchennahen Katholiken: „Ja, ich bin sehr glücklich“

(Protestanten: 39 %); unter den Konfessionslosen waren es mit 27 Prozent deutlich weniger; die kirchenfernen Konfessionsmitglieder lagen dazwischen, aber näher beim Wert der Konfessionslosen. Fast ebenso deutlich differierte das Glücks-Bekenntnis zwischen Befragten, die sich als „religiöse, gläubige Menschen" einstuften, und jenen, die sich als „nicht religiös" erklärten (39 zu 29 %). Die Unterschiede sind beträchtlich, könnten aber vielleicht noch größer sein, wenn aus den Kirchen mehr substanziell fundierte Begeisterung für die Frohe Botschaft käme, die ansteckend wirkte. Jesus verspricht viel: „Kommt her zu mir, alle, die ihr mühselig und beladen seid; ich will euch erquicken" (Mt 11,28; Luther). „Ich bin gekommen, damit sie das Leben haben und es in Fülle haben" (Joh 10,10). „Freut euch und jubelt: Euer Lohn im Himmel wird groß sein" (Mt 5,12a). Doch in den Beiträgen von hundert christlichen Prominenten zum Sammelband „Mein Glaube in Bewegung" anlässlich des sechzigjährigen Bestehens der Zeitschrift „Christ in der Gegenwart" findet Markus Spieker, Autor von „Faithbook: Ein Journalist sucht den Himmel" (2009), das Wort „Himmel" trotz mehrmaligen „Abscannens" kein einziges Mal. Der ARD-Hauptstadtkorrespondent konstatiert: „Der Himmel ist ein Tabu. Man spricht nicht darüber. Nicht einmal in der Kirche. Nichts für Erwachsene. Nichts für moderne Menschen. (...) Mit der Einschätzung, dass die Jenseitsfrage Toppriorität hat, gehöre ich weltweit zu einer Mehrheit. In Deutschland zur Minderheit." Dabei stand der Himmel immer für Glück. Und mehr Glücks-Zeugnisse sind gefragt, damit der „Mehrwert" eines „Glaubens in heftigen Zeiten" – so der Titel eines ebenso lesenswerten Spieker-Buchs (2007) – für mehr Menschen erfahrbar wird.

## Auf steinigen Boden gesät: Widrige zivilisatorische Rahmenbedingungen

Bei aller Kritik soll doch nicht den Kirchen allein die Verantwortung für ihre Misere zugeschrieben werden. Die Ursachen für den Niedergang christlicher Religiosität in Deutschland liegen auch außerhalb kirchlicher Verantwortung. „Alles deutet darauf hin, dass die Wurzeln des Glaubens vor allem durch die große Veränderung der Lebensbedingungen und den dramatischen Wertewandel beschädigt werden. Äußerlich brechen familiäre und gesellschaftliche Stützen des Glaubens weg“ (Wilhelm Haumann). In einer wohlstandsverwöhnten Zerstreuungs- und Vollkasko-Gesellschaft des „anything goes“ sind die auf das Jenseits hinstoßenden Kontingenzerfahrungen von vornherein reduziert. Im Trubel von „panem et circenses“ kann eine Botschaft der Besinnung auf das Woher, Wofür und Wohin, verbunden mit Mahnungen zu Demut, Selbstlosigkeit, Beherrschung und Verzicht schwerlich massenhaft Aufmerksamkeit und Annahme finden. Erst im Angesicht des in Hospitäler und Altenheime verdrängten Todes wird sich die Gottesfrage für die meisten Zeitgenossen radikal stellen. Bis dahin aber leben sie in einer entzauberten Welt, in der scheinbar alles von Menschen gesehen, erforscht, erklärt, gemacht, beseitigt und überspielt werden kann. In einer Zeit des schnellen Wandels, der Verfügbarkeit, der Visualisierung und Entzauberung muss eine Institution, die vom Unwandelbaren, Unverfügbaren, Unsichtbaren und Mystischen kündet, einen schweren Stand haben. Im Osten des Landes wirken, wie gezeigt, zudem die Folgen von fast sechzig Jahren der Diktatur antichristlicher Ideologien fort. Familiäre und gesellschaftliche Stützen des Christlichen gibt es schon lange nicht mehr; hier wurden „nur 8 Prozent der religionsfern Erzogenen zu gläubigen Menschen: Die kirchen- und glaubensferne Erziehung bedeutet deshalb in der Regel keine Erziehung hin zu einer wirklich freien Wahl, sondern nimmt die Entscheidung gegen die Religion bereits vorweg" (Haumann).

Es zeugt von kategorialer Verwirrung, wenn heute von der Kirche wie von einem Wirtschaftsunternehmen verlangt wird, sie müsse ihr Angebot verändern, wenn die Nachfrage ausbleibt. Wenn schon in politischen Fragen Mehrheitsvoten zwar ein behelfsmäßiger Modus vernünftiger Entscheidungen, keineswegs aber Ausweis der Wahrheit sind, so gilt dies noch weniger für Themen, die den Horizont dieser Welt übersteigen. Für politische Parteien hat die Mehrheit gewissermaßen immer recht, für die Kirchen mitnichten. Dass so viele sie verlassen, muss nicht unbedingt gegen sie sprechen. Nicht hektischer Aktivismus, sondern Stehvermögen ist gefragt. Nirgends ist Christen in der Verkündigung Jesu verheißen, dass die Welt ihre Botschaft begierig aufnehmen, beherzigen und bewahren werde. Der Messias sprach auch von den Samenkörnern, die auf sandigen oder steinigen Boden fallen. Die Kirche darf die Zeitläufe und gesellschaftlichen Trends durchaus auch ein Stück weit „aussitzen" – nicht im Sinne der Untätigkeit, wohl aber des Ausharrens, ohne übermäßig nervös zu werden und an sich selbst zu zweifeln.

Dies bedeutet nicht, dass die Kirchen nichts tun könnten, um wieder mehr Menschen ihre Botschaft zu erschließen. Eine ebenso schlichte wie gehaltvolle Devise, einem christentumsfremden Zeitgeist zu begegnen, ist dem „Stuttgarter Schuldbekenntnis" der evangelischen Kirche vom Oktober 1945 zu entnehmen. Im Blick auf die Anpassung großer Teile des deutschen Protestantismus an den nationalsozialistischen Zeitgeist beklagten die neu gewählten EKD-Vertreter, „dass wir nicht mutiger bekannt, nicht treuer gebetet, nicht fröhlicher geglaubt und nicht brennender geliebt haben". Mit diesen vier Begriffspaaren lassen sich im Grunde auch die heutigen Defizite der Kirchen erfassen. Im Bewusstsein, dass der Sozialwissenschaftler sich hier über seine Zuständigkeit hinauswagt, seien doch einige Anmerkungen eines Laien dazu erlaubt.

## Ein Vier-Punkte-Programm zur geistlichen Revitalisierung

### Mutiger bekennen

Woran es den Kirchen heute am meisten fehlt, ist das persönliche Zeugnisgeben der Gläubigen in einem immer glaubensfremderen Umfeld. Nur so könnte aber der geistlichen Versteppung unseres Landes, dem der heilige Bonifatius vor über 1200 Jahren die Frohe Botschaft brachte, wirksam begegnet werden – und nicht durch heiß laufende Drucker und Fotokopiergeräte in Generalvikariaten und Pfarrbüros; wohl kaum durch die „sakramentale Grundversorgung", die, oft nur als zeremonielle Staffage missbraucht, von einer schrumpfenden Zahl von Klerikern mühevoll aufrechterhalten wird; und gewiss auch nicht durch einen Religionsunterricht, der leider nicht selten auf eine Art „Lebenskunde" oder „Weltverbesserungslehre" reduziert ist. Glaube wird nur durch Gläubige weiterverbreitet, die andere anstecken mit ihren Hoffnungen und Erfahrungen, ihrem Suchen und Vertrauen. Wenn die einzelnen Glaubenszeugen gleichsam als Zahnräder fehlen, läuft die kirchenamtliche Maschinerie auf Volldampf im Leerlauf. Fast jeder Dritte hatte laut Allensbach 2006 den Eindruck, „die beiden großen Kirchen in Deutschland, also die evangelische und die katholische Kirche", bemühten sich gar nicht, „die Leute vom Glauben zu überzeugen".

In deutschen Christengemeinden herrsche eine „weithin gestaltlose, defensive Kirchlichkeit und ein gefährlich unausdrückliches

Christentum“, bemängelte schon 1979 das von einer EKD-Arbeitsgruppe vorgelegte Papier: „Evangelische Spiritualität. Überlegungen und Anstöße zur Neuorientierung“. Ein Christentum, dem das Anliegen, Mitmenschen zum Glauben zu führen, fremd geworden zu sein scheint. Otto B. Roegele kritisierte in der internationalen katholischen Zeitschrift „Communio“ (6/1990): „Es gibt Missionszentralen von Orden, die in ihren Bittprospekten nicht auf ein einziges Vorhaben der Evangelisierung verweisen. Die leiblichen Werke der Barmherzigkeit haben die geistlichen fast ganz verdrängt.“ Der katholische Missionstheologe Walbert Bühlmann begründete dies auf einem Presse-Hearing der Arbeitsgemeinschaft der missionierenden Orden mit der „besonderen Dringlichkeit des innerweltlichen Heils“, die eine „Schalomisierung“ gegenüber der Christianisierung vorrangig erscheinen lasse; Letztere sei natürlich „nicht ausgeschlossen“ – wenn ein Gesprächspartner mehr über Christus erfahren wolle, habe er „nichts dagegen“ –, doch dürfe man „nicht mit dem Taufwedel herumfuchteln“ (Rheinischer Merkur, 1.12.89). Noch unverhohlener führte ein evangelischer Theologe seine Aufgabe in der ZDF-Sendung „Zur Zeit in Kirche und Gesellschaft“ (20.3.94) ad absurdum: „Unsere Aufgabe als Missionar ist es heute, nicht Missionar zu sein, nicht Missionar sein zu wollen.“

Während kirchliche Weltmissionswerke unter solcher theologischer Inspiration mehr und mehr zu reinen Entwicklungshilfeorganisationen denaturierten – Prospekte von „Missio“ und „Misereor“ wurden fast ununterscheidbar –, verfuhr die große Mehrheit der „praktizierenden“ Christen hierzulande mit ihrem Glauben zunehmend nach der Devise: „Bloß nicht weitersagen!“. Man könnte anderen ja zu nahe treten. So geriet das Glaubensleben in den Sog des totalen Rückzugs ins Private. Welcher Christ wagt es heute noch, sich durch das Tischgebet vorm Essen in Mensa, Kantine oder Restaurant zu erkennen zu geben? Wer spricht bei der Wochenendplanung im Freundeskreis oder bei der Programmplanung auf Seminaren und Gruppenreisen noch ganz unbefangen seinen Wunsch aus, dass auch Zeit für den Gottesdienstbesuch reserviert werde? Wer tritt abfälligen Bemerkungen über Glaube und Kirche mutig entgegen, wenn er damit die soziale Harmonie zu verletzen droht? Wer sucht das Gespräch über Gott mit Agnostikern oder kirchlich Fernstehenden im Bekanntenkreis?

## Bekenntnisscheu und Bekenntnisunwilligkeit

Das Schwinden der Bekenntnisbereitschaft entspricht Elisabeth Noelle-Neumanns Theorie der „Schweigespirale". Danach wollen Menschen sich nicht isolieren, beobachten ständig ihre Umwelt und registrieren aufs Feinste, welche Werte, Meinungen und Verhaltensweisen zu- und welche abnehmen. Wer den Eindruck hat, dass seine Einstellung an Boden verliert, verfällt zunehmend in Schweigen: Anhänger der (vermeintlichen) Mehrheitsmeinung bekommen „Oberwasser" und exponieren sich umso ungehemmter, mit dem Ergebnis, dass sie schließlich sogar noch stärker erscheinen, als sie tatsächlich sind.

Falls aber Isolationsfurcht der Grund für das Verstummen der christlichen Rede von Gott sein sollte, wäre sie nur teilweise berechtigt. Der religiöse Mensch wurde zumindest noch in einer Allensbacher Umfrage von 1989 in der Bevölkerung weitaus positiver gesehen als der Atheist: Man hielt ihn eher für verlässlich und tolerant, für zufrieden und fröhlich, für interessiert an anderen Menschen, engagiert für die Gerechtigkeit und hilfsbereit gegenüber Bedürftigen. Den Atheisten vermutete man zwar als fortschrittlich, aber auch als gleichgültig, selbstgerecht und materialistisch. Dass man „durch den Glauben, wenn man ihn ernst nimmt, ein besserer Mensch" werde, meinten im März 2006 eine knappe Mehrheit (44 zu 42 %)

der Westdeutschen und immerhin ein Viertel der Ostdeutschen, insgesamt also mit 40 Prozent der Bevölkerung weit mehr Menschen als am kirchlichen Leben halbwegs regelmäßig teilnehmen. Gregor Gysis positive Erwartung an einen Glauben, den er selbst nicht teilt, ist also Ausdruck eines verbreiteten Respekts. Daran könnte die kirchliche Kommunikation stärker anknüpfen.

Die Scheu, sich durch Kirchenaustritt ganz vom Christentum zu distanzieren, ist noch vielfach vorhanden, der Wunsch nach einer religiösen Minimalerziehung der Kinder bei den meisten Eltern ungebrochen, auch wenn sie selbst nicht mehr den Gottesdienst besuchen. Freilich herrscht eine funktionale Wertschätzung vor: Religion ist gut für die Gesellschaft – was praktisch heißt: gut für die anderen. Christen, die spiegelbildlich nach der Devise leben: „Mein Glaube ist wichtig für mich, aber nicht nötig für die anderen", bestätigen diese Einstellung täglich neu. Bezeichnend ist, dass sogar Agnostiker wie der französische Politologe Alfred Grosser gläubige Christen zur Zeugnisgabe ermahnen müssen: „In den letzten Jahrzehnten sind manche Christen – gläubige Christen – der Versuchung erlegen, im Namen der Freiheit des anderen noch nicht einmal Zeugnis zu geben, darauf zu verzichten, dem anderen das Licht zu offenbaren, das das eigene Leben erleuchtete, ihn auf die Quelle hinzuweisen, an der man selber sich labte. Ich muss gestehen, dass ich wenig Verständnis habe für eine Einstellung, die einer Abdankung gleichkommt." Di ese Sätze könnten zum Beispiel Exkirchentagspräsident (1964–70) und Altbundespräsident Richard von Weizsäcker einmal auf sein christliches Gewissen wirken lassen. In einem langen TV-Porträt am 7. April 2010 gelang es Sandra Maischberger trotz hartnäckiger Versuche nicht, dem fast 90-jährigen Vorzeigeprotestanten auch nur ein einziges Wort über seinen Glauben zu entlocken. Auch Weizsäckers Kinder bestätigten die „beinahe unwirsche" (Patrick Bahners, FAZ) Reaktion auf das Ansinnen der überaus wohlwollenden Interviewerin: Schon ihrer jugendlichen Religionskritik habe der Vater nichts entgegengehalten. Wie vereinbart ein Christ diese Verweigerung des Zeugnisses mit der Ermahnung: „Seid stets bereit, jedem Rede und Antwort zu stehen, der nach der Hoffnung fragt, die euch erfüllt" (1 Petr 3,15)?

Neben einer – durch verbreitete Kirchenkritik in den Medien verstärkten – Bekenntnisscheu vieler Christen dürften auch Bekenntnisunwilligkeit, Bekenntnisfaulheit und Bekenntnisunfähigkeit zum Erlahmen des christlichen Missionseifers beigetragen haben. Am Ende eines Jahrhunderts ideologischer Grabenkämpfe und totalitärer Weltanschauungsdiktaturen, die mit pseudoreligiösem Eifer, Massenpropaganda und mörderischer Unduldsamkeit eine Art Himmel auf Erden schaffen wollten und den Menschen letztlich nur die Hölle bereiteten, ist der missionarische Impetus nachhaltig diskreditiert. Dagegen wurde ein Diktum Friedrichs des Großen zum prägenden Prinzip einer individualistischen Lebenskultur: „Jeder soll nach seiner Fasson selig werden!" In den Wohlstandsgesellschaften der liberalen Demokratien herrscht eine „friedliche Koexistenz" unterschiedlichster Glaubens- und Wertüberzeugungen, Meinungen und Lebensstile, die längst quer durch ehemals relativ homogene soziale Milieus laufen. Das Leben ist ein großer „Markt der Möglichkeiten" mit einem reichhaltigen Freizeit- und Sinngebungsangebot: „Ein jeder sucht sich endlich selbst was aus./ Wer vieles bringt, wird manchem etwas bringen./ Und jeder geht zufrieden aus dem Haus" (Goethe, Faust).

Auch die Kirche hat sich von ihrer einstigen Maxime, „keine Freiheit für den Irrtum" zuzulassen, längst distanziert: teils aus der bitteren Erfahrung selbst erlittener Unterdrückung, teils in Beschämung über eigene Unmenschlichkeiten und letzten Endes deshalb, weil ihr gar nichts anderes übrig blieb, als sich in die Realitäten einer pluralistischen Gesellschaft zu fügen. Die Toleranzformel des aufgeklärten Preußenkönigs, einst ein Schritt auf dem Weg zur weltanschaulichen Neutralität des Staates gegen einen konfessionellen Absolutheitsanspruch, der auch die weltliche Obrigkeit für sich in Dienst zu nehmen suchte, avancierte nun – in kategorialer Verwirrung – zur missionstheologischen Maxime kirchlicher Gruppen selbst: „Jeder soll nach seinem Glauben selig werden." So setzte sich die Vorstellung fest, Toleranz und Pluralismus erforderten einen Verzicht auf den werbenden, mitunter auch kämpferischen Einsatz für die eigene Wahrheitsüberzeugung. Dass überhaupt nur Toleranz üben kann, wer einen eigenen Standpunkt hat, und dass ein dynamischer Pluralismus sich erst aus dem Ringen konkurrierender „Wahrheiten" ergibt, muss daher neu ins Bewusstsein gerufen werden.

Joseph Kardinal Ratzinger warnte 2003 in seinem Buch „Glaube – Wahrheit – Toleranz. Das Christentum und die Weltreligionen" vor einer relativistischen Denaturierung des christlichen Wahrheitsanspruches: Jesus werde heute „bewusst zu einem der religiösen Genies unter anderen relativiert. Das Absolute bzw. den Absoluten selbst kann es in der Geschichte nicht geben, nur Modelle, nur Idealgestalten, die uns auf das ganz andere ausrichten, das in der Geschichte eben als solches nicht zu fassen ist. Es ist klar, dass damit Kirche, Dogma, Sakramente gleichfalls ihre Unbedingtheit verlieren müssen." Der „Dialog" werde „geradezu zum Inbegriff des relativistischen Credos und zum Gegenbegriff gegen ‚Konversion' und ‚Mission': Dialog im relativistischen Verständnis bedeutet, die eigene Position bzw. den eigenen Glauben auf eine Stufe mit den Überzeugungen der anderen zu setzen, ihm prinzipiell nicht mehr Wahrheit zuzugestehen als der Position der anderen." Echte christliche Toleranz verzichtet hingegen nicht darauf, den Andersgläubigen oder moralisch Andersdenkenden mit den Wahrheiten des eigenen Glaubens bekannt zu machen, manchmal vielleicht auch zu konfrontieren. Sie bekennt: „In keinem anderen ist das Heil zu finden. Denn es ist uns Menschen kein anderer Name unter dem Himmel gegeben, durch den wir gerettet werden sollen“ (Apg 4,12), respektiert dabei aber zugleich des anderen Freiheit und manipuliert nicht. Sie gründet auf der Achtung vor der gottgegebenen Würde der Person und ihrem Gewissen, auf der Einsicht in die eigene Unzulänglichkeit und Irrtumsfähigkeit, auf der Wertschätzung des friedvollen Umgangs miteinander und nicht zuletzt auf der Liebe zu einer Wahrheit, die in Freiheit gefunden werden will. Ratzinger bringt es auf den Punkt: „Gott ist Liebe (1 Joh 4,8). Wahrheit und Liebe sind identisch. Dieser Satz – wenn er in seinem ganzen Anspruch begriffen wird – ist die höchste Garantie der Toleranz, eines Umgangs mit der Wahrheit, deren einzige Waffe sie selbst und damit die Liebe ist.“

Ein anderes beliebtes Argument gegen die Glaubensverkündigung legt ein Franziskus-Wort einseitig aus: „Lasst uns mehr durch unser Leben predigen als mit Worten.“ Es macht sich die Aversion gegen große Worte zunutze, die nicht durch Taten „gedeckt“, beglaubigt sind. Dabei wird jedoch vergessen:

- Man kann ein vorbildliches Leben nicht gegen überzeugende Worte ausspielen. Beides bedingt sich vielmehr: Ein im guten Sinne fragwürdiges Leben wird die Menschen neugierig nach seinen Quellen machen; umgekehrt nimmt man mit der Rede von Gott sich und andere immer wieder in die Pflicht eines entsprechenden Lebens. Im nachdenklichen Bekenntnis seines Glaubens „missioniert“ man gleichsam sich selbst.
- Wer von etwas Größerem spricht, als er selbst ist oder widerzuspiegeln vermag, wird dabei nicht unglaubwürdig, wenn er in Demut seine eigene Unzulänglichkeit sieht und bekennt. Die Botschaft ist größer als der Bote.
- Die Bibel fordert ausdrücklich zum Bekenntnis mit Worten auf, wenn es heißt: „Wir können unmöglich schweigen über das,

was wir gesehen und gehört haben" (Apg 4,20). Schon im Alten Testament fordert Gott: „Diese Worte, auf die ich dich heute verpflichte, sollen auf deinem Herzen geschrieben stehen. Du sollst sie deinen Söhnen wiederholen. Du sollst von ihnen reden, wenn du zu Hause sitzt und wenn du auf der Straße gehst, wenn du dich schlafen legst und wenn du aufstehst. Du sollst sie als Zeichen um das Handgelenk binden. Sie sollen zum Schmuck auf deiner Stirn werden. Du sollst sie auf die Türpfosten deines Hauses und in deine Stadttore schreiben" (Dtn 6,6–9).

- Schließlich lässt sich die ganze Fülle des Glaubens nicht allein durch gute Taten vermitteln. Auch Jesus und die Jünger haben nicht in erster Linie durch ihr Leben gepredigt, sondern mit Worten. Und die frühen Christen haben ihre Umwelt nicht am meisten durch ihren moralischen Lebenswandel oder ihr soziales Engagement beeindruckt (das auch), sondern durch die Bereitschaft, für ihren Glauben an Jesus Christus sogar den Märtyrertod zu leiden.

## Bekenntnisfaulheit und Bekenntnisunfähigkeit

Hinter mancher Ablehnung des missionarischen Gesprächs verbirgt sich wahrscheinlich auch nur Bequemlichkeit. Natürlich ist es anstrengend und zeitaufwendig, anderen Menschen den Glauben nahezubringen, auf ihre Einwände und Zweifel einzugehen, von eigenen Erfahrungen zu erzählen und Schritt für Schritt jenes Stück Vertrauen zu schaffen, das für den „Sprung ins Boot" notwendig ist, den letztlich jeder nur selbst tun kann. Trägen, selbstzufriedenen „Gewohnheitschristen", denen der Glaube mehr schmückendes Beiwerk ihres bürgerlichen Lebens als Lebensquelle und innere Bewegkraft ist, muss solche Bemühung allzu lästig erscheinen. Ihnen täte die Erinnerung an das Schriftwort gut: „Ich werfe dir aber vor, dass du deine erste Liebe verlassen hast" (Offb 2,4). Es muss doch beschämen, wenn ein in Österreich studierender Priesterseminarist aus Nigeria in Europa den „heftigen Sturm der Kritik am Christentum" beobachtet und sich wundert: „Die meisten Christen warten hilf- und tatenlos auf die vollkommene Zerstörung des bereits angeschlagenen Christentums. Was mir Sorgen macht, ist nicht etwa, dass die Kirche schwierige Situationen nicht überleben (Mt 16,18) oder dass Christus seine Kirche verlassen würde (Mt 28,20). Ich mache mir über den Grad der Gleichgültigkeit Sorgen, mit der die Christen mit dieser Situation umgehen" (Kirche heute 12/2009).

Manchmal hat man den Eindruck, als ob mit der Beschränkung auf ein möglichst tadelloses christliches Verhalten nur aus der Not eine Tugend gemacht werden soll: Könnte es sein, dass viele (im wahrsten Sinne des Wortes nur) „praktizierende" Christen sich in ihrem Glauben selbst so unsicher geworden sind, dass die Zeugnisgabe sie überfordert? Renate Köcher diagnostizierte in einem Vortrag in Bonn 1992 angesichts der demoskopischen Befunde weniger eine Bekenntnis*unwilligkeit* als vielmehr eine Bekenntnis*unfähigkeit*. Trifft dies zu, dann ist es wirklich höchste Zeit für eine Selbstmissionierung als Neuaneignung und Vergewisserung über das verbindlich Christliche, und zwar „top-down" unter Bischöfen, Theologieprofessoren und Religionslehrern, in Konveniats, Presbyterien, Pfarrgemeinderäten und kirchlichen Verbänden, in Familien und Jugendgruppen. „An Gott glauben heißt zugleich immer auch, ihn zu lieben. Wenn ich aber jemanden liebe, dann drängt es mich geradezu, ihn immer besser kennenzulernen und zu verstehen", betonte Kardinal Meisner im Januar 2010 in einer aufrüttelnden Predigt vor dem Kölner Diözesanrat und wunderte sich: „Weshalb ist dann unter den Gläubigen heutzutage so wenig zu spüren von diesem drängenden Verlangen nach Gotteserkenntnis?" Es gehe heute, „in Zeiten einer gereizten und verärgerten politischen Korrektheit, die sich jede Störung ihrer Selbstgenügsamkeit verbittet, (...) für jeden Christen darum, sich um eine Vertiefung und Verbreiterung seines Glaubenswissens zu bemühen". Nur ein fundiertes Glaubenswissen sei „auch im kontroversen Disput zum glaubhaften Zeugnis fähig". Die Verunsicherung reiche aber „bis in die inneren Kreise der Kirchengemeinden" hinein und führe dazu, dass „sich das Christentum auf ganzer Linie auf dem Rückzug" befinde.

Des Kardinals eindringliche Ermahnung, „sattelfest in der Glaubenslogik" zu werden, sollte nicht in dem Sinne verstanden werden, dass Christen erst selbst quasi „bombensicher" glauben müssten, bevor sie sich den Anfragen Nichtgläubiger stellen dürften. Zum authentischen missionarischen Gespräch mit Atheisten und Agnostikern kann durchaus auch ein ehrlicher Umgang mit dem eigenen Zweifel gehören. Aber wer glaubt und als Mitglied einer apostolischen Kirche ein „Weggeschickter" ist, um missionarisch – „senderisch" – zu leben, der sollte anderen wenigstens erklären können, warum seine Hoffnung und sein Vertrauen größer sind als sein Zweifel, warum sogar schon ein „Vielleicht ist es wahr" genügen kann, um in der Gemeinschaft der Kirche ein Leben lang die Unbegreiflichkeit eines „Deus semper maior" auszuhalten, eines Gottes, der stets größer ist als unser geistig-seelisches „Fassungsvermögen" und dessen Gedanken „so hoch erhaben sind" über unsere, „wie der Himmel über der Erde ist" (Jes 55,9).

## Klein, aber fein? Die öffentliche Präsenz nicht aufgeben

Um der Resignation oder nervösem Aktionismus angesichts der tief greifenden Tradierungskrise des Glaubens zu wehren, sollte man sich gelegentlich in Erinnerung rufen: Wo Christen vermehrt auf Unverständnis, Animositäten, Hohn und taube Ohren stoßen, kurzum: wo sie der Welt zum Ärgernis werden, nähern sie sich im Grunde nur wieder biblisch verheißenen Zuständen an. Die volkskirchlich „durchchristianisierte" Gesellschaft ist nicht der Normalfall, sondern ein Ausnahmefall christlicher Existenz.

Eine gefährliche Übersteigerung dieses Gedankens droht indes, wo – wie Johannes Gross es nannte – „katakombensüchtige" Theologen ein um die träge Masse verbürgerlichter Gewohnheitschristen „gesundgeschrumpftes" Exklusivchristentum entschiedener und engagierter Gläubiger propagieren und die Volkskirche durch eine „Kirche als Kontrastgesellschaft" (Gerhard Lohfink) ablösen wollen. Gegen einen solchen mit Urchristentums-Nostalgie verbrämten Defätismus wandte sich der Mainzer Bischof Karl Lehmann, als er im vierzigsten Jahr der Bundesrepublik Deutschland davor warnte, „allzu leicht in dem Sinne von der Kirche als ‚Kontrastgesellschaft' zu reden, dass man auf die Mitverantwortung im gesamtgesellschaftlichen Kontext einfach verzichtet und sich auf eine prophetische Sonderexistenz zurückzieht".

In der Tat darf die Kirche nie eine ganze Gesellschaft abschreiben, wenn sie ihrem Gott treu bleiben will, dessen Heilshandeln immer die Rettung aller Menschen zum Ziel hatte. Das gesellschaftliche Wirken der Kirche muss folglich ein Dienst für alle sein, wobei sich eine christliche Kerngemeinde mit allen Menschen guten Willens verbünden darf, auch wenn diese nicht regelmäßig zum Altar hintreten und ein komplettes Glaubensbekenntnis ablegen können. Gerade in Zeiten der Glaubenskrise wird ein so verstandenes Konzept von „Volkskirche" wieder aktuell. Daher sollten institutionalisierte kirchliche Mitwirkungsmöglichkeiten im Erziehungs- und Bildungswesen, in Medien und Militär, Sozialfürsorge und Vereinswesen und nicht zuletzt in der Seelsorge an Politikern, Verwaltungs- und Wirtschaftseliten entschlossen weiter genutzt werden. Die Kirche Jesu Christi muss eine

„Geh-hin-Kirche“ (Joseph Kardinal Höffner) bleiben, wenn sie dem Auftrag „Geht hinaus in alle Welt“ gerecht werden will.

Intern und meist eher informell ist christliches „Networking“ gefragt, durch welches auch eine kleiner werdende gesellschaftliche Gruppe bei hoher Motivation und überzeugendem Auftritt überdurchschnittlich viel Einfluss auf die Geschicke des Gemeinwesens nehmen kann. Der Glaube ist nach Erkenntnissen der empirischen Sozialforschung in hohem Maße ein gruppendynamischer Prozess. Eine „Schweigespirale“ lässt sich umso leichter durchbrechen, je mehr geistige und emotionale Unterstützung durch Mitstreiter der Einzelne hat. Einigkeit, auch kleiner Gruppen, macht stark. „Wo zwei oder drei“ in Jesu Namen zusammen sind, werden sie mehr Kraft zum Zeugnisgeben verspüren. Die gegenseitige Ermutigung beginnt im Kleinen, zum Beispiel mit ermutigendem Zuspruch für gelungene Artikel, Interviews oder Leserbriefe, mit mehr Sichtbarkeit von Christen im Alltag, sei es durch den Fisch oder das Kreuz auf der Heckklappe des Autos, sei es durch ein um den Hals getragenes oder am Haus angebrachtes religiöses Symbol, nicht zuletzt durch den Habit geistlicher Männer und Frauen. Es darf keine „Mimikry“ des Christlichen in der säkularisierten Gesellschaft geben.

Das Plädoyer für christliches Networking, gegenseitige Ermutigung und stark machende Einigkeit darf allerdings nicht missverstanden werden: Es tut Christen – ganz abgesehen vom Missionsauftrag – nicht gut, sich privat und/oder beruflich immer nur unter ihresgleichen zu bewegen und sich gegenseitig in „Einheitsmeinungen“, sogar jenseits des verbindlich Christlichen, zu bestätigen. In diesem Fall droht nämlich, um zu Hans Conrad Zanders These über Dummheit und Selbstbewusstsein kognitiver Majoritäten zurückzukehren, auch der kognitiven Minorität der intellektuelle Niveauverfall und unangemessene Dünkel. Wer zum Beispiel fest verankert in seiner konfessionellen Identität sein und zugleich offen und engagiert für seine Vorstellung vom „C" in einer Partei streiten will, entgeht der „Einbunkerung" nicht schon dadurch, dass er seine Überzeugungen veröffentlicht und die journalistischen Aufmerksamkeitskriterien „Konflikt" und „Status" durch Kritik an der Parteiführung bedient. Will er mehr erreichen als ein mediales Strohfeuer, braucht er neben persönlicher Integrität auch geistige Offenheit, eine differenzierte Wirklichkeitswahrnehmung, die Fähigkeit, sich in die Position anderer zu versetzen, sowie ein präzises Denken und Sprechen ohne ressentimentgeladene Vergröberungen. Wer zu sehr im Biotop der eigenen Gesinnungsminderheit lebt, droht, nicht weniger dumm und unangemessen selbstbewusst zu werden als Vertreter kognitiver Majoritäten. Denn in seinem minoritären, ideologisch homogenen Milieu beträgt die erlebte Mehrheit ja sogar meist 100 Prozent. Um andere zu überzeugen – die Bevölkerung wie die gesellschaftlichen Eliten –, bedarf es einer lebensnahen Intelligenz, die dem Gesinnungseifer Zügel anlegt und zu konstruktiven Vorschlägen für politisches Handeln befähigt.

Zu Recht zieht Alexander Kissler im Rahmen seiner Typologie von Gläubigen in der prekären Situation der abendländischen Kirche eine überraschende Parallele: Während ein Teil der Christen ausgewandert sei „zu den religiösen Schnäppchenanbietern, zu Wellness und Tantra und Extremsport, Buddhismus und Scientology" und ein anderer „die Forderungen der Welt derart in sich aufgesogen (habe), dass Glaube und Welt kaum mehr zu unterscheiden sind", übernehme ein dritter Teil „von der doktrinär gewordenen Vernunft die Einsicht, im Monolog liege alle Seligkeit. Sie schotten sich ab, werden fundamentalistisch wie ihr einstiger Konterpart, die Aufklärung. Die Neuheiden und die religiösen Fundamentalisten zeigen zwar mit Fingern aufeinander. Faktisch aber arbeiten sie gemeinsam an einer endgültigen Scheidung von Glaube und Vernunft."

## Treuer beten

Man nähme manchem von Medienaufmerksamkeit verwöhnten christlichen „Kirchenkritiker" seine Botschaft eher ab, wenn man ahnen dürfte, dass er im stillen Kämmerlein häufig und innig für die Kirche, für christliche Anliegen oder auch nur lobend und dankend betete. Zur diesseitigen Glaubensideologie der kirchlichen 68er gehörte aber der Spottvers „Glotzt beim Loben nicht immer nach oben; schaut zur Seite, dann seht ihr die Pleite". Von der rechten Wertschätzung für Anbetung und Lobpreis Gottes zeugt diese Einstellung nicht. Als die Bestsellerautorin Uta Ranke-Heinemann vor Jahren von einem RTL-Moderator gefragt wurde, ob sie denn noch bete, antwortete sie lapidar: „Nein. Ich denke." Ein sich selbst vergötzender Intellekt beugt nicht die Knie und senkt nicht das Haupt, faltet nicht die Hände und blickt zu nichts und niemandem auf. Dass in (katholischen) Kirchen heute weniger gekniet wird als früher, ist sicher kein Zufall. Und dass in deutschen Familien vor oder nach der Mahlzeit 1965 im Westen noch 29 Prozent regelmäßig beteten, 2006 aber nur noch 11 Prozent, wirft ein trauriges Licht auf den Zustand der „Familie als Hauskirche" (Joseph Kardinal Höffner, 1977). Auch christliches Gespräch über das Beten findet kaum statt. Der „Zeit"-Redakteur Patrick Schwarz konstatiert: „Sogar den meisten Christen fällt es leichter, über Sex zu reden, als über das Beten."

Aber auch an dem von Frau Ranke-Heinemann beanspruchten „Denken" hapert es insofern, als dieses zwar nicht Ersatz, aber – zusammen mit der Intuition des „Glaubenssinnes" – richtungweisende Inspiration und Stütze des Gebets zur Glaubensvertiefung sein kann. Während in Deutschland Glaube und Vernunft in der Regel zunächst als getrennte, einander eher widerstrebende Sphären verstanden werden, die man erst „zusammenbringen" oder gar „versöhnen" müsse, wird in Frankreich, vor allem in Studentengemeinden der Elitehochschulen, schon lange ganz selbstverständlich und selbstbewusst von der „intelligence de la foi“ gesprochen, was man wörtlich übersetzen könnte als „Intelligenz des Glaubens“ (in Parallelität zur „emotionalen Intelligenz“), aber auch als „Klugheit aus dem Glauben“ im Sinne des Kompetenzvorsprungs einer „vom Glauben erleuchteten Vernunft“ gegenüber reiner „Weltklugheit“ oder „technischer Intelligenz“. Jesus mahnt: „Wenn ihr betet, sollt ihr nicht plappern wie die Heiden“ (Mt 6,7). Bei aller Sympathie für das sicher immer wieder angebrachte spontane, unüberlegte Gebet, für ein wortreich „sprudelndes“ Ausschütten des Herzens oder leidenschaftliches Bestürmen Gottes in der Not sollte auch die Notwendigkeit einer „Gebetskultur“ gesehen werden, die der geistigen und habituellen Pflege bedarf wie die allerorten eingeforderte zwischenmenschliche „Gesprächskultur“.

Vergleichsweise gar nicht so schlecht bestellt ist es um den Glauben an die Kraft des Gebetes. Bei der letzten Allensbacher Umfrage im September 2006 erklärte eine Mehrheit von 46 Prozent der Bevölkerung: „Glaube daran“; 36 Prozent entschieden sich für die Gegenmeinung: „Glaube nicht daran“, der Rest (18 %) war unentschieden. Im Vergleich zu 1990 war die positive Antwort im Westen von 48 auf 52 Prozent gestiegen, die im Osten von 27 auf 23 Prozent gesunken (womit der Anteil der Kirchenmitglieder an der Bevölkerung hier – anders als im Westen – nahezu ausgeschöpft ist). Jedenfalls ist das Vertrauen in das Gebet verbreiteter als die Zustimmung zu den meisten christlichen Glaubenssätzen. Der Blick auf das „Glaube daran“ von 82 Prozent der Angehörigen „anderer Konfessionen“ (wohl insbesondere Muslime) mag zwar beschämen; doch andererseits erklärte sich sogar fast jeder dritte Konfessionslose in Sachen „Kraft des Gebets“ für gläubig oder unentschieden. Mit einem ehrlichen Versprechen: „Ich bete für dich“ dürfte man als Christ insofern auch bei Agnostikern oder gar Atheisten weniger Irritation hervorrufen als Angerührtsein, Nachdenklichkeit und

Dankbarkeit. Motto: „Es kann ja nicht schaden“ und: „Wer weiß, wofür’s gut ist.“

## Fröhlicher glauben

Christen dürfen als erlöste Menschen leben, und wo ihr Erlöstsein als Freude für andere sichtbar wird, ist dies zugleich eine der schönsten Formen christlichen Bekenntnisses. „In der Welt seid ihr in Bedrängnis; aber habt Mut, ich habe die Welt besiegt“ (Joh 16,33), versicherte Jesus seinen Jüngern. Martin Luther wollte selbst dann, wenn er sicher wüsste, „dass morgen die Welt unterginge, heute noch ein Apfelbäumchen pflanzen“. Treffender hätte man die christliche Dialektik von Weltzuwendung und Weltüberwindung nicht ausdrücken können. Gegen Aufgeregtheit, Verzagtheit und Larmoyanz darf der Christ in allen Fährnissen des Lebens jene frohgestimmte Gelassenheit bewahren, die lebenspraktischer Ausdruck seines transzendenten Rückhalts ist: „Geborgenheit im Letzten gibt Gelassenheit im Vorletzten“ (Romano Guardini).

Gehören Freude und Gelassenheit zu den Kennzeichen der deutschen Christengemeinde? „Spiegel“-Journalist Erich Wiedemann sah es in seinem süffisanten Essay über „Die deutschen Ängste. Ein Volk in Moll“ 1988 noch so: „Selbst christlichen Festen, die in anderen Weltgegenden des Heilands Frohe Botschaft transportieren, wird im deutschen Sprachraum günstigstenfalls das Statut von Besinnungsfeiern konzediert. Der Christ von Welt verschickt zum Christfest modische Grußkarten mit einem Weihnachtsmann vor einem kaputten Säurewald. Er gedenkt im Advent der teuflischen Kommerzialisierung des Evangeliums und zu Ostern des Rüstungswettlaufs sowie des Cholesteringehalts der Ostereier. Kurzum, er wird vor lauter Reflektieren der Frohen Botschaft nicht mehr froh (...). Die jungen evangelischen Theologen sehen es nicht mehr als ihre Aufgabe an, gute Botschaften zu verbreiten. Sie haben das ganze Jahr Bußtag und würden, wenn man sie ließe, am liebsten ein elftes Gebot in die Bibel hineinredigieren, das da lautet: Du sollst dich nicht freuen."

Wiedemann konzedierte der „katholischen Internationale, die ihre Schäfchen strenger hält", dass es bei ihr „herziger und herzlicher zugeht als bei den Evangelischen"; dies sehe man schon „an ihren Gotteshäusern und deren Umfeld. Katholische Kirchen sind bunter als protestantische. Und wenn man heraustritt, dann ist die nächste Kneipe nicht weit." An liturgischer Sinnlichkeit und Feierfreude gibt es aber wohl auch in der katholischen Kirche inzwischen einiges zurückzugewinnen. Zu den größten anthropologischen und theologischen Irrtümern der kirchlichen 68er gehörte wie gesagt das Bestreben, der liturgischen Feier jeglichen „Triumphalismus" auszutreiben. Was ist für Gläubige angesichts des Horrors des Todes aber menschlicher und christlicher als der jubelnde Ausruf: „Tod, wo ist dein Sieg? Tod, wo ist dein Stachel?" (1 Kor 15,55)? Wer aufspüren will, wo und wie Menschen in der Kirche jene „seelische Erhebung" finden, für die unsere Staatsverfassung den arbeitsfreien Sonntag und die Feiertage garantiert (Art. 140 GG i.V.m. Art. 139 WRV), der beobachte die Lautstärke und Mimik, mit der österliche Festgemeinden das triumphalistische Lied par excellence singen: „Wo ist dein Sieg, o bittrer Tod? Du selber musst erbeben; der mit dir rang, ist unser Gott, Herr über Tod und Leben. Verbürgt ist nun die Göttlichkeit von Jesu Werk und Wort, und Jesus ist im letzten Streit für uns ein sichrer Hort. Halleluja!"

Aus demoskopischer Sicht jedenfalls gewinnt der Glaube an Strahlkraft nicht nur durch stille, meditative Formen – von denen im Blick auf die Attraktivität fernöstlicher Spiritualität bei uns relativ oft die Rede ist –, sondern durchaus auch durch „festliche Zeremonien, die dem Bedürfnis nach Glanz Rechnung tragen. Das

Zurückschrecken vieler Geistlicher vor Prunk ist zwar begreiflich; zu nah liegt der Verdacht der Oberflächlichkeit. Allerdings sollte bedacht werden, dass für Menschen im Randbereich die Annäherung an den Glauben fast zwangsweise von ‚außen' nach ‚innen' verläuft", meint Wilhelm Haumann. Festlichkeit ist geeignet, auch den zur Fröhlichkeit zu disponieren, der dazu vielleicht gerade nicht die günstigsten Lebensvoraussetzungen aus dem Alltag mitbringt. „Unser Leben sei ein Fest", heißt es im Refrain eines der erfreulicheren modernen Kirchenlieder.

## Brennender lieben

Zu einem einladend fröhlichen Glauben passt auch nicht ein teilweise verbiesterter bis gehässiger Umgangsstil in der Kirche. Und damit ist zugleich das vierte Begriffspaar des Stuttgarter Schuldbekenntnisses angesprochen. Die Aufmerksamkeit, die den frühen Christen in ihrer heidnischen Umwelt zuteilwurde, galt nicht allein der geistlichen Botschaft, die sie bis hin zum Einsatz ihres Lebens als Blutzeugen bekannten, sondern ebenso ihrem menschlichen Miteinander, wie die Apostelgeschichte berichtet: „Sie hielten an der Lehre der Apostel fest und an der Gemeinschaft, am Brechen des Brotes und an den Gebeten. (...) alle, die gläubig geworden waren, bildeten eine Gemeinschaft und hatten alles gemeinsam" (2,42-44). „Die Gemeinde der Gläubigen war ein Herz und eine Seele" (4,32); sie kamen alle „einmütig (...) zusammen" und „das Volk schätzte sie hoch" (5,12 f.). „Die Heiden sagen: Seht nur, wie diese Christen einander lieben", berichtet Tertullian über die frühe Gemeinde.

Vielleicht liegt hier bei vielen Christen in Deutschland das größte Defizit an Liebe: wo sie sich als Kirchenmitglieder begegnen. In anderen Lebensbereichen scheint es, wie in Abschnitt II gezeigt, um das christliche Beispiel der Nächstenliebe ja – vergleichsweise – gar nicht so schlecht bestellt zu sein. Doch intern herrscht ein oft mit harten Bandagen ausgefochtener Kampf zwischen den theologischen und kirchenpolitischen Lagern. Im Katholizismus deutscher Zunge sind vielen liberalen Kritikern der „Amtskirche“ die Glaubensprioritäten schon lange verrutscht. Sie präsentieren sich zwar als emanzipierte, unabhängige, „mündige“ Christen, sind aber entgegen ihrem Selbstverständnis so Rom-fixiert, dass sie keinen Frieden finden und geben können, bevor sie in ihrem Schlafzimmer eine päpstliche „nihil obstat“-Urkunde für ihre Verhütungsmethode aufhängen können. Im anderen, „papsttreu“-orthodoxen Lager, wo man damit keine Probleme hat und der Fokus von jeher „auf dem Nicht-Sündigen liegt, wird vergessen, dass Jesus das Mehr-Lieben als Lebensziel ausgegeben hat“ (Markus Spieker).

Die Kirche hat sich aber darauf einzustellen, dass Aufmerksamkeit in der Mediengesellschaft ein knappes, von journalistischen Transporteuren zugeteiltes Gut ist, dessen Nutzung für die kirchliche Kommunikation wohl überlegt werden muss. Die empirische Wahl- und Parteienforschung lehrt zudem, dass die Bevölkerungsmeinung Streitigkeiten in gesellschaftlichen Gruppen und Institutionen mit Führungsanspruch registriert und – außer im intellektuellen Milieu, das die Kontroverse schätzt – nicht gerade als Ausdruck von Freigeist und Toleranz honoriert. Öffentlich zur Schau getragene chronische Uneinigkeit beschädigt insgesamt eher die Glaub- und Vertrauenswürdigkeit. Wieso einigen sich die innerkirchlichen Lager angesichts der individuellen Glaubensnot und der religiösen Versteppung unseres Landes nicht auf ein „Moratorium“ in den zweitrangigen Streitfragen und konzentrieren sich auf die Weitergabe der Kernsubstanz des Glaubens? Zumindest aber sollten alle Streitparteien die Mahnung des Apostels Paulus beherzigen, keine Prozesse vor heidnischen Richtern gegeneinander zu führen: „Wagt es einer von euch, der mit einem anderen einen Rechtsstreit hat, vor das Gericht der Ungerechten zu gehen statt zu den Heiligen? (...) Wie könnt ihr dann jene, die im Urteil der Gemeinde nichts gelten, als Richter einsetzen, wenn ihr einen Rechtsstreit über Alltägliches auszutragen habt? (...) Stattdessen zieht ein Bruder den andern vor Gericht, und zwar vor Ungläubige" (1 Kor 6,1.4.6). Heute zerren sich Christen gegenseitig vor das Tribunal einer weithin kirchenfremden öffentlichen Meinung, das zwar keine Haftstrafen, wohl aber den Pranger bis hin zu sublimen Formen öffentlicher „Hinrichtung" kennt.

## Friede und Streit: Die Liebe immer in Wahrheit, die Wahrheit nur in Freiheit

Damit auch hier kein Missverständnis aufkommt: Das Bestreben, die Einheit zu wahren, darf nicht zu einer Art Friedhofsruhe führen, bei der mundtot gemacht wird, wer eine abweichende Meinung vertritt oder – schlimmer – nur eine Tatsache benennen will, die anderen nicht „ins Konzept" passt oder persönlich unangenehm ist. Am Pathos Voltaires: „Ich bin nicht deiner Meinung, aber ich würde mein Leben dafür geben, dass du sie sagen darfst" können Christen durchaus Maß nehmen. Einschränkungen der Redefreiheit gehen nicht nur auf Kosten der menschlicher Würde gemäßen freien Entfaltung der Person, sondern schaden letztlich immer der Suche nach der Wahrheit und der Tugend der Wahrhaftigkeit. Zudem schaden sie dem Ansehen der Kirche. Manche ihrer Gegner verpönen insbesondere die katholische Konfession – ohnehin gern als freiheitsfeindlich, bis hin zur Verähnlichung mit totalitären Systemen.

Es lässt aufhorchen, wenn einem katholischen Journalisten seine sachlich fundierte Kritik – nein, nicht am Papst oder einem

Glaubensartikel, sondern an einem katholischen Kollegen – bereits den Vorwurf eines Geistlichen einträgt, nicht „die richtigen Freund-Feind-Unterscheidungen“ zu treffen. Wo solche Lager-Logik über Sachgesichtspunkte dominiert, „wird die Wahrheit zerstört“ (Lothar Roos), und eine gruppenegoistische Rudelmoral verdrängt die christliche Universalmoral. Als entscheidendes (Ausschluss-) Kriterium bleibt dann, was „uns (angeblich) schadet“, und wenn etwas Wahres „uns schaden“ würde – zum Beispiel die Enthüllung, dass die bei einem Glaubenskongress umjubelte Eva Herman unbemerkt aus der „Bibel“ der antichristlichen Grals-Sekte: „Im Lichte der Wahrheit“ zitierte und diese Lesefrüchte auch noch anpries als „das Beste, was ich gefunden habe“ –, dann muss die Wahrheit darüber eben verschwiegen bzw. derjenige, der sie aussprechen will, daran gehindert werden. Dabei könnte die Klarstellung eine heilsame Lektion sein, nicht zu eilfertig auf dem falschen Bein „Hurra“ zu schreien, sondern alles kritisch zu prüfen und nur das Gute zu behalten (1 Thess 5,21). Die Mentalität, die solche vergleichsweise harmlosen Peinlichkeiten durch Vertuschung und Redeverbote aus der Welt zu schaffen suchte – damit die Kongressteilnehmer, wie ein katholischer Chefredakteur fürchtete (und eine Aufklärung verweigerte), nicht „als katholische Tölpel“ dastünden –, ist keine andere als jene, die in der Missbrauchsdebatte der Kirche fürchterlich auf die Füße fiel.

Für die Wahrheit gilt im übertragenen Sinn: „Wer den Pfennig nicht ehrt, ist der D-Mark nicht wert.“ Kleine Unwahrheiten zum (vermeintlichen) Schutz der großen Wahrheit führen schließlich „in Teufels Küche“. Die Schlagkraft der eigenen Truppe kann man nur erhalten und verbessern, wenn sich ihre Anführer und Impulsgeber immer wieder öffentlicher, vernünftiger Disputation stellen. Wer Kritik unterbinden lässt, dessen Nimbus muss auf tönernen Füßen stehen. Eine Rechristianisierung der Gesellschaft wird es nicht ohne die intellektuellen Eliten geben. Die wenden sich jedoch ab, wenn sie hinter den Kulissen der Kirche den Mief verordneter Betulichkeit und inszenierter Harmonie riechen und feststellen, dass die Korrespondenz von „Glaube und Vernunft“ nur eine Parole ohne Konsequenzen für die Debattenkultur christlicher Publizistik ist.

Jesus trat auch nicht gerade betulich auf. Zwar pries er die Friedensstifter selig, lehrte, das Böse durch das Gute zu überwinden, warnte davor, das Unkraut vor der Zeit zu jäten, und wünschte sich, dass wir „eins seien“. Doch scheute er sich andererseits nicht, Heuchler „Heuchler“ zu nennen, böse Zeitgenossen als „Schlangenbrut“ und „getünchte Gräber“ bloßzustellen, Händler aus dem Tempel zu peitschen und von sich selbst zu verkünden: „Ich bin nicht gekommen, um Frieden zu bringen, sondern das Schwert“ (Mt 10,34). Seinen Jüngern schärfte er ein: „Euer Ja sei ein Ja, euer Nein ein Nein“ (Mt 5,37). Ein Christentum à la: „Piep, piep, piep, wir ham uns alle lieb“ wäre eine degenerierte Religion. Arnold Gehlen brachte den Niedergang einer Gesellschaft auf den Nenner: „Das Recht wird elastisch, die Kunst nervös, die Religion sentimental.“ Wenn dagegen Christi Wahrheit schon nach dem Zeugnis seiner Jünger hart und kaum zu ertragen ist, dann darf die Rede von Christen es auch manchmal sein, solange sie dabei in der Wahrheit bleiben.

Zwar sollte man, wie ein schönes Bonmot sagt, dem Nächsten die Wahrheit möglichst nicht wie ein nasses Handtuch um die Ohren schlagen, sondern wie einen Mantel hinhalten, in den er sich einhüllen kann. Doch wo Verstocktheit oder Bequemlichkeit eine sanftmütige *correctio fraterna* (brüderliche Ermahnung) misslingen ließen, darf es auch eine zweite in drastischerer Diktion sein, die an die Öffentlichkeit der Gemeinde tritt (Mt 18,15–17). Der Auftrag, dem Bösen und den Bösen zu widerstehen – auch in den wie auch immer verstandenen „eigenen Reihen“ –, erfordert zwar zunächst kritische Selbstdistanz, aber ebenso die Bereitschaft zum Konflikt mit anderen bis hin zur öffentlichen Ruhestörung. „Ich bin bekannt dafür, dass ich ein Störenfried bin", sagte Konrad Adenauer bei seiner letzten öffentlichen Rede am 28. Februar 1967 in München und pochte darauf: „Wenn ich ein Störenfried bin, dann geschieht es auch aus gutem Grund. Und, meine Damen und Herren, wenn jemand Schlafende aufweckt, damit sie aufpassen, dann ist der Betreffende kein Störenfried. Ich möchte rufen: Seid wach!"

Ein unbedingter Friedenswille hätte, wie etwa der Pazifismus der Dreißigerjahre zeigt, nicht nur in der internationalen Politik zur Konsequenz, dass dem skrupellosesten Mitglied der Staatengemeinschaft freie Hand gelassen würde. Auch innerhalb des Gemeinwesens, einer sozialen Gruppe oder geistlichen Gemeinschaft würde er eine falsche Regel etablieren: „Dreistigkeit siegt". Dieses Sprichwort entstand aus dem Erfahrungswissen, dass „vornehme Zurückhaltung" und Konfliktscheu unter den Menschen allzu verbreitet ist, jedenfalls solange nicht unmittelbar eigene Interessen bedroht sind. Ein Großteil angeblicher Friedfertigkeit und Toleranz erweist sich bei näherer Betrachtung als Spielart des Egoismus, moralischer Abstumpfung und einer Spießbürgerlichkeit, deren Schutzreflexe nicht über den eigenen Gartenzaun hinausreichen.

Im Zeitgeist entziehen zudem ethischer Relativismus und moralischer Agnostizismus der Streitbarkeit den Boden. Wo zwei sich streiten, geht der Dritte grundsätzlich davon aus, dass wohl beide „in Schuld" sind und sich irgendwo in der Mitte wieder treffen müssten. Das Zerrüttungsprinzip löste nicht nur bei der Ehescheidung die mühevolle Suche nach Verantwortlichkeiten, Recht und Unrecht ab. Wo alles gleich gültig ist, wird bald alles gleichgültig. Als Streitgrund bleibt nur die Austragung von Interessengegensätzen übrig und als Schlichtung der Kompromiss. Die pure Wahrheitsliebe als Motiv, eine Kontroverse zu beginnen, gerät völlig aus dem Spektrum des Vorstellbaren. Die Unterscheidung von Gut und Böse, Wahrheit und Irrtum gehört aber zu den unaufgebbaren Dimensionen des Christentums, und wer sie gegen das „anything goes" des Zeitgeistes bewahren will, kann dies nicht, ohne Ja zu einer christlichen Streitbarkeit zu sagen.

Paradoxerweise ist in unserer Gesellschaft viel von Zivilcourage die Rede, aber umso mehr, je weniger sie praktiziert wird – entsprechend der biblischen Erfahrung: „Sie rufen Heil, Heil! Aber kein Heil ist da" (Jer 8,11). Die bekannteste literarische Verarbeitung der allgemeinen Neigung zur Feigheit und zu autoritätshörigem oder auf die öffentliche Meinung schielenden Konformismus ist das Märchen „Des Kaisers neue Kleider". Erst die Unbefangenheit eines kleinen Jungen, der seiner eigenen Wahrnehmung mehr traut als dem „Dafürhalten" anderer und der bereit ist, die Wirklichkeit beim Namen zu nennen, stellt die naive Eitelkeit des Kaisers und die Hochstapelei seiner Schneider bloß und gibt sie der Lächerlichkeit preis, die sie verdienen. Mitleid mit dem Blamierten ist da fehl am Platze. Hochmut kommt eben vor dem Fall.

Allerdings gibt es auch einen Hochmut, der im Gewand der Nonkonformität und Courage auftritt. Mancher mediennotorische „Querdenker" nutzt in seinem Dissens sehr gezielt den Effekt „parasitärer Publizität" – wie der Kirchendissident Hans Küng, der als verbeamteter deutscher Professor und Bestsellerautor wahrlich nur „Gratismut" brauchte, um sich an Päpsten und „Amtskirche" abzuarbeiten. Denn er wurde von einer Woge der Sympathie bei denen getragen, die sich an jenen wirklich querdenkerisch-unbequemen Moral- und Glaubenslehren rieben, die ihr Kronzeuge Küng zu delegitimieren suchte. Dabei trug der Konzilstheologe innerkirchliche Konflikte meist dort aus, wo sie nach Auffassung der Bibel gerade nicht hingehörten: vor den weltlichen Tribunalen, zwar nicht der Justiz, aber der emotionalen Schnellgerichte der Talkshows und der Interviews. Notabene: Nicht alles, was als mutig daherkommt, entstammt der schönen Tugend der Tapferkeit. Es gibt auch eine Pose der Nonkonformität, die genotypisch höchst konformistisch ist.

## Voraussetzungen christlicher Meinungsführerschaft

### Die Glaubwürdigkeit der Kirche

Von der Innenansicht des christlichen Liebespostulats zurück zu seiner „Außenseite", wo die Bilanz für die Christen gar nicht so schlecht aussieht. Als Humanitätsressource steht der überlieferte Glaube des Abendlandes immer noch unübertroffen und unersetzlich da. Mit durchaus berechtigtem Stolz und zugleich angemessener Demut erinnert die Präambel der im Herbst 2009 von orthodoxen, römisch-katholischen und evangelikalen Christen in New York verabschiedeten „Manhattan Declaration" an die christlichen Beiträge zur Entwicklung einer menschenwürdigeren Welt:

„Heutige Christen sind Erben einer zweitausendjährigen Tradition. Zum Inhalt dieser Tradition gehören die Verkündigung von Gottes Wort, das Streben nach sozialer Gerechtigkeit, Widerstand gegen Tyrannei sowie der karitative Einsatz zugunsten der Armen, Unterdrückten und Leidenden.

Im vollen Bewusstsein, dass christliche Gemeinschaften und Institutionen über die Jahrhunderte oft versagt haben und unvollkommen geblieben sind, machen wir uns das Erbe der Christen zu eigen, die sich für unschuldiges Leben einsetzten, indem sie ausgesetzte Säuglinge von den städtischen Müllhalden des Römischen Reiches retteten und dessen Duldung des Kindermords öffentlich anprangerten. Wir gedenken mit Ehrfurcht der Gläubigen, die während der Pest in den Städten blieben, um sich um Kranke und Sterbende zu kümmern, oder lieber mutig in den Arenen starben, als ihren Herrn zu verleugnen.

Im Mittelalter waren es die christlichen Klöster, die nicht nur die Heilige Schrift, sondern auch die abendländische Literatur und Kunst bewahrten. Christen waren es, die das Übel der Sklaverei bekämpften. Päpstliche Erlasse im 16. und 17. Jahrhundert verurteilten den Sklavenhandel und exkommunizierten die Händler. Evangelikale Christen wie William Wilberforce bewirkten das Verbot des Sklavenhandels in Großbritannien und gründeten karitative Vereine zur Unterstützung der Armen, der Häftlinge und der Opfer der Kinderarbeit, die oft an Maschinen gekettet wurden.

Es waren Christen, die in Europa das Königtum von Gottes Gnaden angefochten haben und sich erfolgreich Rechtsstaatlichkeit und Gewaltenteilung erkämpften, um moderne Demokratie überhaupt zu ermöglichen. In den Vereinigten Staaten waren Christen unter den ersten Frauenrechtlerinnen. Die große Bürgerrechtsbewegung der 1950er- und 1960er-Jahre wurde von Christen angeführt, die sich auf die Heilige Schrift beriefen und den Adel aller Menschen als Gottes Geschöpfe ungeachtet Rasse, Religion oder Rang bekräftigten.

Die gleiche Sorge um die Würde des Menschen hat im vergangenen Jahrzehnt Christen dazu geführt, gegen entmenschlichende sexuelle Ausbeutung und Menschenhandel anzugehen, sich um Aids-Opfer in Afrika zu kümmern sowie sich vielfältig für Menschenrechte einzusetzen, ob für sauberes Trinkwasser in den Entwicklungsländern oder für Heime für Abertausende von Kindern, die Krieg, Seuchen oder Geschlechterdiskriminierung zu Waisen gemacht hatten.

Wie unsere Vorgänger im Glauben sind Christen heute dazu berufen, das Evangelium der kostbaren Gnade zu verkündigen, die wahre Menschenwürde zu schützen und für das Gemeinwohl einzustehen. Bleibt die Gemeinde ihrer Berufung in die Nachfolge Jesu Christi und den Dienst an ihren Mitmenschen treu, vermag sie einen weitreichenden Beitrag zum Gemeinwohl zu leisten."

(Es folgen in drei Abschnitten eindringliche und erkennbar um Differenzierung bemühte Ausführungen zum Schutz des Lebens, der Ehe und der Religionsfreiheit, um deren Bestand sich die Autoren und Unterzeichner vor dem Hintergrund der Entchristlichung und aktueller politischer Entwicklungen große Sorgen machen.)

Dass die Vertrauens- und Glaubwürdigkeitswerte der Kirchen in Deutschland – insbesondere der katholischen – trotz zweifellos „weitreichender Beiträge zum Gemeinwohl" schwach ausfallen und selbst 44 Prozent der deutschen Katholiken bei einer Allensbacher Trend-Untersuchung zur religiösen Kommunikation im Herbst 2002 meinten, die Kirche lebe das, „was sie vertritt, oft zu wenig glaubwürdig vor", deutet für Wilhelm Haumann darauf hin, „dass bei diesem Urteil besonders an einzelne herausgestellte Skandale gedacht wird, nicht aber an die kontinuierlichen und wenig spektakulären Bemühungen der Kirche zugunsten von Kranken, Alten, Hilfsbedürftigen, Kindern und Familien. Obwohl die Caritas und die Diakonie, die kirchlichen Krankenhäuser, Altenheime und Kindergärten bei entsprechenden Fragen von überwältigenden Mehrheiten als bekannt, gut und wichtig bezeichnet werden, stehen sie den Zeitgenossen anscheinend doch nicht vor Augen, wenn sie ein Urteil über die Glaubwürdigkeit der Kirche fällen sollen. Bei den Kenntnissen über die helfende Kirche scheint es sich eher um sogenanntes passives Wissen zu handeln, das zwar auf ein Stichwort hin zur Verfügung steht, das aber in die innere Vorstellungs- und Argumentationswelt keinen Eingang findet." Eine der Aufgaben kirchlicher Kommunikation bestünde deshalb darin, die karitativen Dienste als Werke aus dem Glauben der Kirche begreiflich zu machen und sie, wo möglich, in das aktive Wissen über die Kirche zu überführen.

Dazu bedarf es freilich nicht nur einer kompetenten kirchlichen Direkt-Kommunikation durch die Ansprache der Gläubigen in Veranstaltungen oder über kircheneigene Medien, sondern auch (und viel mehr) der indirekten Vermittlung über Journalisten in weltlichen Medien. Keine Berufsgruppe dürfte für das Bild der Kirche und damit für ihre Anziehungskraft und Glaubwürdigkeit so wichtig sein wie diese. Grund genug, hier einen Moment zu verweilen.

## Christlicher Glaube im Gespräch mit Journalisten

„Welche Journalisten ein Volk hervorbringt, ist heute ein wesentliches Moment seines Schicksals" – so zugespitzt identifizierte Karl Jaspers schon in den Sechzigerjahren die Medienmacher als die wichtigsten Bedeutungsträger und Sinnvermittler in unserer pluralistischen Gesellschaft. Man muss den Satz für unser Thema nur unwesentlich verändern: Welche Journalisten das Kirchenvolk hervorbringt, ist heute ein wesentliches Moment seines Schicksals als Christengemeinde in einer immer kirchenferneren Bürgergemeinde.

Wie Journalisten in Deutschland mit Fragen des Glaubens umgehen, dafür bot zum Beispiel schon die Kommentierung des Kruzifix-Urteils des Bundesverfassungsgerichts reichliches Anschauungsmaterial: „2000 Jahre Rumhängen ist ja auch kein Vorbild für die Jugend", höhnte Friedrich Küppersbusch in der ARD-Sendung „ZAK". Die friedliche Demonstration von 30.000 Christen in München wurde zu „schwarzen Chaostagen" stilisiert. Von der „unüberbietbaren Besudelung" des Gekreuzigten (Norbert Geis) durch die Zeitschrift „Titanic" und anderen Exzessen von Blasphemie soll hier nicht weiter gesprochen werden. Wo die Lust an der Provokation jeglichen Anstand und Respekt vor dem, was Mitmenschen heilig ist, niedergewalzt hat, ist Argumentieren müßig. Polemisch und oft bar jeder Kenntnis in den tangierten theologischen Fragen erfolgte in jüngster Zeit die mediale Auseinandersetzung mit dem päpstlichen Gnadenakt für vier Bischöfe der Piusbruderschaft 2009. Eine ARD-„Extra"-Sendung erhob den abtrünnigen Traditionalistenbischof Marcel Lefevbre posthum zum „Kardinal", Kirchen-Kurzzeitexpertinnen schwätzten in ihren Talkrunden über eine „Rehabilitierung", und sogar der theologisch gebildete Peter Hahne ließ sich in der „Bild am Sonntag" dazu hinreißen, plump konfessionalistisch Profit aus der Affäre zu schlagen: „Also hatte Martin Luther doch recht, als er im Jahr 1519 die Unfehlbarkeit des Papstes kritisierte" (die als Dogma diesen pastoralen und kirchenrechtlichen Akt nun wirklich nicht erfasst). Bei so viel gedrucktem und gesendetem Unsinn konnte man sich an die Definition erinnert fühlen: „Öffentliche Meinung ist das Geräusch, das entsteht, wenn die Leute mit ihren Brettern vorm Kopf durcheinanderrennen."

Der evident mangelnde Sinn vieler Journalisten für Glaubensfragen und den kirchlichen Auftrag, ja die Beobachtung „zunehmender Hetze" (Karl Kardinal Lehmann) gegen die Kirche hätte die sonst sehr demoskopieaufgeschlossenen deutschen Bischöfe eigentlich längst dazu veranlassen müssen, dem religiösen Profil dieser für das gesellschaftliche Wirklichkeits- und Wertverständnis so eminent wichtigen Berufsgruppe nachzuforschen. Doch einer der führenden deutschen Medienforscher, Hans Mathias Kepplinger, zeigte sich 1998 erstaunt über seine Entdeckung eines Forschungsdesiderats: „Trotz der wiederholten Klagen über die Vernachlässigung kirchlicher oder christlicher Perspektiven in der Berichterstattung von Presse, Hörfunk und Fernsehen hatte sich aber offensichtlich niemand ernsthaft dafür interessiert, inwieweit die Berichterstatter solche Perspektiven teilen."

Allerdings kam in einigen amerikanischen Studien der „secular outlook" (Robert Lichter/Stanley Rothmann) der Medienelite in einer ansonsten ziemlich religiösen US-Bevölkerung zum Vorschein. In Deutschland erbrachte 1991/92 eine Befragungen von 578 Journalisten „mehr durch einen Zufall als durch gezielte Planung" (Kepplinger), dass nahezu ein Drittel aus der Kirche ausgetreten war, wobei der Anteil der Konfessionslosen unter der „68er"-Generation (geboren zwischen 1936 und 1950) mit über 40 Prozent deutlich größer als unter den Älteren und den Jüngeren ausfiel. Von den Hörfunk- und Fernsehjournalisten waren etwas mehr ausgetreten als von ihren Printmedien-Kollegen. Unter den Mitarbeitern des Politikressorts war der Anteil Ausgetretener deutlich größer als in den Regional- und Lokalressorts. Damit besitzen die konfessionslosen Journalisten, bei denen es sich „vielfach um gemeinschaftsorientierte Sinnsucher" handelt, kirchenpolitisch „aufgrund ihrer spezifischen Tätigkeitsfelder (...) ein erhebliches Wirkungspotenzial" – das sie auch nutzen: Ihre exponierte berufliche Tätigkeit wird „häufig als Berufung empfunden und ist nicht selten mit einem bemerkenswerten Bekehrungsdrang verbunden" (Kepplinger).

1994 untersuchte das Institut für Publizistik und Kommunikationswissenschaft der Universität Wien zusammen mit dem Gallup Institut die religiöse Einstellung und Wertorientierung von 206 Journalisten österreichischer Print- und audiovisueller Medien. Der Befund: Mehr als ein Drittel bezeichnete sich selbst als „(ziemlich) areligiös", 23 Prozent erklärten sich als „religiös, aber nicht christlich". Als „tragenden Grund meines Lebens" mochte nicht einmal jeder Vierte Religion bezeichnen. Immerhin: Die Gottesfrage („Ich glaube an Gott, er ist wirklich") beantworteten 44 Prozent positiv und 30 Prozent negativ, 27 Prozent gaben keine Antwort. Der Aussage: „Ich glaube an die Auferstehung Jesu Christi und ein ewiges Leben" stimmte nur jeder Dritte zu. Insgesamt reagierten die Journalisten auf die Glaubensaussagen des Christentums „mit hoher Ambivalenz und Inkonsistenz des Urteils“ (Maximilian Gottschlich, 1995). Die Einschätzung des Meinungsklimas im journalistischen Milieu war noch negativer als die Summe der tatsächlich geäußerten Einzelmeinungen: Nur 16 Prozent sahen ihre Berufskollegen in positiv-freundlicher Beziehung zu Religion und Glaube, eine breite Mehrheit beschrieb ihr Milieu dagegen als „neutral-gleichgültig“ (34 %), distanziert-kritisch (40 %) oder gar „ablehnend-feindselig“ (5 %). Eine Zusatzfrage nach dem Verhältnis zur katholischen Kirche verschärfte das Urteil: Die beiden negativen Einschätzungen gewannen jetzt zusammen fast 60 Prozent (51 %/8 %), zulasten der neutral-gleichgültigen Position (18 %). Deutlich negativere Einschätzungen als der Befragungsquerschnitt äußerten Journalistinnen, Chefredakteure und 30- bis 40-Jährige. Bezeichnend ist auch der Befund der Studie „Journalismus in Deutschland 2005“, dass nur 8,7 Prozent der Journalisten eine Parteineigung zu den christlich orientierten Parteien (CDU, CSU) bekundeten, jedoch 35,5 Prozent zu den Grünen und 26 Prozent zur SPD; die FDP erreichte 6,3 Prozent, die PDS 0,8 Prozent. Jeder fünfte Befragte gab an, keine Affinität zu einer Partei zu haben.

Zur ideologischen Kirchenferne tritt eine habituelle: Die Berufs- und Arbeitsbedingungen machen den Journalisten zu einem tendenziell extrovertierten, ruhelosen Menschen. In ständiger Beobachtung und kritischer Reflexion der äußeren Welt verhaftet, ist er naturgemäß am Neuen, Aktuellen, Außergewöhnlichen, Gegen-den-Strich-Gekämmten und (visuell) Darstellbaren stärker interessiert als am Herkömmlichen, Unveränderlichen, Immergültigen und Unzeigbaren. Dies hat eine kognitive und eine psychologische Konsequenz: Die Kirche genügt mit ihren zentralen Botschaften solchen Aufmerksamkeitsregeln der Medienmacher normalerweise nicht. Und dem Journalisten verstellt das ständige „Außerhalb-seiner-selbst-Leben“ in der Oberflächlichkeit des Tagesgeschehens

Möglichkeiten der Verinnerlichung, durch die das Geistige und Geistliche fassbar wird. „Der Journalist wird zum Paradigma für eine moderne Zeitkrankheit schlechthin, die sich heute in der Entfremdung des Menschen zeigt, in der Entwurzelung und Heimatlosigkeit“ (Hermann Boventer). Dazu passt die hohe Ehescheidungs- und Alkoholikerrate unter den Medienmenschen, ihr verbreiteter Hang zu Narzissmus und Zynismus, ihre unterdurchschnittliche Lebenserwartung sowie ihr geringes gesellschaftliches Ansehen – ihre Glaubwürdigkeit liegt in Umfragen knapp vor Autoverkäufern, Werbefachleuten und Politikern.

Uwe Siemon-Netto, langjähriger Auslandskorrespondent, Kriegsberichterstatter und Chefredakteur, sieht hier für die Kirche eine pastorale Herausforderung: „Was die Sehnsüchte anbelangt, so sind wir Journalisten, die wir im Durchschnitt nur 58 Jahre leben, damit üppig ausgestattet; denn ob wir's zugeben oder nicht: Unsere Seelen sind wund. Auch in den Redaktionen hat sich herumgesprochen, dass die materialistische Weltanschauung hoffnungslos gescheitert ist. Natürlich geben wir unsere Sehnsüchte nicht offen zu. Da wir Journalisten die Quintessenz aller Weltlichkeit sind, liegen wir in einem ständigen Konflikt zwischen unserer Neugier und jenem Aspekt der Ursünde, der die Menschheit seit Adams Zeiten begleitet: Wie die ersten Menschen (Gen 3,8) verstecken wir uns vor Gott; wie der Vogel Strauß, der seinen Kopf in den Sand steckt, tun wir dann, als wäre Gott nicht da. Das Bedürfnis, Gott zu negieren, ist uns angeboren, es ist Teil unserer Natur.“

Wie sollte die Kirche, wie können einzelne Christen dann Fragen des Glaubens gegenüber Journalisten thematisieren?

- Religion ist nach den vorliegenden Studien für Journalisten überwiegend eine ethische Haltung. Das Christentum wird, wenn überhaupt, wegen seiner ethisch-sittlichen Überzeugungskraft geschätzt (Ausnahme: die Sexualmoral). Mit seiner spirituell-transzendenten Dimension, also mit dem Wesenskern von Kirche, vermögen die Medienmacher nur wenig anzufangen. Daher ist das Unverständnis für kirchliche Riten, Strukturen und Lebensformen nicht überraschend. Andererseits bieten sich Anknüpfungspunkte für Wertschätzung, Gespräch und gemeinsames Handeln überall dort, wo Christen, dem Rollenverständnis deutscher Journalisten selbst entsprechend, als „Anwälte der Benachteiligten", „engagiert für Werte und Ideale" und als „Kritiker an Missständen" wahrgenommen werden. Dies sollte aber nicht als Ermunterung zu politisierendem Gesinnungsdilettantismus verstanden werden: „Wir Journalisten mögen Zyniker sein, aber so dumm sind wir nicht, dass uns Inkompetenz nicht auffiele. Wir, die wir die Nöte der Welt täglich unmittelbar erleben, haben keinen Bedarf für Pfarrer, die von der Kanzel mitteilen, was wir selbst viel besser – und korrekter – formulieren können. Wir haben keinen Bedarf für klerikale Lösungsangebote auf Stammtischniveau" (Siemon-Netto).

- Zwei Drittel der Journalisten erklären sich in Glaubensfragen als „Skeptiker". Für viele ist „die Theodizee-Problematik, also die Frage, wie ein allgütiger und allmächtiger Gott Elend, Leid, Zerstörung, Ungerechtigkeit usw. zulassen kann, nahezu quälend. Und dies nicht von ungefähr: Haben doch gerade Journalisten mehr als andere Berufsgruppen (...) mit diesem Elend, dem kollektiven wie dem individuellen, unmittelbar zu tun" (Gottschlich). Vor einer Antwort auf diese schwierige Frage darf sich die Kirche nicht drücken. Die undifferenzierte Theologie vom „lieben Gott" und die Verkennung einer Metaphysik des Bösen dürften hier einigen Schaden angerichtet haben.

- Es gehört zur journalistischen Natur, alles kritisch zu hinterfragen, sich mit vorgestanzten Worthülsen nicht zufriedenzugeben, nach Begründungen zu verlangen, Widersprüche aufzudecken und Verborgenes ans Licht zu bringen. Insofern ist der Journalist als Typ „antiautoritär". Wer ihm autoritativ statt argumentativ begegnet, hat schon verloren. Eine Kirche, die ihren Glauben auf den „Logos" zurückführt, sollte keine Probleme haben, ihre Lehrsätze auch zu begründen. Und eine Kirche, die den Menschen als ein fehlbares, erlösungsbedürftiges „Wesen im Widerspruch" begreift, sollte keine Scheu vor der Transparenz auch gegenüber der Unvollkommenheit in den eigenen Reihen haben.
- Journalistisches Interesse richtet sich auf das Konkrete: Fakten, Ereignisse, Bilder, Personen. Die Darstellungsform in Medien ist überwiegend induktiv: vom Individuellen zum Allgemeinen. „Grau, treuer Freund, ist alle Theorie, und grün des Lebens goldner Baum" (Faust, Mephisto). Gesucht sind authentische Zeugen, Erzähler und Streiter für markante Positionen. Gesprächspartner, die so schlecht greifbar sind „wie ein Stück Seife in der Badewanne" (Carl Weiß), die niemanden verärgern wollen und die stets die Konkordienformeln der Wohlmeinenden vor sich hertragen, werden es letztlich schwer haben, sich Respekt und Aufmerksamkeit zu verschaffen. Man greift sie allenfalls weniger an. Aber kann sich die Kirche damit zufriedengeben? Nicht umsonst fand auf katholischer Seite Erzbischof Johannes Dyba mehr Gehör unter Journalisten als der damalige „Medienbischof" Hermann Josef Spital. Und bei allem Ärger über seine manchmal polemisch zugespitzten Positionierungen dürfte er doch mehr Nachdenklichkeit erzeugt und größere – wenn auch meist klammheimliche – Bewunderung gefunden haben als sein gar nicht scharfkantiger Amtsbruder.

- Die Christen sollten unkonventionelle Formen der Glaubensverkündigung ausprobieren bzw. ausweiten, zum Beispiel durch Chat-Foren mit christlichen Persönlichkeiten, geistlich betreute Urlaubsangebote, Großveranstaltungen wie das „Christival" oder die „Weltjugendtage", vielleicht sogar durch originell gemachte Werbespots: Im US-Bundesstaat Arizona erzielte die Diözese Phoenix im Jahr 2008 dadurch einen Anstieg der wöchentlichen Gottesdienstbesucherzahlen um 12 Prozent. Solche Wege der Evangelisation kommen den Aufmerksamkeitsregeln der Medien entgegen, ohne eine inhaltliche Anbiederung an den Zeitgeist zu erzwingen. Wer für eine „Geh-hin-Kirche" eintritt, sollte auch mehr Mut haben, die Kanzel kirchenfremder Medien zu nutzen und sich den bohrenden Fragen einer unbequemen Talkrunde zu stellen.
- Es müssten Dialog- und Informationsangebote für Journalisten auf allen Ebenen der Kirche geschaffen werden. Kirchliche Bildungswerke und Akademien könnten „Alphabetisierungskurse" für nicht christliche, aber wissbegierige Medienmacher anbieten, die erkannt haben, dass sie ohne ein „Grundwissen Christentum" in Europa nur als kulturell Halbgebildete leben und arbeiten können. Seit 1990 treffen sich alljährlich Mönche und Publizisten in der Benediktinerabtei Königsmünster in Meschede, um aus ihrem scheinbar so gegensätzlichen Lebensstil und Erfahrungshorizont heraus über spirituelle und gesellschaftliche Fragen nachzudenken. Dass dabei ein konfessionsloser Journalist zu einem sehr einfühlsamen Film über das Kloster inspiriert wurde, sagt viel über die Faszination glaubwürdig gelebten Christentums und die Anziehungskraft des „ganz anderen" bei einer Berufsgruppe, welche die Neugier zu ihren Grundtugenden zählt.

- Journalisten weisen eine starke „ingroup-orientation“ auf, das heißt, sie orientieren sich stark an ihresgleichen. Die Konsequenzen sind gelegentlich als „Rudeljournalismus“ beklagt worden. Je mehr Christen sich also unter den Kollegen finden – und zwar solche, die als frohe Glaubenszeugen leben –, desto eher können Ressentiments und Vorurteile durchbrochen werden. Die Kirche hat daher allen Grund, junge Menschen zu diesem lebensnahen und abwechslungsreichen, kreativen und verantwortungsvollen Beruf zu ermuntern.

## „Vor allem müssen Christen führen“ (Adenauer)

Neben einer sorgfältigen Auswahl von Kirchenleitungen – Missgriffe können sich hierbei gerade in der heutigen Mediengesellschaft empfindlich rächen – und einem besonderen Augenmerk für die Journalisten als Gestalter der demokratischen Öffentlichkeit wird die politische Personalrekrutierung von der kommunalen bis zur europäischen Ebene entscheidend für die künftigen Entfaltungschancen christlicher Religion und Kultur sein. Roman Herzog betonte in einer Rede zum 40-jährigen Jubiläum der bischöflichen Studienförderung „Cusanuswerk“ am 2. Juni 1996 in Geseke: „Sicher ist, und das lehrt uns ganz besonders die deutsche Geschichte dieses Jahrhunderts, dass technische Intelligenz allein kein menschenwürdiges Leben garantieren kann. In unserer Geschichte haben wir das beste Beispiel für die Verführbarkeit und Benutzbarkeit sogenannter Funktionseliten. Auch ein Land mit den besten Autobahnen, der pünktlichsten Eisenbahn und der effektivsten Industrieproduktion kann gleichzeitig ein Land der Barbarei sein.“ Um dies zu verhindern, benötige die Demokratie Führungskräfte mit „ethischem Profil“, die sich „unkorrumpierbar zeigen gegenüber dem kurzfristigen Zeitgeist. Wir brauchen

Menschen, deren Solidarität auch diejenigen umfasst, die für sie nicht nützlich werden können, und deren Vernunft nicht nur von kalter Rationalität und Effizienzorientierung geprägt ist, sondern auch von einer raison de cœur, von Herzensbildung also, um es altmodisch zu sagen."

Dieser Forderung nach einer möglichst weitgehenden Übereinstimmung von Funktionseliten und Werteliten steht die Sorge der Bevölkerung über eine Erosion des Wertebewusstseins gegenüber, die von den meinungsbildenden Eliten eher noch verkörpert und befördert als entschlossen und kompetent bekämpft werde.

Besondere Brisanz gewinnt die negative Einschätzung angesichts der zuletzt 1994 von Allensbach ermittelten Bevölkerungsmeinung, man solle bei Eliten, insbesondere „bei Politikern höhere moralische Maßstäbe anlegen als bei anderen Leuten" (70 %). Jeder Zweite unterstützte sogar die Forderung, ein Politiker müsse „in allem, was er sagt und tut, untadelig sein. Er muss in jeder Hinsicht alles genau nehmen, damit man ihm nichts vorwerfen kann. Das gilt natürlich auch für das, was er privat macht. Sonst kann ich zu ihm als Politiker kein Vertrauen haben." Auch 83 Prozent der Eliten in Wirtschaft, Politik und Verwaltung meinten 1995, dass „an Führungskräfte strengere moralische Maßstäbe angelegt werden" müssten „als bei Normalbürgern"; tatsächlich aber glauben sie eher, „dass die Moral auf den Chefetagen heute schlechter ist als früher" (31 %), als dass sie „besser" geworden sei (5 %). Man darf bezweifeln, dass dieser Befund heute günstiger ausfiele. Zwar wurde der Anspruch, dass Politiker „ihren politischen Überzeugungen und Prinzipien treu bleiben", den 1992 noch 50 Prozent der Bevölkerung wichtiger fanden, als „möglichst rasch praktische Lösungen zu finden" (33 % „wichtiger"), im Jahr 2009 nur noch von 23 Prozent für wichtiger als die pragmatische Kompetenz (62 %) gehalten. Doch erreichten trotz dieser deutlich veränderten Prioritätensetzung in der Politik-Nachfrage auch 2009 moralische Attribute im Anforderungsprofil Höchstwerte: „ehrlich, aufrichtig" (88 %), „glaubwürdig" (88 %), „menschlich" (77 %) und „anständig" (66 %) zu sein, fanden jeweils breite Mehrheiten „bei einem Spitzenpolitiker besonders wichtig".

Wenn beachtliche 40 Prozent der Bevölkerung meinen, man werde „durch den Glauben, wenn man ihn ernst nimmt, ein besserer Mensch" (Allensbach 2006), und wenn Christen, wie in Kapitel II ausgeführt, prinzipiell auch bestens disponiert sind, den säkularen Grundtugenden des Politikers nach Max Weber zu entsprechen, dann liegt es nahe, ihnen auch in einer immer weniger christlichen Gesellschaft eine Führungsverantwortung zuzuweisen. Aus den geistigen und seelischen Ressourcen des Christentums haben nicht umsonst einige der prägendsten vertrauenschaffenden Führungsgestalten der deutschen und europäischen Nachkriegsgeschichte gelebt: Neben den häufig genannten drei Großen Konrad Adenauer, Robert Schuman und Alcide de Gasperi darf man eine Reihe von Bundespräsidenten dazurechnen, aber vor allem den Kanzler der Deutschen Einheit, Helmut Kohl. Er wagte sich nach dem Attentat auf Wolfgang Schäuble, den er auf der Intensivstation besucht hatte, sogar mit dem Bekenntnis vor: „Hier lernt man das Beten." Auch viele andere aus der – im historischen Maßstab – „zweiten Reihe" wirkten bewusst und bekennend als Christen in der Politik. Um sich auf die Generationen der noch Lebenden zu beschränken, zum Beispiel: der frühere Finanz- und Verteidigungsminister Hans Apel (SPD), der einzige „Doppel-Ministerpräsident" (von Rheinland-Pfalz und Thüringen) Bernhard Vogel (CDU) und sein Bruder Hans-Jochen (SPD), die Ministerpräsidenten Erwin Teufel, Werner Münch, Dieter Althaus und Jürgen Rüttgers (CDU), die CSU-Politiker Hans Maier, Günther Beckstein und Alois Glück sowie aus der jüngeren Generation die heutigen Generalsekretäre beider Volksparteien, Hermann

Gröhe (CDU) und Andrea Nahles (SPD) oder auch Gesundheitsminister Philipp Rösler (FDP).

In einer Zeit des individualistischen Rückzugs ins Private, aber auch des vorherrschenden „single-issue"-Engagements, also des Einsatzes für partikulare Interessen oder Einzelanliegen, bei denen die Fronten zwischen Gut und Böse scheinbar klar verlaufen (Kampf gegen Atomkraft, für Robbenbabys, gegen Ausländerfeindlichkeit, für Klimaschutz, gegen Landminen ...) – während man das mühevolle, komplexe und schlecht beleumundete Geschäft der Politik für das Ganze meidet –, erscheint die Forderung des Sozialethikers Joseph Mausbach aus Zeiten der Weimarer Republik für Christen aktueller denn je: „Das Erste und Elementarste, das wir von uns selbst fordern müssen, ist ein lebendiges Interesse am Staat. (...) Demokratie wird notwendig zum reinen Zerrbild, wenn die Tüchtigen, die gewissenhaften Männer und Frauen, sich vom Staatsleben zurückziehen und in private Sorgen einspinnen" (Christliche Staatsordnung und Staatsgesinnung, 1922). Eine Theologie und Kirchenmoral, die sich darauf verlegte, das Erringen und Ausüben politischer Macht mit einem generellen Soupçon zu belegen, würde dem nicht gerecht.

Die Abscheu vor einer von vornherein als „böse" gedachten „Macht an sich" hat im intellektuellen Deutschland eine lange Tradition. Wolfgang Bergsdorf meint im Blick auf die Achtzigerjahre beobachten zu können: „In dem Maße, in dem sich zum Beispiel Schriftsteller dieses Klischees immer weniger bedienen, gewinnt es an Repetierhäufigkeit bei der geistes- und sozialwissenschaftlichen einschließlich der theologischen Intelligenz." Eberhard Jüngel sieht hier ein spezifisches Problem seiner Konfession: „Es ist wohl ein ausgesprochen – sagen wir einmal – nervöses Verhältnis zu allem, was nach Macht und Gewalt aussieht, das insbesondere uns evangelische Christen in Deutschland kennzeichnet." Konrad Adenauer war davon gar nicht angekränkelt. Im März 1961 von der späteren

Bundestagsabgeordneten (1964–76) Maria Stommel in einem Kreis führender Katholiken auf das verblassende „C" seiner Partei angesprochen, antwortete er: „Die Christen müssen sich engagieren. Viele andere müssen uns wählen. Vor allem müssen Christen führen."

Wer der Ermunterung des Zweiten Vatikanischen Konzils, sich darauf vorzubereiten, „den schweren, aber zugleich ehrenvollen Beruf des Politikers auszuüben und sich diesem Beruf unter Hintansetzung des eigenen Vorteils und materiellen Gewinns (zu) widmen" (Gaudium et spes 75,6), nicht folgen zu können glaubt, kann dennoch eine Führungsfunktion im Dienste des Gemeinwohls wahrnehmen. Nicht einmal Leitungsämter müssen damit verbunden sein. Meinungsführerschaft lässt sich in vielen sozialen Bezügen leben: am Arbeitsplatz, in der Nachbarschaft, im Freundeskreis, im Verein. Elisabeth Noelle-Neumann hat Meinungsführer in allen sozialen Schichten als eine eigene Art Elite durch eine „Skala Persönlichkeitsstärke" (1983) demoskopisch identifiziert. Als typische Eigenschaften des einschlägigen Personenkreises eruierte sie Geselligkeit, Kommunikationsfreude, Familiensinn, Hilfsbereitschaft, Fröhlichkeit, Optimismus und eine hohe Mediennutzungskompetenz (auf Information statt Unterhaltung gerichtet). Vieles davon findet sich, wie in Teil II ausgeführt, im demoskopischen Profil kirchenverbundener Christen wieder, wobei insbesondere „ein überdurchschnittliches Interesse der Kirchennahen an außerkirchlichen Themen und auch eine überdurchschnittliche Bereitschaft, sich öffentlich über soziale oder politische Fragen zu äußern" (Wilhelm Haumann), bedeutsam ist. Damit wären die habituellen Voraussetzungen christlicher Meinungsführerschaft auch in einer nicht mehr mehrheitlich christlichen Gesellschaft durchaus gegeben. Sie müssten allerdings stärker mit der Bereitschaft zur Weitergabe der Frohen Botschaft verbunden werden.

## Tapferkeit: Kardinaltugend christlicher Freiheit in gottvergessener Zeit

Dabei wird angesichts eines subtilen Konformitätsdrucks zunehmend kirchenferner „herrschender" Meinungen in ethischen Schlüsselfragen für Christen in Deutschland eine Kardinaltugend aktuell, die im wohltemperierten Klima des liberalen Rechtsstaates schon fast überflüssig geworden schien: die Tapferkeit als jene Tugend, „die der Welt, so wie sie ist, standhält, ihr ins Gesicht sieht, nicht vor ihr flieht, die *conditio humana* akzeptiert" (Lothar Roos). Vielleicht ist Tapferkeit in einer überzeugungsarmen Zeit, in der in Kirche und Staat vor allem Moderatoren, Konsensverwalter und „Gutmenschen" gesucht werden, die sich beflissen der „Political Correctness" unterwerfen und im eigenen Karriereinteresse geräuschlos funktionieren, kein Erkennungsmerkmal von Funktionseliten mehr. Doch ohne die Beherzigung dieser Tugend durch Menschen mit Rückgrat wird das Gemeinwohl Schaden nehmen. Gerade zu Führungsaufgaben befähigten Christen ist daher eine Inschrift am Rathaus zu Ingolstadt ans Herz zu legen:

*Was andere meinen, auch zu meinen, ist nicht schwer.*
*Nur immer anders als die andern meinen, auch nicht sehr.*
*Weißt Du aus eigener Kraft, mit mutig stillem Wagen*
*dort ehrlich ja, hier ehrlich nein zu sagen,*
*gleich ob dich alle loben oder keiner,*
*dann bist Du einer.*

Was das Geheimnis des Glücks sei, hat die Philosophie schon immer und im 20. Jahrhundert auch die Sozialforschung beschäftigt. „Wisset, dass das Geheimnis des Glückes die Freiheit, das Geheimnis der Freiheit aber der Mut ist", soll Laotse gesagt haben. Die gleiche Einsicht ist von Perikles überliefert: „Glück ist die Frucht der Freiheit, und die Freiheit ist die Frucht der Tapferkeit." Tapferkeit kann jedoch erst dann aktiviert werden, wenn uns Gegner, Gefahren, Hindernisse und Bedrängnisse begegnen. Jahrzehntelang trieb auch Elisabeth Noelle-Neumann die Frage nach dem Glück um; sie fand schließlich heraus, dass „Glück und Schwierigkeiten zusammengehören. (...) Der Gedanke war vollkommen ungewöhnlich. Sie finden in der ganzen Literatur, in philosophischen Abhandlungen nirgendwo diesen einfachen Gedanken: Nur auf Umwegen erreicht man das Glück. Was für ein Umweg ist das? Er führt über die Anstrengung, wirklich seine eigenen Kräfte zu gebrauchen, Schwierigkeiten nicht auszuweichen und dabei zu wachsen" (SWR-Interview, 18.12.2003).

Erinnert dies nicht auch an den christlichen Glauben, dass, wie es in Franz von Assisis Friedensgebet heißt, „wer sich hingibt, der empfängt", und wer sein Leben um jeden Preis erhalten will, es verlieren wird, dass aber „wer sein Leben verliert um meinetwillen", es finden wird (Mt 10,39; Luther; Lk 17,33)? Diese Paradoxie kann Christen davor bewahren, auf ihre zunehmend schwierige Minderheitensituation verkrampft oder larmoyant zu reagieren und in ihren sozialen Blessuren, vergeblichen Kämpfen und entmutigenden Niederlagen, die oft leidvoll erfahren werden, nur ein Unglück zu sehen. Auch ein schönes Gedicht von Ottokar Kernstock mag in der Stunde solcher individuellen Prüfungen trösten:

*Wenn sich dereinst des Lebens Rätsel lösen,*
*wirst staunend du ersehn, geschärften Blicks,*
*wie manches Glück nur Leid gewesen*
*und manches Leid die Quelle reinsten Glücks.*

Die Institution Kirche aber darf auf ihre biblische „Bestandsgarantie" (Mt 16,18) vertrauen und sich daran erinnern, dass sie in ihrer 2000-jährigen Geschichte schon viele Wechselfälle der „öffentlichen

Meinung“ überstand – beginnend mit dem „Hosianna!“ und dem „Kreuzige ihn!“ über ihren Stifter. Man kann die Kirchengeschichte mit Mechthild Löhr als „eine unglaubliche Erfolgsstory wirksamer Kommunikation“ betrachten: „Aus einem winzigen, besetzten Land werden einfache Leute aus dem Volk, größtenteils Analphabeten, Fischer, Handwerker, die zunächst kaum jemals über den Jordan, die Stadt Jerusalem und den See Genezareth hinausgekommen sein dürften, zu den überragenden Zeugen und Säulen einer sich durch die Jahrhunderte ausbreitenden Weltreligion, die heute nahezu 2 Milliarden Menschen umfasst.“

Einer Religion, der dies gelungen ist, darf man auch in Zukunft viel zutrauen, jedenfalls in globaler Perspektive. Das „Päpstliche Jahrbuch 2010“ der weltweiten römisch-katholischen Kirche meldete einen Zuwachs ihrer Mitglieder von 19 Millionen gegenüber dem Jahr zuvor; der Anteil der Katholiken an der Weltbevölkerung stieg damit auf 17,4 Prozent. Die Zahl der Priester nahm zwischen den Jahren 2000 und 2008 um rund 4000 auf 409.166 zu. Nach einer Schätzung von David Barrett und Todd Johnson wird der Anteil der Christen an der Weltbevölkerung von 33 Prozent bis 2025 weiter leicht auf 33,4 Prozent gestiegen sein, der Anteil von Nichtreligiösen und Atheisten von 15 Prozent auf 13,2 sinken; bei einem stagnierenden Anteil von 13,4 Prozent Hindus werden die Moslems, die heute ein Fünftel der Weltbevölkerung stellen, allerdings am stärksten zunehmen, auf etwa 23 Prozent. In fünf von sechs Kontinenten ist das Christentum heute die Mehrheitsreligion.

Der Soziologe Ulrich Beck konstatiert: „Nicht das Christentum stirbt aus, sondern das *europäische* Christentum ist in einigen seiner nationalen Hochburgen, auch in Deutschland, mit einer rapiden Entleerung der Kirchen konfrontiert“; die Säkularisierung laufe nur „auf eine *Enteuropäisierung des Christentums* hinaus. Das außereuropäische Christentum blüht auf, das europäische verwelkt (obwohl es auch hier neue Knospen gibt)." Wer nicht „den Wechsel vom nationalen zum kosmopolitischen Blick" vollziehe, verkenne die Realität. „Wenn Religionsbewegungen und Religionswandel übernationale Ereignisse bilden, dann brauchen wir einen grenzenüberschreitenden, den kosmopolitischen Blick, um zu sehen, dass das, was sich im nationalen Rahmen zeigt, nur ein Mosaiksteinchen im Puzzle der globalen Religionsbewegungen ist." So gesehen kann man die prekäre Situation des christlichen Glaubens in Deutschland und Europa besorgt, aber auch getrost als Regionalausschnitt und Momentaufnahme in einer langen christlichen Tradition betrachten, in der stets die Hoffnung auf die Kraft des Geistes Gottes das letzte Wort behalten hat. Sie soll auch unsere Aussichten auf eine „Gesellschaft ohne Gott" beschließen mit der überraschenden Wendung in Reinhold Schneiders Sonett aus den Dreißigerjahren:

*Jetzt ist die Zeit, da sich das Heil verbirgt*
*und Menschenhochmut auf dem Markte feiert,*
*indes im Dom die Beter sich verhüllen.*

*Bis Gott aus unsern Opfern Segen wirkt*
*und in den Tiefen, die kein Aug' entschleiert,*
*die trocknen Brunnen sich mit Leben füllen.*

# Literaturverzeichnis


Konrad Adenauer: Nachdenken über die Werte. Weihnachtsansprachen, Buxheim, o.J.

Ders.: „Seid wach für die kommenden Jahre". Grundsätze – Erfahrungen – Einsichten, hrsg. von Anneliese Poppinga, Bergisch Gladbach 1997.

Allensbacher Jahrbuch der Demoskopie 1993-1997, hrsg. von Elisabeth Noelle-Neumann und Renate Köcher, München 1997.

Allensbacher Jahrbuch der Demoskopie 1998-2002, hrsg. von Elisabeth Noelle-Neumann und Renate Köcher, München 2002.

Allensbacher Jahrbuch der Demoskopie 2003-2009, hrsg. von Renate Köcher, München 2009.

Georg Austen/Günter Risse (Hg.): Zeig draußen, was du drinnen glaubst! Missionarische Perspektiven einer Diaspora-Kirche, Paderborn 2009.

David Barrett/Todd Johnson: Table on Global Mission, 2001.

Ulrich Beck: Der eigene Gott. Von der Friedensfähigkeit und dem Gewaltpotenzial der Religionen, Frankfurt u. Leipzig 2008.

Klaus Berger u.a.: Mehr, als man glaubt. Christliche Fundamente in Recht, Wirtschaft und Gesellschaft, Gräfelfing 2000.

Wolfgang Bergsdorf: Über die Macht der Kultur. Kommunikation als Gebot der Politik, Stuttgart 1988.

Bertelsmann-Stiftung: Religionsmonitor 2008, Gütersloh 2007.

Wilhelm Brepohl: Heimat. Soziologisch, in: Evangelisches Soziallexikon, Stuttgart 1963, 560-562.

Wilhelm Bürklin/Viola Neu/Hans-Joachim Veen: Die Mitglieder der CDU (Interne Studie Nr. 148), hrsg. von der Konrad-Adenauer-Stiftung, Sankt Augustin 1997.

Karl-Fritz Daiber (Hg.): Religion und Konfession: Studien zu politischen, ethischen und religiösen Einstellungen von Katholiken, Protestanten und Konfessionslosen in der Bundesrepublik Deutschland und in den Niederlanden, Hannover 1989.

Richard Dawkins: Der Gotteswahn, Berlin 2007.

Michael Eilfort: Die Nichtwähler. Wahlenthaltung als Form des Wahlverhaltens (Studien zur Politik; 24), Paderborn u.a. 1994.

Eurobarometer Nr. 225: Social Values, Science & Technology, hrsg. von der Europäischen Kommission, Brüssel 2005.

Evangelische Spiritualität. Überlegungen und Anstöße zur Neuorientierung. Vorgelegt von einer Arbeitsgruppe der Evangelischen Kirche in Deutschland, Gütersloh 1979.

Joschka Fischer: Die Linke nach dem Sozialismus, Hamburg 1992.

Benjamin Franklin: A lecture on the providence of God in the government of the world, 1782, Complete Works, Vol. VII, New York and London 1888,497.

Glaube und Politik. Die Bad Bramstedter Gespräche 1985-1986, hrsg. für die Hermann-Ehlers-Stiftung von Walter Bernhardt u.a., Neumünster 1987.

Generationen-Barometer 2006. Eine Studie des Instituts für Demoskopie Allensbach, Freiburg/München 2006.

Maximilian Gottschlich: Was „glauben" Österreichs Journalisten? Untersuchung über die religiöse Einstellung und Wertorientierung der Medien-Elite, in: Communicatio Socialis 3/1995.

Bernhard Grom: Soziales Engagement und Konfessionsverbundenheit, in: FAZ vom 22.6.94.

Johannes Gross: Über die Deutschen, Zürich 1992.

Alfred Grosser: Christlicher Glaube und Ethik heute – Betrachtungen eines wohlmeinenden Außenseiters, in: ders., Mit Deutschen streiten. Aufforderungen zur Wachsamkeit, München/Wien 1987.

Jürgen Habermas: Glauben und Wissen. Friedenspreis des deutschen Buchhandels 2001, Frankfurt 2001.

Bernhard Hanssler: Der Christ im Spannungsfeld zwischen kirchlicher Moral und säkularisierter Gesellschaft, in: Hermann-Josef Großimlinghaus/Lothar Roos: Christliche Verantwortung in einer säkularisierten Gesellschaft, Würzburg 1982, 15-30.

Wilhelm Haumann: Die gesellschaftliche Akzeptanz der Kirche, unveröffentlichtes Manuskript, Allensbach 2004.

Wilhelm Heitmeyer (Hg.): Deutsche Zustände. Folge 4, Frankfurt 2006.

Andreas Heldrich/Gerhard Schmidtchen: Gerechtigkeit als Beruf. Repräsentativumfrage unter jungen Juristen, München 1982.

Hans Günter Hockerts: Die Sittlichkeitsprozesse gegen katholische Ordensangehörige und Priester 1936/37. Eine Studie zur nationalsozialistischen Herrschaftstechnik und zum Kirchenkampf, Mainz 1971.

Joseph Kardinal Höffner: Die Familie als Hauskirche. Von der Weitergabe des Glaubens, Köln 1977.

Matthias Horx: Trendbuch. Band 2: Megatrends für die späten neunziger Jahre, Düsseldorf 1995.

Wolfgang Huber: Protestantismus und Protest. Zum Verhältnis von Ethik und Politik, Reinbek 1987.

Josef Isensee: Verfassungsstaatliche Erwartungen an die Kirche, in: Heiner Marré/Johannes Stüting (Hg.): Die Verantwortung der Kirche für den Staat (Essener Gespräche; 25), Münster 1991, 104-146.

Ders.: Freiheit – Recht – Moral. Das Dilemma des Rechtsbewusstseins im deutschen Verfassungsstaat, in: Klaus Weigelt (Hg.): Freiheit – Recht – Moral, Bonn 1988, 14-40.

Ders.: Grundrechtsvoraussetzungen und Verfassungserwartungen an die Grundrechtsausübung, in: ders./Paul Kirchhof (Hg): Handbuch des Staatsrechts, Bd. V, Heidelberg 1992, §115, 353-484.

Ders.: Menschenwürde: die säkulare Gesellschaft auf der Suche nach dem Absoluten, in: Archiv des öffentlichen Rechts, Bd. 131 (2006), 173-218.

Ders.: Politik als Schicksal? Vorlesungen über die Freiheit und Not der politischen Entscheidung sowie die demokratische Entscheidungsteilnahme des Bürgers, in: Paulus Gordan (Hg.): Lebensentscheidung, Graz/Wien/Köln 1987.

Ders.: Die Säkularisierung der Kirche als Gefährdung der Säkularität des Staates, in: Gerfried Hunold/Wilhelm Korff (Hg.): Die Welt für morgen. Ethische Herausforderungen, München 1986, 164-178.

Hans-Adolf Jacobsen (Hg.): „Spiegelbild einer Verschwörung". Die Opposition gegen Hitler und der Staatsstreich vom 20. Juli 1944 in der SD-Berichterstattung. Geheime Dokumente aus dem ehemaligen Reichssicherheitshauptamt, Bd. 1, Stuttgart 1984.

Joachim Jauer: Urbi et Gorbi. Christen als Wegbereiter der Wende, Freiburg/Basel/Wien, 2. Aufl. 2009.

Hans Joas: Braucht der Mensch Religion? Über Erfahrungen der Selbsttranszendenz, Freiburg 2004.

Klaus-Peter Jörns: Die neuen Gesichter Gottes. Was die Menschen heute wirklich glauben, München 1997.

Eberhard Jüngel: „Jedermann sei untertan der Obrigkeit ..." Eine Bibelarbeit über Römer 13,1-7, in: ders./Roman Herzog/Helmut Simon: Evangelische Christen in unserer Demokratie, Gütersloh 1986, 8-37.

Max Kaase/Friedhelm Neidhardt: Politische Gewalt und Repression. Ergebnisse von Bevölkerungsumfragen (Bericht der Gewaltkommission, Bd. 4), Berlin 1990.

Hans Mathias Kepplinger: Journalismus als Konfession? Über den Kirchenaustritt (angehender) Journalisten, in: Katholische Presse oder Die Scheidung der Geister. Festschrift zum 50. Jubiläum der Deutschen Tagespost, Würzburg 1998, 187-196.

Walter Kerber: Bewusstseins-Orientierung: Zur Begründung ethischer Normen in einer säkularisierten Gesellschaft, in: Franz-Xaver Kaufmann/Walter Kerber/Paul Zulehner: Ethos und Religion bei Führungskräften. Eine Studie im Auftrag des Arbeitskreises für Führungskräfte in der Wirtschaft (Fragen einer neuen Weltkultur; 3), München 1986.

Alexander Kissler: Der aufgeklärte Gott. Wie die Religion zur Vernunft kam, München 2008.

Gotthard Klein: Johannes Dyba (1929-2000), in: Zeitgeschichte in Lebensbildern. Aus dem deutschen Katholizismus des 19. und 20. Jahrhunderts, Bd. 12, hrsg. v. J. Aretz, R. Morsey, A. Rauscher, 129-140.

Klemens von Klemperer: Glaube, Religion, Kirche und der Deutsche Widerstand gegen den Nationalsozialismus, in: VfZG 3/1980 (28. Jg.), 293-309.

Christian Klenk: Ein deutscher Papst wird Medienstar. Benedikt XVI. und der Kölner Weltjugendtag in der Presse (Religion – Medien – Kommunikation, hrsg. von Walter Hömberg und Michael Schmolke; Bd. IV), Berlin 2008.

Peter Koslowski: Ethik und Religion als Korrektiv der Wirtschaft, in: Jahrbuch des Forschungsinstituts für Philosophie Hannover 1992/1993 (Schriftenreihe, Bd. 7), Hildesheim 1993, 216-235.

Albrecht Langner: Der Gedanke des Naturrechts seit Weimar und in der Rechtsprechung der Bundesrepublik (Schriften zur Rechtslehre und Politik, Bd. 20), Bonn 1959.

Karl Lehmann: Kirchliche Konflikte in der Öffentlichkeit, in: ders.: Glauben bezeugen, Gesellschaft gestalten. Reflexionen und Positionen, Freiburg/Basel/Wien 1993, 475-480.

Ders.: Nachwort, in: Rudolf Morsey/Konrad Repgen (Hg.): Christen und Grundgesetz, Paderborn u.a. 1989, 149-153.

Rüdiger Liedtke: Widerstand ist Bürgerpflicht. Macht und Ohnmacht des Staatsbürgers, München 1984.

Stefan Luft: Abschied von Multikulti. Wege aus der Integrationskrise, 2. Aufl., Gräfelfing 2007.

Ingrid u. Wolfgang Lukatis: Protestanten, Katholiken und Nicht-Kirchenmitglieder. Ein Vergleich ihrer Wert- und Orientierungsmuster, in: Karl-Fritz Daiber: Religion und Konfession, Hannover 1989.

MDG-Trendmonitor „Religiöse Kommunikation 2010“, Kommentarband I, München 2010.

Stefan Meetschen: Europa ohne Christus?, Kisslegg 2009.

Alistair Macdonald-Radcliff/Roland Schatz (Hg.): Annual Dialogue Report on Religion and Values 2009, Beirut/Boston/Pretoria 2009.

Meisner, Joachim Kardinal: Mit dem Herzen sehen. Chance und Auftrag der Kirche zu Beginn des dritten Jahrtausends. Ein Gespräch mit Stefan Rehder, Aachen 2000.

François-Xavier Nguyen Van Thuan: Hoffnung, die uns trägt. Die Exerzitien des Papstes, Freiburg u.a. 2001.

Thomas Nipperdey: Max Weber, der Protestantismus und die Deutschen, in: Von Geschichte umgeben. Festschrift für Joachim Fest zum Sechzigsten, Berlin 1986.

Elisabeth Noelle-Neumann: Die Schweigespirale. Öffentliche Meinung – unsere soziale Haut, Frankfurt/M./Wien/Berlin 1982.

Dies.: Persönlichkeitsstärke. Ein neuer Maßstab zur Bestimmung von Zielgruppenpotentialen (SPIEGEL-Dokumentation), Hamburg 1983.

Michael Novak: Die katholische Ethik und der Geist des Kapitalismus, Trier 1996.

Karl-Dieter Opp/Wolfgang Roehl: Der Tschernobyl-Effekt. Untersuchung über die Ursachen politischen Protests (Studien zur Sozialwissenschaft, Bd. 83), Opladen 1990.

Wolfhart Pannenberg: Christentum in einer säkularisierten Welt, Freiburg/Basel/Wien 1988.

Armin Pfahl-Traughber: Christliche oder universelle Werte?, in: MUT Nr. 466 (2006), 46-54.

Edgar Piel: Die Kirchenkrise in soziologischer Sicht, in: Franz Breid (Hg.): Die Kirchenkrise. Referate der „Internationalen Theologischen Sommerakademie 1996" des Linzer Priesterkreises in Aigen, Steyr 1996, 9-51.

Wolfgang Pittkowski/Rainer Volz: Konfession und politische Orientierung: Das Beispiel der Konfessionslosen, in: Daiber, Religion und Konfession, 93-112.

Detlef Pollack: Rückkehr des Religiösen? Studien zum religiösen Wandel in Deutschland und Europa II, Tübingen 2009.

Karl-Raimund Popper: Das Elend des Historizismus (Die Einheit der Gesellschaftswissenschaften, Bd. 3, hrsg. v. Erik Boettcher), 5., verbess. Aufl., Tübingen 1979.

Andreas Püttmann: Ziviler Ungehorsam und christliche Bürgerloyalität – Konfession und Staatsgesinnung in der Demokratie des Grundgesetzes (Politik- und Kommunikationswissenschaftliche Veröffentlichungen der Görres-Gesellschaft, hrsg. v. Hans Maier u.a., Bd. 9), Paderborn u.a. 1994.

Gustav Radbruch: Gesetzliches Unrecht und übergesetzliches Recht (1949), in: ders., Der Mensch im Recht, 3. Aufl., Göttingen 1969, 11-124.

Joseph Kardinal Ratzinger: Glaube – Wahrheit – Toleranz. Das Christentum und die Weltreligionen, Freiburg/Basel/Wien 2003.

Ders./Benedikt XVI: Grundsatzreden aus fünf Jahrzehnten, hrsg. v. Florian Schuller, Regensburg 2005.

Ders./Benedikt XVI.: Jesus von Nazareth. Erster Teil. Von der Taufe im Jordan bis zur Verklärung, Freiburg/Basel/Wien 2007.

Ders.: Salz der Erde. Christentum und katholische Kirche an der Jahrtausendwende. Ein Gespräch mit Peter Seewald, Stuttgart 1996.

Stefan Rehder: Gott spielen. Im Supermarkt der Gentechnik, München 2007.

Ders.: Die Todesengel. Euthanasie auf dem Vormarsch, Augsburg 2009.

Ger van Roon: Neuordnung im Widerstand. Der Kreisauer Kreis innerhalb der deutschen Widerstandsbewegung, München 1967.

Lothar Roos: Gesellschaft ohne Gott? (Kirche und Gesellschaft, hrsg. von der Katholischen Sozialwissenschaftlichen Zentralstelle Mönchengladbach, Nr. 214), Köln 1994.

Ders.: Jugend, Gesellschaft, Glaube, Ethos. Kulturethische und pastoralsoziologische Überlegungen, in: Schmidtchen, Ethik und Protest (s. u.), S. 241–312.

Alvin J. Schmidt: Wie das Christentum die Welt veränderte. Menschen – Gesellschaft – Politik – Kunst, Gräfelfing 2009.

Gerhard Schmidtchen: Ethik und Protest. Moralbilder und Wertkonflikte junger Menschen. Mit Kommentaren von Lothar Roos und Manfred Seitz, Opladen 1992.

Ders.: Gibt es eine protestantische Persönlichkeit?, Zürich 1969.,

Ders.: Protestanten und Katholiken. Soziologische Analyse konfessioneller Kultur, 2. Aufl., Bern 1979.

Ders./Hans-Martin Uehlinger: Jugend und Staat. Übergänge von Bürger-Aktivität zu Illegalität, in: Gerhard Schmidtchen/Ulrich Matz: Gewalt und Legitimität (Bd. 4/1 der „Analysen zum Terrorismus“, hrsg. v. Bundesminister des Innern), Opladen 1983, 106-437.

Arthur Schopenhauer: Über Religion, in: Parerga und Paralipomena II, Kap. XV., 1851.

Uwe Siemon-Netto: Wenn Gott verramscht wird. Die Kirche und die Journalisten, in: Helmut Matthies (Hg.): Die Medienherausforderung, 1994.

Markus Spieker: Faithbook. Ein Journalist sucht den Himmel, Lahr 2009.

Ders.: Mehrwert. Glauben in heftigen Zeiten, Lahr 2007.

Gottfried Sprondel: Der deutsche Protestantismus und sein Verhältnis zur Demokratie, in: Walter Bernhardt u.a. (Hg.): Glaube und Politik. Die Bad Bramstedter Gespräche, Neumünster 1987.

Klaus Tanner: Die fromme Verstaatlichung des Gewissens. Zur Auseinandersetzung um die Legitimität der Weimarer Reichsverfassung (Arbeiten zur kirchlichen Zeitgeschichte, Reihe B, Bd. 15), Göttingen 1989.

Charles Taylor: Ein säkulares Zeitalter, Frankfurt 2009.

Richard Traumüller (für das DIW): Religion als Ressource sozialen Zusammenhalts? Eine empirische Analyse der religiösen Grundlagen sozialen Kapitals in Deutschland (SOEPpapers Nr. 144), 2008.

Hans Joachim Türk: Jürgen Habermas und die Religion, in: Die neue Ordnung 1/2010 (64. Jg.).

Bernhard Vogel (Hg. im Auftrag der Konrad-Adenauer-Stiftung): Religion und Politik. Ergebnisse und Analyse einer Umfrage, Freiburg/Basel/Wien 2003.

Max Weber: Die protestantische Ethik und der Geist des Kapitalismus, hrsg. und eingeleitet von Dirk Kaesler, 2. Aufl., München 2006.

Ders.: Politik als Beruf, in: ders., Gesammelte politische Schriften, hrsg. v. Johannes Winckelmann, Tübingen, 5. Aufl. 1988, 505-560.

Joseph H. H. Weiler: Ein christliches Europa. Erkundungsgänge. Mit einem Vorwort von Ernst-Wolfgang Böckenförde, Salzburg/München 2004.

Hans Conrad Zander: Zehn Argumente für den Zölibat. Ein Schwarzbuch. Düsseldorf, 3. Aufl. 1997.

Paul Zulehner/Hermann Denz: Wie Europa lebt und glaubt. Europäische Wertestudie, Düsseldorf 1993.

# Personenregister

# Danksagung

Die Entstehungsgeschichte dieses Buches beginnt mit einem interdisziplinären Studium in Bonn (1983–90) bei Wolfgang Bergsdorf, Josef Isensee, Ernst Portner und – inoffiziell – Lothar Roos. Sie ermöglichten mir die Integration politikwissenschaftlicher, empirisch-soziologischer, staatsphilosophischer und theologisch-sozialethischer Aspekte für meine Dissertation: „Ziviler Ungehorsam und christliche Bürgerloyalität. Konfession und Staatsgesinnung in der Demokratie des Grundgesetzes“ (1994). Die akademische Wegweisung durch katholische Wissenschaftler, die dank ihres vielfältigen Engagements in Staat und Gesellschaft, Kirche und Medien reichlich Praxisbezug und „die Hand am Puls der Zeit“ hatten, wurde 1988 ergänzt durch ein Praktikum im Allensbacher Institut für Demoskopie. Durch den seitdem gepflegten Kontakt konnte ich nicht nur meine sozialethische Doktorarbeit empirisch „erden“, sondern machte auch die ersten, in ihrer Deutlichkeit überraschenden Entdeckungen von Unterschieden in den Wertorientierungen christlicher und konfessionsloser, kirchennaher und kirchenferner, katholischer und evangelischer Bürger.

Während meiner erfüllten Jahre als wissenschaftlicher Mitarbeiter und Referent für Begabtenförderung bei der Konrad-Adenauer-Stiftung (1993-2002) sammelte ich weiteres Datenmaterial, verarbeitete es in kleineren Publikationen und profitierte als Dozent von Hinweisen und kritischen Einwänden meiner intelligenten, politisch und ethisch interessierten studentischen Zuhörer. Darunter waren viele engagierte Mitglieder kirchlicher Kerngemeinden beider Konfessionen, aber auch agnostisch-randständige „Kulturchristen“ und religiöse Skeptiker. In meiner Betreuungsregion gab es etliche Studierende, manchmal auch Vertrauensdozenten bedeutender theologischer Fakultäten: Mainz, Tübingen, Heidelberg, Freiburg.

Einer meiner Stipendiaten war der Pfarrersohn Markus Spieker, inzwischen ARD-Hauptstadtkorrespondent und erfolgreicher christlicher Publizist. Er drängte mich jahrelang, meine Einsichten in einem Buch einem breiteren Publikum nahezubringen. Zunächst hinderte mich die starke berufliche Beanspruchung daran, seit einer schweren Erkrankung 2002 dann eine erheblich eingeschränkte Arbeitkraft. Im Sommer 2009 überzeugte mich schließlich Wolfgang Baake von der Konferenz Evangelikaler Publizisten (KEP), ein wahres „Schlachtross Gottes“, meine reduzierte Schaffenskraft doch noch in ein Buchprojekt zu investieren, und empfahl mich dem Verlag „Gerth Medien“.

Die Begegnung mit dessen Leiter Ralf Markmeier und Lektor Johannes Leuchtmann verlief so ermutigend, dass ich mich auf den beschwerlichen, aber immer wieder auch beglückenden Weg zum Buch machte. Beiden danke ich für ihr Vertrauen und hilfreiche Hinweise. Dass auf evangelische Initiative ein katholischer Autor in einem evangelisch geprägten Verlag unter einem katholischen Leiter ein Buch über die Situation des Christentums in Deutschland schreibt, ist ein ungewöhnliches und besonders schönes Zeichen gelebter Ökumene.

Für die kritische Durchsicht des Manuskripts stellten sich freundlicherweise Ministerpräsident a. D. Professor Werner Münch und Stefan Fuchs zur Verfügung. Einige publizistisch erfahrene Freunde gaben bei der Endredaktion guten Rat. Aber auch allen anderen, die mich mit ihren Hinweisen und Ideen unterstützten oder mir durch die Geborgenheit in ihrer Zuneigung Kraft gaben, gebührt herzlicher Dank.

Bonn, im April 2010
Andreas Püttmann